A ESCOLA NO SÉCULO XXI

VOLUME 2

DOCENTES E DISCENTES NA SOCIEDADE DA INFORMAÇÃO

Ciclo formativo - exigências e desafios
Educação em Tecnologias
Didática

Marcus Garcia de Almeida
Prof. Msc.
Maria do Carmo Duarte Freitas
Prof.ª Dra.
(organizadores)

A ESCOLA NO SÉCULO XXI
VOLUME 2

DOCENTES E DISCENTES NA SOCIEDADE DA INFORMAÇÃO

Ciclo formativo - exigências e desafios
Educação em Tecnologias
Didática

Copyright© 2012 por Brasport Livros e Multimídia Ltda.
Todos os direitos reservados. Nenhuma parte deste livro poderá ser reproduzida, sob qualquer meio, especialmente em fotocópia (xerox), sem a permissão, por escrito, da Editora.

Editor: Sergio Martins de Oliveira
Diretora: Rosa Maria Oliveira de Queiroz
Gerente de Produção Editorial: Marina dos Anjos Martins de Oliveira
Revisão de Texto: Maria Inês Galvão
Editoração Eletrônica: Ingrafoto Produções Gráficas (Michelle Paula)
Capa: Ingrafoto Produções Gráficas (Rebeca Baroni)

Técnica e muita atenção foram empregadas na produção deste livro. Porém, erros de digitação e/ou impressão podem ocorrer. Qualquer dúvida, inclusive de conceito, solicitamos enviar mensagem para **brasport@brasport.com.br**, para que nossa equipe, juntamente com o autor, possa esclarecer. A Brasport e o(s) autor(es) não assumem qualquer responsabilidade por eventuais danos ou perdas a pessoas ou bens, originados do uso deste livro.

Dados Internacionais de Catalogação na Publicação (CIP)
(Câmara Brasileira do Livro, SP, Brasil)

Docentes e discentes na sociedade da informação / Marcus Garcia de Almeida, Maria do Carmo Duarte Freitas, (organizadores). -- Rio de Janeiro : Brasport, 2012. -- (A escola no Século XXI ; v. 2)

Vários autores.
Bibliografia.
ISBN 978-85-7452-503-7

1. Educação 2. Informática 3. Inovações educacionais 4. Inovações tecnológicas 5. Pedagogia 6. Professores e estudantes 7. Tecnologia educacional I. Almeida, Marcus Garcia de. II. Freitas, Maria do Carmo Duarte. III. Série.

12-07425   CDD-371.334

Índices para catálogo sistemático:
1. Pedagogia interativa : Informática na educação   371.334

BRASPORT Livros e Multimídia Ltda.
site: www.brasport.com.br
Rua Pardal Mallet, 23 – Tijuca
20270-280 Rio de Janeiro-RJ
Tels. Fax: (21) 2568.1415/2568.1507
e-mails: brasport@brasport.com.br
           vendas@brasport.com.br
           editorial@brasport.com.br

site: www.brasport.com.br

Filial SP
Av. Paulista, 807 – conj. 915
01311-100 São Paulo-SP
Tel. Fax (11): 3287.1752
e-mail: **filialsp@brasport.com.br**

APRESENTAÇÃO

A Escola No Século XXI

Durante o PDE (Programa de Desenvolvimento da Educação) 2008/2009, os docentes e gestores de escolas primárias e secundárias públicas e privadas do Paraná reuniram-se na UFPR (Universidade Federal do Paraná), em Curitiba, para discutir, aprofundar-se e repensar a escola e sua práxis frente aos desafios emergentes neste início de século. Valendo-se de um AVA (Ambiente Virtual de Aprendizagem) baseado no *software Moodle*, a coordenadora do PDE Profa. Dra. Maria do Carmo Duarte Freitas e equipe prepararam um curso sobre a utilização do AVA aos participantes e convidaram especialistas de diversas áreas para provocar algumas reflexões. Como resultado dessas reflexões, foi elaborado pelos participantes do PDE um caderno temático e alguns artigos apresentados em congressos durante aquele período.

Ainda como resultado das reflexões, interagindo através do AVA, os participantes do PDE aprofundaram a discussão durante alguns meses gerando um rico material que refletia a realidade, as dificuldades e os desafios enfrentados e superados, cada um em sua realidade, mas olhando sempre um contexto educacional mais amplo.

Analisando a riqueza do material produzido e sabendo que ainda havia algumas vertentes da discussão iniciada naquele fórum para aprofundar, em um processo exógeno levado às últimas consequências, preparamos uma proposta de publicação que desse cabo das principais inquietações e dúvidas que pairavam na mente dos educadores. Assim nasceu a ideia do projeto para construções desta obra.

Pensar a educação, o ensino e a escola neste início de século sem considerar a enorme pressão que é exercida por parte das tecnologias emergentes sobre educadores, educandos, gestores de escolas e sociedade de forma geral não é mais possível. As gerações que participam do ecossistema ensino/aprendizagem são oriundas de "eras tecnológicas" muito distantes e isto gera conflitos de ideias, conceitos e ideais.

Uma nova realidade para a educação se configura. Pensar no conflito de gerações como um empecilho ao avanço constitui-se num equívoco; ao contrário, é sim uma oportunidade para avançar de forma consistente a um novo patamar. Ao evocar este novo patamar – que não sabemos ao certo como será – não se está falando de ambientes tecnológicos permeados de aparatos brilhantes e coloridos, *gadgets* mirabolantes e pirotecnia típica de *nerds*. Falamos sim de consideração e respeito às diferenças e à qualidade das interações que todo educador, sem exceção, deve carregar em seu discurso formativo.

O que é preciso saber (de fato) sobre TIC (Tecnologia da Informação e da Comunicação) na educação? Quais são os equipamentos novos que existem? Como utilizar estes equipamentos? Quais *softwares* são relevantes? A Internet é uma vilã? As redes sociais influenciam o modo de o educador se relacionar com seus alunos? Eu preciso de uma lousa digital? Os laboratórios virtuais e de realidade aumentada são aplicáveis em qual contexto de ensino e aprendizagem? Quando devo utilizar filmes? Retroprojetor com lâminas de acetato ainda é factível? E aquele antigo mimeógrafo, será que posso utilizar? O papel almaço quadriculado é uma tecnologia aplicável? Não tenho computador na escola, como posso fazer? Quais tecnologias podem potencializar ou facilitar o aprendizado dos portadores de necessidades especiais? Como promover a inclusão digital em minha escola? Como fazer avaliação neste contexto cibernético? Os blogs e microblogs são prejudiciais ao desenvolvimento da forma culta da língua?

Estas são algumas das questões que direta ou indiretamente discutimos nesta obra e são também motivadoras para uma questão primordial e que antecede todas elas: a educação (e o contexto no qual se insere) está preparada para este novo século?

Este livro foi preparado de forma consorciada, em colaboração, em rede, valendo-se de recursos convencionais (para os padrões da Internet): *e-mail*, *instant messaging*, *blog* e fórum e contou com a participação de educadores de regiões geograficamente tão distantes como Fortaleza-CE e Florianópolis-SC, por exemplo.

A obra foi estruturada em quatro volumes que tratam dos seguintes eixos temáticos:

Volume I – Atores Responsáveis pela Educação e seus Papéis.
Ferramentas de ensino; Ferramentas emergentes.

Volume II – Docentes e Discentes Na Sociedade da Informação
Ciclo formativo – exigências e desafios; Educação em tecnologias; Didática.

Volume III – Virtualização das Relações: um Desafio da Gestão Escolar
Paradigmas contemporâneos.

Volume IV – Desafios Permanentes
Projeto político pedagógico; Gestão escolar; Métricas no contexto das TICs.

Algumas das características que procuramos privilegiar nesta obra foram: a) simplicidade do discurso (na medida do possível, pois há jargões inevitáveis); b) ilustração das experiências com relatos verídicos feitos por quem os viveu; c) sugestão de encaminhamento metodológico para que os temas possam ser debatidos e enriquecidos; d) indicação de referencial teórico complementar, pois os artigos aqui reunidos não constituem panaceia, mas pressupostos de discussão.

Estendemos o alcance dos conteúdos do livro à Internet. Nos endereços www.aescolanoseculoxxi.com.br e www.aescolanoseculo21.com.br mantemos um portal ativo com conteúdo complementar e espaço para troca de informações.

Agradecemos às Instituições de Ensino que apoiaram os educadores na busca de elementos que constituíssem um diferencial importante na construção de artigos fundamentados na práxis e que teve na observação sua sustentação maior. Aos estudantes e profissionais da educação, do ensino e das escolas que participaram direta e indiretamente da obra colaborando, opinando, apoiando, incentivando, orientando e permitindo o enriquecimento das discussões levando-as a um patamar de esclarecimento capaz de lançar novos holofotes sobre as tecnologias e sua aplicação.

Marcus Garcia de Almeida
Organizador.

Sobre o volume 2

A Escola no Século XXI

Uma pergunta que você pode fazer: por que o título da obra é "A Escola **NO** Século XXI e não "A Escola **DO** Século XXI? A resposta que damos inicialmente é simples: não estamos trazendo aqui uma reflexão sobre a escola que ainda não temos (utopia), mas sim da escola que temos efetivamente. Esta escola, a que temos hoje, é como sempre foi, avançou pelas décadas, virou do século XX para o XXI e constatamos que ela pouco ou quase nada mudou para refletir a realidade da sociedade humana neste início de século.

No Volume 2 focamos o eixo temático: "Docentes e Discentes Na Sociedade da Informação: Ciclo formativo – exigências e desafios; Educação em tecnologia; Didática", organizado nos seguintes artigos:

- Ciclo formativo - Exigências e desafios
    - Educação Especial: A inclusão pelo exercício do teatro
    - Letramento Digital na Educação Básica de Jovens e Adultos (EJA)
    - Educação infantil pensando a educação dos nativos digitais
    - O papel do pedagogo no processo de transição dos alunos de 4ª e 5ª séries do ensino fundamental
    - Ensino Fundamental e Médio. Especificidades (licenciatura, bacharelado, tecnólogo, especialização, mestrado e doutorado)
- Educação em tecnologia
    - Educação Superior
    - Uso das TICs no Ensino Superior: a simulação de edifícios no ensino da física aplicada
- Didática
    - Ensino / Aprendizagem
    - Avaliação da Aprendizagem: o que e como em ambientes virtuais

Organizador da obra: Marcus Garcia de Almeida
mga@ufpr.br

Pedagogo, Mestre em Ciência, Gestão e Tecnologia da Informação (UFPR, 2009). Especialista em Gestão do Conhecimento nas Organizações (UTFPR-2006), Pedagogo (Universidade Tuiuti do Paraná-1998-2003), especialista em O&M (Faculdades de Plácido e Silva-1987), Analista de Sistemas (SPEI-1985). É Gerente de Operações (Lume Tecnologia-2004-atual) e consultor para EAD (2001-atual). Atua como Project Manager na Superintendência de Informática da Itaipu Binacional (2007-atual). Possui onze livros publicados nas áreas de História da Computação, Automação de Escritórios, Sistemas Operacionais, Fundamentos da Informática, Pedagogia Empresarial e Autoajuda (1998-atual). Professor desde 1983, palestrante desde 1991.

Organizadora da obra: Maria do Carmo Duarte Freitas
mcf@ufpr.br

Durante o ensino médio estudou pela televisão. Concluiu o ensino médio pela Escola Técnica Federal do Ceará, mas o projeto de formação superior ficou esperando alguns anos. Em 1996, formou-se em Engenharia Civil pela Universidade de Fortaleza (1996), prosseguiu no Mestrado (1999) e Doutorado (2003) em Engenharia de Produção pela Universidade Federal de Santa Catarina. Hoje é professora da Universidade Federal do Paraná - instituição que em breve completará 100 anos. Trabalhou em indústria de manufatura, projetos industriais e residências, construtoras, entre outras. Hoje trabalha no Departamento de Ciência e Gestão da Informação com ensino, pesquisa e extensão. Seus projetos de pesquisa envolvem as soluções tecnológicas inovativas aplicadas ao desenvolvimento de produtos e serviços de informação, todos estes desenvolvidos no Laboratório de Mídias Digitais e Centro de Estudos em Realidade Virtual e Aumentada.

Autores deste volume:

Aloísio Leoni Schmid iso@ufpr.br

Engenheiro Mecânico (UFPR, 1990), Mestre (Utsunomiya, Japão, 1993) e Doutor (Karlsruhe, Alemanha, 1996) em Engenharia. Ensino de Conforto Ambiental, Metodologia

Científica e Energia e Ambiente (Arquitetura e Urbanismo e PPGCC-UFPR). Pesquisa em acústica de auditórios e simulação de edifícios. Consultoria em conforto ambiental e eficiência energética em edificações. Extensão em construções mais sustentáveis, transferência de tecnologia e música como acesso à cidadania. Coordenador de Cultura da UFPR entre 2007 e 2008. Coordenador do Curso de Tecnologia em Construção de Instrumentos Musicais da UFPR, pioneiro no Brasil. Violinista amador. Atuante em recitais de música de câmera.

Ana Bonatto de Castro e Costa anadecastroecosta@gmail.com

É professora da rede pública de ensino do Estado do Paraná, atuando no Centro Estadual de Educação Básica para Jovens e Adultos Ulysses Guimarães, Colombo-PR, nas áreas de Ciências e Biologia, desde o ano 2000. Foi coordenadora das ações descentralizadas da EJA em onze municípios da Região Metropolitana Norte de Curitiba no ano de 2004. Desde 2007 trabalha com letramento digital associado às disciplinas escolares de Ciências e Biologia.

Ana Carolina Greef ac.greef@gmail.com

Mestranda em Ciência, Gestão e Tecnologia da Informação (UFPR), bacharel em Gestão da Informação (UFPR), é bolsista do programa REUNI de fomento ao ensino e à pesquisa. Desenvolve pesquisas em Fluxos de Informação, mais especificamente sobre a avaliação e gestão desses por meio dos princípios do Lean Thinking - Mentalidade Enxuta. Em pesquisa de graduação, desenvolveu o conceito de Fluxo Enxuto de Informação e formas de mapeamento desse. Atua no intercâmbio graduação/pós-graduação no Bacharelado em Gestão da Informação (UFPR), com ênfase no esclarecimento de conceitos da Ciência da Informação e no uso de ferramentas colaborativas (wikis, fóruns, chats) tanto como veículos de interação aluno-aluno e aluno-professor quanto como ferramentas de exercício e avaliação da aprendizagem. Tem interesse profissional na gestão de fluxo de informação em ambiente organizacional e acadêmico, aliada a conceitos da engenharia de produção. Busca a experiência na área de formação superior e continuada de profissionais atuantes e futuros.

Avanilde Kemczinski avanilde@gmail.com

Possui graduação em Terapia Ocupacional pela Associação Catarinense de Ensino - Faculdade de Ciências da Saúde de Joinville (1992), especialização em Informática pela Universidade do Estado de Santa Catarina, UDESC (1994), mestrado em Engenharia de Produção pela Universidade Federal de Santa Catarina, UFSC (2000), e doutorado em Engenharia de Produção pela Universidade Federal de Santa Catarina, UFSC (2005). Desde 2002 é professora da Universidade do Estado de Santa Catarina - UDESC. Líder do Grupo de Pesquisa em Informática na Educação no CNPQ-UDESC. Tem interesse nas áreas correlatas à Informática na Educação, notadamente tecnologia educacional, objetos de aprendizagem, interação humano-computador, metodologia de concepção, desenvolvimento e avaliação de ambientes e-learning, realidade virtual aplicada e metodologias e/ou modelos de ensino-aprendizagem.

Cassandra Ribeiro Joye cassandra@ifce.edu.br

Graduada em Pedagogia Licenciatura Plena pela Universidade Federal de Pernambuco (1990), mestre em Engenharia de Produção pela Universidade Federal de Santa Catarina (1998) e doutora em Engenharia de Produção pela Universidade Federal de Santa Catarina (2002). Realizou um ano de estágio doutoral na Université de Genève-UNIGE/TECFA: Technologies Formation et d'Apprentissage. É professora e pesquisadora do Instituto Federal de Educação, Ciência e Tecnologia do Ceará (anterior CEFETCE). Coordena a Diretoria de Educação a Distância do IFCE-DEAD- e seus cursos da Universidade Aberta do Brasil (UAB) – bem como projetos de Pesquisa e Desenvolvimento na área de EAD. Colabora com a UECE e UFC em programas de pós-graduação. Áreas de atuação predominantes em docência e projetos: Educação a Distância, Informática Educativa, Produção e Avaliação de Materiais Didáticos Digitais, Didática e Metodologias de Ensino, Metodologia da Pesquisa Científica e Tecnológica.

Célia Scucato Minioli cminioli_90@msn.com

Mestre em Ciência, Gestão Tecnologia da Informação (UFPR); especialista em Metodologia do Ensino Superior pela Faculdade de Ciências Humanas e Sociais de Curitiba, UNIBEM, Brasil; possui graduação em Letras pela Universidade Federal do Paraná (UFPR) e Pedagogia pela Faculdade São Judas Tadeu (FAPI – Pinhais); atua como professora da Rede Estadual de Ensino do Paraná, onde tem exercido várias funções. É especialista em Desenvolvimento de Projetos de Implantação de Cursos Técnicos; participou do Plano de Desenvolvimento Educacional – PDE junto à Secretaria de Estado da Educação (2007-2008), na área de Gestão Escolar; pertence ao Grupo de Pesquisa Aplicada em Ciência, Informação e Tecnologia (DECIGE/UFPR), desenvolvendo várias atividades voltadas à Gestão da Informação.

Claudine Varela claudine1940@terra.com.br

Mestre em Letras pela Universidade Federal Fluminense; pós-graduada em educação e licenciada em Português/Literaturas pela Universidade Cândido Mendes; Bacharel em Português e Literaturas pela Universidade Federal do Rio de Janeiro. Professora de Teatro do Instituto Municipal Helena Antipoff; professora da Universidade Salgado de Oliveira.

Egon Walter Wildauer egon@ufpr.br

Atuou como oficial analista de sistemas no Centro de Informática 5 (1991-1998) do Exército Brasileiro, concluindo vários sistemas computacionais para organizações militares (material permanente, de consumo, pessoal, equipamento e recrutamento). Foi gerente de Bureau na empresa Schlumberger Cardtech Ltda., empresa multinacional líder na confecção e personalização de cartões magnéticos bancários, tendo trabalhado no Brasil, na Argentina, no México e na Europa. Foi Diretor de Campus, Coordenador do Curso de Bacharelado em Sistemas de Informação e Coordenador do Curso de Ciência da Computação em centro universitário de Curitiba. Leciona no ensino superior desde 1995. Possui certificação Oracle, além de vários cursos na área de informática. Atualmente é professor de Infometria, Banco de Dados e Web-

Design do curso de Gestão da Informação e coordena dois projetos de pesquisa ligados à Educação na Universidade Federal do Paraná.

Irene Aparecida Mattos yrenemattos@gmail.com

Especialização em Ensino de Língua Portuguesa (Centro de Pós-Graduação, Pesquisa e Extensão das Faculdades Integradas da Sociedade Educacional Tuiuti, 1994). É professora da rede pública de ensino do Estado do Paraná, atuando no Colégio Estadual Papa João Paulo I, Almirante Tamandaré - PR, na área de língua inglesa, desde o ano de 1990. Nesse colégio desempenhou as funções de supervisora e de diretora auxiliar e foi professora de 1ª a 4ª séries nos anos de 1979 a julho de 1982. Trabalhou em secretaria de escola particular durante 23 anos.

Isabela Gasparini isabela@joinville.udesc.br

Professora universitária do Departamento de Ciência da Computação da Universidade do Estado de Santa Catarina (UDESC). Atuou no Comitê de Ética em Pesquisa em Seres Humanos da universidade. Foi integrante da Comissão Permanente de Acessibilidade (COOPERA), ligado ao COMDE (Conselho Municipal dos Direitos da Pessoa Portadora de Deficiência) e, posteriormente, membro do COMDE. Atualmente é doutoranda do PPGC - Programa de Pós-Graduação em Computação da Universidade Federal do Rio Grande do Sul (UFRGS) e M.Sc pela mesma instituição. Sua área de atuação é Interação Humano-Computador (IHC) ligada à Informática na Educação. Participou da criação e hoje atua no desenvolvimento de melhorias no ambiente AdaptWeb (Ambiente de Ensino Aprendizagem Adaptativo na Web).

Kleber do Nascimento Silva manokleber@gmail.com

Tem atuado na área de Ciência da Computação, com ênfase em Teoria da Computação, como Analista de Sistemas e Negócios no Banco Bradesco S.A. Possui experiência nas seguintes áreas: Educação a Distância, Instrumentos de Avaliação, Ferramentas de Autoria baseada na Web e Avaliação de Aprendizagem. Participa do programa de tutoria a distância pela Universidade Aberta do Brasil (UAB) no Instituto Federal de Educação, Ciência e Tecnologia do Ceará (IFCE) nas disciplinas de Educação a Distância e Fundamentos da Administração.

Maria Cecília Tavares mariactavares@ibest.com.br

Curso de Formação de Professores do 1º ao 5º ano do Ensino Fundamental - 1979; Licenciatura Curta em Educação Artística - 1986; Curso de Qualificação Profissional de Ator da Escola Técnica de Teatro Martins Pena - 1993; professora da Oficina de Teatro do Centro de Referência em Educação Especial do Instituto Municipal Helena Antipoff, no Rio de Janeiro.

Sumário

A Escola No Século XXI

CAPÍTULO 4 - CICLO FORMATIVO - EXIGÊNCIAS E DESAFIOS   1

   ARTIGO 11. Educação Especial: A Inclusão pelo Exercício do Teatro   2

   ARTIGO 12. Letramento Digital na Educação Básica de Jovens e Adultos (EJA)   21

   ARTIGO 13. Educação Infantil Pensando a Educação dos Nativos Digitais   44

   ARTIGO 14. O Papel do Pedagogo no Processo de Transição dos Alunos de 4ª e 5ª Séries do Ensino Fundamental   64

   ARTIGO 15. Processo de Ensino das Escolas Brasileiras e as Especificidades dos Formadores Universitários   90

CAPÍTULO 5 - EDUCAÇÃO EM TECNOLOGIAS   137

   ARTIGO 16. Educação Superior   138

   ARTIGO 17. Uso das TICs no Ensino Superior: A Simulação de Edifícios no Ensino da Física Aplicada à Arquitetura   155

CAPÍTULO 6 - DIDÁTICA   175

   ARTIGO 18. Ensino / Aprendizagem   176

   ARTIGO 19. Avaliação da Aprendizagem: O que e Como em Ambientes Virtuais   190

ÍNDICE REMISSIVO   217

Capítulo 4:
Ciclo Formativo – Exigências e Desafios

Artigo 11

Educação Especial: A Inclusão pelo Exercício do Teatro

Maria Cecília Tavares, Claudine Varela

Sumário

Resumo 2
Palavras-chave 3
1. Introdução 3
2. O teatro como expressão e comunicação 4
3. O teatro como produção coletiva 4
4. O teatro como produto cultural e apreciação estética 5
5. Ludicidade, criação e prazer 6
6. Encaminhamento metodológico 7
7. Case 1: grupo de alunos com deficiência visual 8
8. Case 2: atendimento individual 11
9. Case 3: Teatro Sem Limite 13
10. Conclusão: sem limites 16
11. Questões para reflexão 17
12. Tópico para discussão 18
13. Para saber mais sobre o tema 18
Referências 20

Resumo

A experiência de aprendizagem aqui descrita tem como prioridade apresentar uma reflexão artísticopedagógica relacionada com a relevância das atividades teatrais na inclusão de alunos com deficiência ou necessidades educacionais especiais oriundas de deficiências, transtornos globais do desenvolvimento ou altas habilidades/superdotação. Aos estudantes de pedagogia que desejam trabalhar com estes alunos, cabem a criação e o uso de recursos tecnológicos e de outros meios de expressão. Este texto trata do teatro como uma opção educativa facilitadora da inclusão social desses alunos. Há relatos de experiência onde os estudantes realizam atividades estruturadas, dirigidas pelo professor e que concentram conteúdos específicos.

Palavras-chave

Educação Especial, Teatro, Inclusão, Ludicidade, Linguagem teatral, Produção Cultural.

1. Introdução

Incluída nas Artes Cênicas, a Linguagem Teatral, que aqui trataremos por seu uso comum, Teatro, é o produto da articulação de outras linguagens — relacionadas às artes visuais, ao corpo, à música...

Observa-se a presença do Teatro em todos os períodos da história das sociedades. Isso porque ele tem uma importante função social: referindo e retratando em suas obras o comportamento, os costumes, os vícios, as angústias e tudo que envolve a sociedade; auxilia na adequação dos indivíduos aos valores sociais nos quais estão inseridos e na compreensão, além dos processos sociais, dos processos individuais, dos próprios sentimentos e questões. Dessa forma o Teatro contribui para o funcionamento das estruturas sociais e para a relação indivíduo x coletividade.

> O Teatro nasce quando o ser humano descobre que pode observar-se a si mesmo: ver-se em ação. Descobre que pode ver-se no ato de ver — ver-se em situação.
>
> Ao ver-se, percebe o que é, descobre o que não é, e imagina o que pode vir a ser. Percebe onde está, descobre onde não está e imagina onde pode ir. Cria-se uma tríade: Eu observador, Eu em situação, e o Não-Eu, isto é, o Outro. O ser humano é o único animal capaz de se observar num espelho imaginário (antes deste, talvez tenha utilizado outro — o espelho dos olhos da mãe ou o da superfície das águas —, porém pode agora ver-se na imaginação, sem esses auxílios). O espaço estético (...) fornece este espelho imaginário. Esta é a essência do Teatro: o ser humano que se auto-observa. (...) Teatro — ou teatralidade — é aquela capacidade ou propriedade humana que permite que o sujeito se observe a si mesmo em ação, em atividade. O autoconhecimento assim adquirido permite-lhe ser sujeito (aquele que observa) de um outro sujeito (aquele que age); permite-lhe imaginar variantes ao seu agir, estudar alternativas. O ser humano pode ver-se no ato de ver, de agir, de sentir, de pensar. Ele pode se sentir sentindo, e se pensar pensando. (BOAL, 1996).

Entendendo a importância do teatro, assim como das outras artes, para o desenvolvimento individual e coletivo, a Lei de Diretrizes e Bases da Educação Nacional – LDB nº 9394/96 coloca o ensino de arte como obrigatório na educação básica[1] e, em 1998[2], consolida o teatro como uma das modalidades artísticas a serem trabalhadas na área de Artes.

---

[1] O ensino da arte constituirá componente curricular obrigatório, nos diversos níveis da educação básica, de forma a promover o desenvolvimento cultural dos alunos. (LDB: 9394/96).
[2] Parâmetros Curriculares Nacionais.

Na escola, o ensino do teatro tem como um de seus objetivos principais trabalhar a relação entre o individual e o coletivo a partir de três eixos principais, a saber.

2. O teatro como expressão e comunicação

O código teatral implica enfim a obrigação de jogar (REVERBEL, 1997), o que leva o aluno a expressar-se de alguma forma, utilizando seu próprio corpo, sua voz, o espaço, materiais... articulando-os para que se efetive a comunicação.

Essa articulação requer consciência sobre o processo, pois o aluno precisa racionalizar suas emoções e conhecer os recursos disponíveis a fim de escolhê-los e ressignificá-los; elaborando sua estratégia para expressar sua ideia, seu conceito, sua emoção... exemplos disso são as improvisações de situações do cotidiano, jogos com mímica, poses e esculturas corporais, imitações de sons e ruídos da natureza utilizados nas aulas de Teatro. É importante saber que ao término de cada atividade é necessária sua avaliação pelo grupo.

> ...o grupo debate o trabalho... o nível de comunicação pelo gesto, a sinceridade, a confiança, a correta utilização do espaço etc. O debate enseja a utilização da linguagem verbal, pois, ao analisar, criticar e sugerir ideias sobre as atividades, o aluno sente necessidade de se expressar de forma simples e clara...Não somente a linguagem verbal pode ser usada para debater a atividade, mas também a linguagem escrita, o desenho, a modelagem. O importante é que o aluno opine, desenvolva seu senso crítico. (REVERBEL, 1997).

3. O teatro como produção coletiva

O Teatro é uma arte essencialmente coletiva, pois, para que se realize, necessita de cena e plateia. A plateia é composta de um ou mais espectadores, enquanto a cena o é por diversas funções (entre elas ator, diretor, dramaturgo, cenógrafo, iluminador, figurinista, contrarregra, aderecista, sonoplasta, camareira, produtor, entre outros) efetuadas, cada uma, por no mínimo uma pessoa. Ainda que a obra seja um monólogo, várias outras pessoas além do ator diante do público são necessárias para que o espetáculo se realize.

A necessidade de uma "criação coletiva" implica, na escola, em reconhecimento e integração com os colegas na criação de cenas, improvisações, exploração do espaço, elaboração e execução do texto. E, ainda, na relação palco-plateia, dá-se a interação entre ator e espectador.

Aqui também é importante que todos façam a análise e apreciação dos trabalhos criados e realizados. A análise e a apreciação desses trabalhos, além da satisfação em fazer e assistir, são realizadas tendo como base o alcance dos objetivos propostos. Tais objetivos podem ter como foco a concentração dos participantes, sua movimentação e utilização do espaço, a expressão corporal dos que estão em cena, a adequação dos materiais e recursos utilizados à informação a ser transmitida, entre outros.

4. O teatro como produto cultural e apreciação estética

Na escola, o teatro ajuda o aluno no entendimento e reconhecimento das relações e situações presentes na sociedade na qual está inserido, tanto o aluno quanto o teatro, bem como nas estruturas sociais de épocas passadas. Ele reflete, retrata e socializa valores morais e conhecimentos científicos e filosóficos. Ao mesmo tempo "educa" para a sociedade, "educa" o olhar para a obra de arte, pois, para apreciá-lo completamente, é necessário estar sensível e imbuído de referências inerentes ao fazer teatral; sem isso, é possível se satisfazer ao assistir um espetáculo, mas não compreendê-lo integralmente.

> Até aqui vimos que a dualidade na experiência estética espelha uma ampla negociação no interior da experiência em geral. No entanto, alego ainda que a experiência estética, em ambas as formas, criativa e receptiva, revela o que normalmente não é visto na experiência comum. ... Isso permite-me afirmar que a experiência estética, em ambos aspectos, serve como um exemplo que repete e transforma o cotidiano. (DUARTE; FIGUEIREDO, 2001).

Isso faz parte da formação de plateia, tão importante nos dias de hoje, em que as principais referências culturais são absorvidas apenas eletronicamente. Fato este que não impede a apropriação e incorporação de novas linguagens tecnológicas pelo fazer teatral, o que reafirma o Teatro como retrato, reflexo e produto social.

O processo de formação de plateia também inclui a ida dos alunos a espetáculos em edifícios teatrais, o que promove o contato desses alunos com um ambiente essencialmente teatral, bem como com recursos e técnicas talvez não experimentados na escola, como o teatro de bonecos, teatro negro, ópera etc. e a apresentação, na própria escola, de produções extraescolares.

5. Ludicidade, criação e prazer

As brincadeiras infantis são consideradas por vários autores, como John Dewey, atividades espontâneas da criança. As crianças simplesmente brincam, sem que seja necessário pedir ou ordenar que o façam, como escovar os dentes, tomar banho, arrumar suas próprias coisas... ainda que sejam atividades espontâneas, a criança aprende a brincar socialmente, pois o jogo presente em todas as brincadeiras obedece regras (assim como todo ambiente social), inclusive do que simboliza cada elemento do jogo; tanto que em cada parte do mundo existem brincadeiras diferentes, relacionadas às culturas locais. Também crianças que não têm contato com pessoas que efetivamente brinquem com elas, como é percebido no comportamento de vários alunos das escolas brasileiras da atualidade, não sabem brincar e apresentam muita dificuldade em compreender o que estabelecem as regras das brincadeiras e por que elas existem.

> O jogo é uma forma natural de grupo que propicia o envolvimento e a liberdade pessoal necessários para a experiência. Os jogos desenvolvem as técnicas e habilidades pessoais necessárias para o jogo em si, através do próprio ato de jogar. As habilidades são desenvolvidas no próprio momento em que a pessoa está jogando, divertindo-se ao máximo e recebendo toda a estimulação que o jogo tem para oferecer (...) Qualquer jogo digno de ser jogado é altamente social... (SPOLIN, 2005).

Jogar é prazeroso e necessário para o desenvolvimento do ser humano em todos os sentidos, e o jogo é inerente a qualquer atividade teatral. Portanto, é possível afirmar que o Teatro tem um papel de suma importância no contexto escolar, citando Koudela (2004):

> ... a imaginação dramática está no centro da criatividade humana e, assim sendo, deve estar no centro de qualquer forma de educação. A característica principal do homem... é sua imaginação, ou seja, sua capacidade de fazer símbolos — a representação de um objeto, evento ou situação na ausência desse.

Dessa maneira fica evidente que, ao trabalhar com uma das principais marcas do ser humano, que é a capacidade de simbolizar — sem essa capacidade, inclusive, não seria possível o tipo de organização social humana que se apresenta —, o Teatro, como explicitado anteriormente, vai trabalhar o aluno em sua relação com ele mesmo e com o mundo a sua volta, do qual ele é um elemento.

Se esse trabalho, por sua especificidade, é de tamanha importância para os alunos em geral, qual não é a importância para os alunos com deficiência ou necessidades educacionais especiais com origem em deficiências, transtornos globais do desenvolvimento ou altas habilidades/superdotação?

O que se pode observar usualmente é que pessoas com as características explicitadas acima ficam em um lugar destacado da sociedade (no sentido de destacar-separar), não discutindo, aqui, as causas desse fato. Como a estrutura escolar é vinculada à estrutura social, alunos com tais características também se encontram à margem dessa estrutura.

No entanto, observa-se, também, que a sociedade como um todo está mais sensível às necessidades dessas pessoas e vem se reestruturando, gradativamente, a fim de minimizar essa distância. Seguindo essa tendência, em 1994, a Declaração de Salamanca afirma a necessidade da inclusão de pessoas com deficiência ou necessidades especiais advindas de quaisquer causas em todos os setores da sociedade. Consequentemente, houve uma mudança na política educacional, que resultou na Lei de Diretrizes e Bases da Educação Nacional nº 9394/1996. Viu-se a escola, então, obrigada a adotar essa política inclusiva, recebendo, preferencialmente no ensino regular, os alunos com deficiências ou necessidades educacionais especiais oriundas de deficiências ou transtornos globais do desenvolvimento ou altas habilidades/superdotação.

O teatro vem contribuir para que essa inclusão seja real, tanto na escola quanto na sociedade. No Rio de Janeiro, o Instituto Municipal Helena Antipoff desenvolve seu trabalho com base em uma perspectiva inclusiva e, em seu Centro de Referência em Educação Especial, possui, entre seus serviços, oferecidos a alunos matriculados nas escolas públicas da rede municipal de ensino do Rio de Janeiro, a Oficina de Teatro, que, atualmente, conta com dois grupos de trabalho e um atendimento individual, relatados a seguir, e que comprovam, na sua prática, a importância do teatro no espaço pedagógico.

6. Encaminhamento metodológico

O professor que deseja iniciar um trabalho de Teatro com seus alunos deve, antes de tudo, sensibilizar-se em relação a toda e qualquer linguagem artística — não se pode esquecer que a linguagem teatral comporta diversas linguagens — e, além disso, buscar compreender a relação entre razão e emoção a fim de nutrir-se e intrumentalizar-se para sua prática artística-pedagógica. Para isso, deve ir ao teatro, ao cinema, a exposições, shows; ler, tanto obras literárias quanto teóricas (críticas, teorias relacionadas à arte, artigos...), enfim, manter-se culturalmente informado e atualizado.

Na sala de aula, o primeiro passo é conhecer seus alunos, suas facilidades e dificuldades, seus interesses e necessidades. Colher dados sobre o grupo para possibilitar um planejamento inicial. Tal planejamento não deve estar atrelado à montagem de um espetáculo. Esse planejamento refere-se à primeira etapa de trabalho com qualquer grupo. De acordo com a necessidade, podem ser utilizados exercícios de consciência corporal, conhecimento e ocupação do espaço, consciência e percepção sensorial (uso de músicas, figuras, objetos, texturas etc.).

É interessante que todo trabalho sempre tenha início usando as facilidades e interesses do grupo, pois este deve sentir-se seguro e estimulado nas atividades propostas, partindo daí para a superação das dificuldades e ampliação dos interesses e possibilidades desse grupo, coletiva e individualmente.

Qualquer montagem de trabalho para apresentação, fora da aula de Teatro, depende do amadurecimento do grupo e só o professor pode fazer essa avaliação. Pois, ainda que não se exija um trabalho "profissional" como pré-requisito para uma apresentação pública, o responsável pelo trabalho de Teatro não tem direito de expor os alunos a uma situação vexatória. Nenhum trabalho de/com Teatro começa por um processo de montagem de espetáculo ou apresentação, apesar de muitos ainda fazerem essa confusão.

Para que se efetive, portanto, um trabalho teatral com qualquer grupo, é imprescindível que o professor seja atento, busque soluções para as dificuldades, realizando as adaptações necessárias a seus alunos, e esteja consciente de seu lugar de mediador em todos os processos e atividades, sabendo que, independentemente de um resultado imediato, ousadia e criatividade são inerentes a qualquer processo, e é este que produz os resultados constatados no cotidiano de todos os envolvidos na atividade teatral.

7. Case 1: grupo de alunos com deficiência visual

O grupo é formado, hoje, por alunos entre 13 e 27 anos, com cegueira e baixa visão, alguns acumulando ainda outras deficiências — mental e física. Três desses alunos frequentam turmas regulares do ensino fundamental, o restante frequenta uma classe especial para alunos com deficiência visual.

Em um primeiro momento, o trabalho com qualquer aluno com deficiência visual inclui o conhecimento do espaço. Apresentado a ele através da movimentação guiada (andar por todo o espaço disponível para o trabalho), descrição oral e rastreamento (tátil) do ambiente; tudo feito em concomitância. É importante que o espaço mantenha a mesma organização em todas as aulas para que o aluno saiba por onde andar e onde encontrar o que precisa. Qualquer alteração no espaço deve ser mostrada no início da aula.

As aulas começam com aquecimento corporal e vocal. Isso objetiva a consciência corporal do aluno, pois quanto maior o conhecimento do próprio corpo maiores as possibilidades de sua utilização, seja para locomoção ou expressão, incluídas nas possibilidades vocais, de produção e articulação dos sons de maneira consciente e intencional.

Figura 1 — Ensaio de *As meninas faladeiras*
Fonte: as autoras

Esses aquecimentos, além de prepararem para o trabalho teatral, têm como consequência a ampliação do repertório corporal (incluindo expressões faciais e gestuais) e vocal cotidiano, auxiliando amplamente na orientação e mobilidade dos alunos; que é a capacidade de perceber o ambiente, saber onde se está e movimentar-se de forma consciente (controle de movimentos), organizada e eficaz.

Os exercícios trabalham com movimentação de braços, pernas e articulações, consciência e controle da respiração, controle da emissão sonora, formas de articulação de sons vocais, ritmo, produção de sons com o corpo, entre outros.

O momento seguinte ao aquecimento depende do foco de cada aula. Podem ser trabalhadas a comunicação verbal, a interação com o grupo, a ocupação cênica do espaço, a capacidade de imaginação, de resolução rápida de problemas, de improvisação em situações dadas, de simbolizar, de organizar o pensamento, de memorização. Enfim, pode-se trabalhar o que se queira, sempre escolhendo o exercício adequado ao objetivo pretendido e ao grupo a ser trabalhado, adaptando-o sempre que necessário.

Um exemplo é o jogo da memória corporal, que, em vez de utilizar a visão, utiliza o tato. Um aluno é escolhido para memorizar as posturas corporais de cada um do grupo e separado dos outros. O restante do grupo se alinha e cada um cria sua postura (em qualquer plano: alto, médio ou baixo). Em seguida o aluno escolhido anteriormente examina, através do tato, todos os colegas em suas posições e volta a ser separado. Alguns alunos modificam a postura corporal, o outro aluno volta, reexamina o grupo e deve identificar quais posturas foram alteradas e como. Sempre deve haver a mediação do professor. Este exercício trabalha: memória, concentração, observação, consciência corporal, resistência física e criatividade, no mínimo.

Outro exemplo de exercício é a improvisação de situações em um espaço predefinido. São criados grupos que devem elaborar uma cena a partir de personagens. Cada um escolhe um personagem, ou este é determinado pelo professor, e define seus traços e características. Rastreiam o espaço da cena (observando tanto o espaço de circulação quanto os objetos presentes – não trabalhando necessariamente de maneira realista) para perceberem suas possibilidades de uso. Enquanto um grupo está em cena o outro observa. O grupo que está em cena deve improvisar uma situação qualquer com seus personagens (o grupo tem um pequeno tempo para combinar a situação). Depois das apresentações é feita a avaliação dos trabalhos, levando em consideração a proposta do exercício e sua execução. O professor media todas as etapas desse trabalho. Neste exercício são trabalhados: orientação e mobilidade, criatividade, concentração, organização de pensamento, possibilidades e recursos de expressão (corporal, vocal, facial...), interação, simbolização, rapidez de raciocínio, pensamento crítico, entre outros.

Ao longo do trabalho observou-se mudança nas posturas dos alunos no dia a dia, maior objetividade ao se expressarem, identificação e reconhecimento deles como sujeitos críticos e possuidores de desejos e vontades, elevação da autoestima, maior autonomia de deslocamento, entre outros ganhos.

Figura 2 – Cena de *O nome roubado* no Teatro Henriqueta Brieba
Fonte: as autoras

8. Case 2: atendimento individual

O Teatro é essencialmente uma atividade coletiva e pode soar estranho, em uma oficina de Teatro, um atendimento individual. Este acontece de acordo com a necessidade. Há casos em que o aluno se beneficia mais das atividades teatrais em um atendimento classificado como individual porque só há um aluno. Nesses casos existe um grupo de, no mínimo, duas pessoas, um aluno e um professor, pois este, durante as atividades, é par do aluno[3].

Atualmente, na Oficina de Teatro do Centro de Referência em Educação Especial do Instituto Municipal Helena Antipoff, nessa modalidade de trabalho há um caso apenas. É importante salientar que o atendimento individual é sem-

---
[3]Em geral, os alunos que se enquadram nessa modalidade de atendimento possuem distúrbios de comportamento.

pre provisório, pois seu objetivo principal é dar suporte ao aluno para que ele consiga trabalhar em grupo.

A partir da entrada do aluno no espaço da aula, é observado seu interesse no dia e, em cima do que ele traz, são desenvolvidas as atividades da aula. Por exemplo: o aluno chega falando sobre "palhaço". Explora-se, então, tudo relacionado a esse tema. Como é o andar do palhaço, suas posturas corporais, sua indumentária, sua expressão oral, suas expressões faciais, os objetos que ele usa, outras formas de expressão relacionadas ao arquétipo, sua função...

Tudo é trabalhado de forma lúdica, professor e aluno representam em conjunto situações ligadas ao assunto da aula. Dessa maneira o aluno é levado a simbolizar, participando do faz de conta, o que promove a consciência da diferença entre realidade e fantasia e trabalha a organização do pensamento lógico, a utilização social do símbolo, a comunicação com o outro, alternativas para expressão de ideias e sentimentos e sua identificação.

Figura 3 — Aluno em atendimento individual
Fonte: as autoras

Gradativamente, o professor passa a conhecer o repertório básico de interesses do aluno e pode utilizá-lo no planejamento das aulas, que não dependerão mais somente do que o aluno trouxer a cada dia.

Se se percebe que um aluno é glutão, pode-se criar aulas com improvisações de situações que envolvam alimentação. A ida a uma festa, a um supermercado ou a um restaurante é possível de ser trabalhada, assim como a preparação de uma comida e as atividades relacionadas a essas situações. O aluno e o professor poderão ser cozinheiro, garçom, caixa, faxineiro, cliente, enfim, podem ser criados quaisquer personagens que eventualmente estejam envolvidos nas ações improvisadas. É possível criar trilhas sonoras para os exercícios, assim como utilizar outras linguagens artísticas na elaboração e execução de cada atividade.

A vivência na linguagem teatral trouxe ao aluno anteriormente referido, até o momento, maior compreensão e desenvoltura nas relações sociais e autocontrole, bem como ampliação de suas possibilidades expressivas e de uso da língua oral, além de melhor definição de suas escolhas e iniciativas que condigam com as situações de seu cotidiano.

9. Case 3: Teatro Sem Limite

Grupo formado a partir do trabalho, na Oficina de Teatro, com alunos oriundos de uma classe especial de "síndromes diversas" do município do Rio e alunos "ditos normais". Hoje o grupo possui nove integrantes: duas professoras e sete alunos entre 12 e 17 anos.

No primeiro momento do trabalho com o grupo, as aulas eram iniciadas com alguns exercícios de consciência vocal e corporal como aquecimento (Figura 4). Na segunda parte das aulas eram feitos exercícios de espontaneidade, memória, sensibilização, concentração e interação; como andar no espaço observando os colegas sem esbarrar uns nos outros, preenchendo o espaço de maneira harmônica (sem deixar buracos), seguindo um ritmo, variando as formas de movimentação no espaço...

Em três meses de trabalho o grupo já se apresentava pela primeira vez, na Mostra de Teatro do Instituto Municipal Helena Antipoff, na qual são apresentados trabalhos de alunos da rede municipal de educação do Rio de Janeiro e do Centro Integrado de Atenção à Pessoa com Deficiência. A peça era uma história simples, passada no universo familiar, o que facilitava a compreensão dos alunos. Chamava-se *E aí, Margarete?*. No mesmo mês a peça foi apresentada na Mostra de Fragmentos Cênicos, realizada pela Diretoria de Educação Fundamental, desvinculada da Educação Especial.

Figura 4 – Alunos durante o aquecimento
Fonte: as autoras

Em 2009, o grupo se preparava para ensaiar seu terceiro espetáculo, baseado na obra de Molière; o segundo (em 2008) foi baseado em *Conto de Escola*, de Machado de Assis.

Na construção de cada espetáculo o processo é semelhante: primeiro as professoras escolhem a história ou o assunto, escolha essa que leva em consideração a faixa etária dos alunos, seus interesses e temas prediletos, além de suas experiências individuais e coletivas.

O próximo passo é contar a história para o grupo e trabalhar em sua compreensão. Compreendida a história, ela é dividida em "situações-chave", que são executadas pelo grupo em exercícios de improvisação. Nessa etapa os alunos não têm personagens definidos, a fim de que cada um possa experimentar todos os personagens. Conforme avança o processo de improvisação, e baseado nele, é construído o texto dramático. Também baseada nas improvisações, é feita a divisão dos personagens. Dessa maneira, o espetáculo em si é literalmente construído com o alunos, o que possibilita que qualquer dificuldade — que geralmente é tida como empecilho — seja naturalmente ultrapassada. Um exemplo disso foi, na montagem de *Conto de Escola*, o aluno com dificuldade motora e baixa visão interpretar o diretor da escola da história. Esse personagem poderia ter uma idade avançada, o que explicaria sua dificuldade de locomoção e faria com que outro personagem pudesse auxiliar seu deslocamento em cena sem ferir o contexto.

Outro exemplo foi, na peça: *E aí Margerete?* um aluno, com extrema dificuldade para memorizar suas falas, interpretou um personagem pré-adolescente, o que explicaria o uso de vocabulário reduzido. Suas falas se transformaram em duas frases, repetidas durante todo o espetáculo, o que vulgarmente é conhecido como bordão (Figura 5).

Figura 5 — Cena de *E aí Margarete?*
Fonte: as autoras

Nesses três anos de trabalho o grupo amadureceu muito como grupo de teatro. Hoje eles mesmos dirigem seu aquecimento, conscientes do objetivo de cada exercício. Participam das aulas com mais concentração e disciplina, o que denota maior responsabilidade com o grupo e com suas próprias escolhas. Em suas avaliações, tanto de seus trabalhos quanto de trabalhos alheios, fica patente a compreensão de uma estética teatral.

Individualmente os alunos também cresceram muito. Dois saíram da classe especial para o ensino regular noturno, outro está em adaptação em uma classe regular diurna, e em todos se observou maior organização de pensamento, elevação da autoestima, mais facilidade e objetividade ao expressar ideias e opiniões, maior e melhor interação social, entre outros ganhos. Um dos alunos, que iniciou como ouvinte, hoje está plenamente inserido no grupo, participando de todas as atividades. Outro aluno, que às vezes passava por processos de surto, hoje reconhece quando há possibilidade de a situação fugir de seu controle e faz o necessário para que isso não aconteça — coloca suas dificuldades e procura fazer o que o tranquiliza.

Em relação às famílias, o principal é que agora acreditam que esses jovens são capazes de muitas coisas. Pois, para estarem no palco, apresentando-se para as mais diversas plateias, tiveram de vencer inúmeros obstáculos cotidianos, inclusive o descrédito dessas famílias que, atualmente, valorizam seu trabalho, suas potencialidades e sentem orgulho deles.

10. Conclusão: sem limites

Sem limites para sonhar, sem limites para se amar, para respeitar e respeitar-se, para produzir, aceitar e aceitar-se... acreditar!

Acreditar que todo ser humano é capaz de realizações individuais e coletivas. Por isso um grupo que teve início como uma "classe especial de síndromes diversas" agora se reconhece por Teatro Sem Limite: eles acreditam.

O Teatro está justamente na interseção entre o individual e o coletivo. Para fazer Teatro é necessário estar em grupo, perceber-se como parte integrante desse grupo e sentir-se fundamental em qualquer realização do grupo. Também é necessário perceber-se como indivíduo; ser humano capaz de pensar, agir, transformar, criar, transgredir, criticar, escolher.

Essa interseção entre individual e coletivo está na base de qualquer sociedade. Dessa forma, o Teatro ocupa uma posição ancilar na construção de uma sociedade efetivamente inclusiva que, na sala de aula, começa na crença do professor.

É fundamental que esse professor realmente acredite na capacidade de seus alunos para que a inclusão ultrapasse o discurso e seja uma prática.

Figura 6 — Teatro Sem Limites após apresentação do *Conto de Escola*
Fonte: as autoras

11. Questões para reflexão

Quantas vezes na vida as pessoas em geral pensam que sua postura, seu jeito de andar, de vestir, de falar, e até suas expressões faciais, são aprendidos socialmente?

As pessoas com deficiência ou necessidades especiais advindas de quaisquer motivos muitas vezes apresentam posturas, comportamentos e expressões que destoam do socialmente usual.

Como o ensino de Teatro facilita a diminuição da distância entre essas pessoas e o restante da sociedade? Qual a relação entre Teatro, transformação social e inclusão?

Como articular, no trabalho com a linguagem teatral, os avanços tecnológicos de hoje? Apropriar-se de novas linguagens, atuais, no teatro?

12. Tópico para discussão

É sabido que há uma grande produção artística realizada por pessoas com deficiência ou necessidades especiais. Com que frequência ela aparece na mídia? Quando aparece, pode-se perceber que o foco principal é o valor artístico das obras ou terem sido realizadas por pessoas desacreditadas em seu potencial? O que impressiona mais: a obra de arte ou a deficiência?

Há grupos de teatro — como o Teatro Novo, de Niterói, formado por pessoas com Síndrome de Down — com um repertório considerável e que não conseguem divulgar seu trabalho. Quantas e quais pessoas saem de suas casas para assistir um espetáculo apresentado por um grupo como este?

Quais teatros e espetáculos realmente se preocupam em ser acessíveis para qualquer público? Houve uma experiência em São Paulo, divulgada pela mídia recentemente, em que a pessoa com deficiência visual que fizesse parte do público recebia um fone pelo qual ouvia a descrição de cenários, figurinos, expressões faciais e movimentação cênica, já que o texto era dito pelos atores, para que a peça pudesse ser realmente apreciada pelas pessoas com deficiência visual.

Em quantas apresentações teatrais são vistos intérpretes de LIBRAS?

Todos os edifícios teatrais são fisicamente acessíveis para qualquer público? E para qualquer ator?

Ainda: se o Teatro está presente em todos os momentos históricos e sociais, lembrando à sua função primordial, qual o local que ele ocupa hoje? Em que contribui ou pode contribuir para a construção de uma sociedade inclusiva de maneira ampla?

13. Para saber mais sobre o tema

BARTHES, R. **Crítica e verdade**. São Paulo: Perspectiva, 1970.

BENJAMIN,W. **A criança, o brinquedo, a educação**. Trad. Marcus Vinicius Mazzari. São Paulo: Summus, 1983.

BOAL, A. **O teatro do oprimido**. Rio de Janeiro: Civilização Brasileira, 1977.

BRASIL. Lei nº 9394, de 20 de dezembro de 1996. Lei de Diretrizes e Bases da Educação Nacional (LDB). **Diário Oficial da União**. Brasília/DF, 1996.

FREIRE, P. **Pedagogia do oprimido**. Rio de Janeiro: Paz e Terra, 1970.

GÓES, M. C. R. de; LAPLANE, A. L. F. (Org.) **Políticas e práticas de educação inclusiva**. Campinas: Autores Associados, 2004.

GUÉNOUM, D. **O teatro é necessário?**. Trad. Fátima Saadi. São Paulo: Perspectiva, 2004.

JANNUZZI, G. S. de M. **A educação do deficiente no Brasil**: dos primórdios ao início do séc. XXI. São Paulo: Autores Associados, 2004.

KOUDELA, I. D. **Brecht**: um jogo de aprendizagem. São Paulo: Perspectiva, 2007.

_____. **Jogos teatrais**. 5. ed. São Paulo: Perspectiva, 2006.

_____. **Texto e jogo**: uma didática brechtiana. São Paulo: Perspectiva, 1999.

MARTINS, M. C. F. D. et al. **Didática do ensino de arte**: a língua do mundo: poetizar, fruir e conhecer arte. São Paulo: FTD, 1998.

MINISTÉRIO DA EDUCAÇÃO. **Parâmetros Curriculares Nacionais**: arte. Secretaria da Educação Fundamental. 3. ed. Brasília: A Secretaria, 2001.

PRADO, D. A. **O teatro brasileiro moderno**. 3. ed. São Paulo: Perspectiva, 2007.

RYNGAERT, JP. **Introdução à análise do teatro**. Trad. Paulo Neves. São Paulo: Martins Fontes, 1995.

_____. **Ler o teatro contemporâneo**. Trad. Andréa Stahel M. da Silva. São Paulo: Martins Fontes, 1998.

SECRETARIA MUNICIPAL DE EDUCAÇÃO DO RIO DE JANEIRO. **Multieducação**: o ensino de teatro. Rio de Janeiro, 2008.

SLADE, P. **O jogo dramático infantil**. Trad. Tatiana Belinky. São Paulo: Summus, 1978.

SPOLIN, V. **Jogos teatrais**: o fichário de Viola Spolin. Trad. Ingrid Dormien Koudela. 2. ed. São Paulo: Perspectiva, 2006.

_____. **Jogos teatrais para sala de aula**: um manual para o professor. Trad. Ingrid Dormien Koudela. São Paulo: Perspectiva, 2007.

_____. **O jogo teatral no livro do diretor**. Trad. Ingrid Dormien Koudela e Eduardo Amos. 2. ed. São Paulo: Perspectiva, 2004.

STANISLAVSKI, C. **A Preparação do ator**. Trad. Pontes de Paula Lima. Rio de Janeiro: Civilização Brasileira, 1986.

_____. **A criação do papel**. Trad. Pontes de Paula Lima. Rio de Janeiro: Civilização Brasileira, 1972.

VYGOTSKY, L. S. **A formação social da mente**. São Paulo: Martins Fontes, 1984.

_____. **Pensamento e linguagem**. São Paulo: Martins Fontes, 1987.

_____. **Psicologia da arte**. Trad. Paulo Bezerra. São Paulo: Martins Fontes, 1999.

Referências

BOAL, A. **200 exercícios e jogos para o ator e o não-ator com vontade de dizer algo através do teatro**. 5. ed. Rio de Janeiro: Civilização Brasileira, 1983.

_____. **O arco-íris do desejo**: o método Boal de teatro e terapia. Rio de Janeiro: Civilização Brasileira, 1996.

KOUDELA, I. D. **Brecht na pós-modernidade**. São Paulo: Perspectiva, 2001.

REVERBEL, O. **Jogos teatrais na escola**: atividades globais de expressão. 3. ed. São Paulo: Scipione, 1996.

_____. **Um caminho do teatro na escola**. 2. ed. São Paulo: Scipione, 1997.

SPOLIN, V. **Improvisação para o teatro**. Trad. Ingrid Dormien Koudela e Eduardo Amos. 5. ed. São Paulo: Perspectiva, 2005.

Artigo 12

Letramento Digital na Educação Básica de Jovens e Adultos

Ana Bonatto de Castro e Costa

Sumário

Resumo 21
Palavras-chave 22
1. Introdução 22
2. Marcos históricos da EJA no Brasil 22
3. Educação com tecnologia como método de inclusão 24
   3.1. Os educandos da EJA 26
   3.2. Os educadores da EJA 28
   3.3. Uma nova pedagogia necessária 31
4. Encaminhamento metodológico 33
5. No caminho para a inclusão digital 33
6. Conclusão 38
7. Questões para reflexão 39
8. Tópicos para discussão 40
Referências 41

Resumo

Neste capítulo são exploradas as características específicas das escolas de educação básica para jovens e adultos (EJA), bem como os aspectos cognitivos de seus educandos e educadores, no que se refere à utilização de tecnologias de informação e comunicação como metodologia do processo de ensino-aprendizagem. O letramento digital é analisado como um direito da pessoa adulta, como uma das funções sociais da escola e como elemento indispensável para a inclusão social. Um estudo de caso em uma escola da rede pública paranaense é apresentado para exemplificar o processo dialógico que leva à inclusão digital. Conclui-se que se faz necessária a formação continuada dos educadores da EJA, para aprimoramento teórico e instrumentalização, bem como se fazem necessários encaminhamentos pedagógicos que orientem as práticas do coletivo escolar.

Palavras-chave

Educação de jovens e adultos, tecnologia da informação no ensino, inclusão digital.

1. Introdução

O presente artigo tem como objetivos suscitar a reflexão sobre as dificuldades do educando adulto de nível básico (ensino fundamental e ensino médio) em apropriar-se das linguagens relacionadas às mídias e sobre a formação continuada do professor da EJA para atualizações em sua prática docente, bem como sugerir alguns direcionamentos para uma nova pedagogia na qual o letramento digital se faça presente.

O conteúdo será disposto em oito seções. Iniciaremos com um relato histórico dessa modalidade de ensino, abrangendo as políticas públicas que, sob constante transformação, têm direcionado o trabalho dos educadores.

Em seguida, analisaremos a inclusão digital como parte indispensável para a efetiva inclusão social. Serão apresentadas, na seção 3, as principais características dos educandos e dos educadores da EJA no que se refere ao uso de softwares e da Internet. Abordaremos, ainda, algumas diretrizes para uma nova pedagogia que valorizam o uso das tecnologias de informação e comunicação como método de ensino.

Na quarta seção, será apresentado um estudo de caso, com relato de duas experiências de letramento digital em uma escola da rede pública paranaense. Na seção 5 serão apresentados alguns apontamentos para debates sobre temas relacionados e algumas questões para reflexão. O item 7 apontará algumas possíveis questões para reflexão que podem ser utilizadas pelo professor na formação de docentes, para ampliar o debate sobre o tema. Finalizando, o item 8 trará os tópicos para discussão dessa temática.

2. Marcos históricos da EJA no Brasil

De modo abrangente, pode-se considerar que a modalidade de educação de jovens e adultos no Brasil teve início no ano de 1549, quando os padres jesuítas promoveram uma aculturação em massa dos nativos brasileiros (RIBEIRO, 1984). Entre 1759, ano da expulsão dos jesuítas, e 1823, as ações educativas para os adultos não são evidentes na literatura e outros registros históricos. Em 1824, no Brasil Império, foi criada a primeira Constituição Brasileira, firmando a instrução primária gratuita e para todos.

Na década de 1930, durante o Governo Vargas, foram instituídos os exames supletivos, que tinham como alicerce a valorização do conhecimento da pessoa adulta adquirido por meios alternativos à educação formal escolar.

Em 1947 foi criado o Departamento Nacional de Educação de Adultos. A partir daí, uma série de estudos pedagógicos voltou-se para atender às peculiaridades da EJA. Durante o governo Juscelino Kubitschek, na década de 1960, teve lugar a Educação Popular, fundamentada pelas ideias do professor Paulo Freire. Ainda na mesma década, durante o governo militar, o MOBRAL (Movimento Brasileiro de Alfabetização) surgiu com intuito de massificar o letramento do povo brasileiro. Este Movimento durou até 1985, quando foi extinto e, em seu lugar, foi criada a Fundação Educar (Fundação Nacional para Educação de Jovens e Adultos).

A atual Constituição Federal do Brasil, de 1988, estabeleceu, em seu artigo 208, como dever do Estado a garantia de ensino fundamental, obrigatório e gratuito, inclusive "para todos os que a ele não tiveram acesso na idade própria" (BRASIL, 1988). A educação de jovens e adultos passou a ser legalmente garantida pela Lei maior da República.

Em 1990 o Governo Collor extinguiu a Fundação Educar e, a partir desse período, o Governo Federal distribuiu a responsabilidade pela EJA aos estados e municípios (VIEIRA, 2004). Paulo Freire, durante a sua gestão como secretário Municipal de Educação de São Paulo (1989-1991), implantou o Projeto Gênese de Informática Educativa, para possibilitar às classes menos favorecidas o direito de acesso à informática como instrumento de cultura (FRANCO, 2002).

Ainda naquela década, em 1996, foi promulgada a nova Lei de Diretrizes e Bases da Educação Nacional (LDBEN, Lei nº 9394/96). Nessa Lei, a EJA foi tratada com mais especificidade, compondo uma seção do capítulo sobre Educação Básica. O artigo 37 da LDBEN define que na EJA serão asseguradas "oportunidades educacionais apropriadas, consideradas as características do alunado, seus interesses, condições de vida e de trabalho, mediante cursos e exames" (BRASIL, 1996). Nessa época, as mídias ainda não eram abordadas como parte importante das metodologias de ensino. Os recursos da informática ainda não estavam fortemente inseridos no contexto cultural dos brasileiros.

No ano seguinte, 1997, durante a Conferência Internacional sobre a Educação de Adultos, foi promulgada a Declaração de Hamburgo, assim escrita:

"A educação de adultos torna-se mais que um direito: é a chave para o século XXI; é tanto consequência do exercício da cidadania como condição para uma plena participação na sociedade. Além do mais, é um poderoso argumento em favor do desenvolvimento ecológico sustentável, da democracia, da justiça, da igualdade entre os sexos, do desenvolvimento socioeconômico e científico, além de um requisito fundamental para a construção de um mundo onde a violência cede lugar ao diálogo e à cultura de paz baseada na justiça" (UNESCO, 1999).

No ano 2000, o Conselho Nacional de Educação instituiu as Diretrizes Curriculares Nacionais para a Educação de Jovens e Adultos, por meio da Resolução CNE/CEB nº 1/2000 e do Parecer CNE/CEB nº 11/2000. Segundo este parecer,

> "pode-se dizer que o acesso a formas de expressão e de linguagem baseadas na microeletrônica são indispensáveis para uma cidadania contemporânea e até mesmo para o mercado de trabalho. No universo composto pelos que dispuserem ou não deste acesso, que supõe ele mesmo a habilidade de leitura e escrita (ainda não universalizadas), um novo divisor entre cidadãos pode estar em curso" (BRASIL, 2000).

Já se sabia, aí, que o desenvolvimento dessas tecnologias pode gerar mais um fator de exclusão. Demo (1998) afirma que é preciso "preparar-se adequadamente e saber usar este mundo fantástico, que estará cada vez mais à disposição".

Recentemente, e considerando a crescente inserção das tecnologias de informação e comunicação (TICs) nos diversos setores da sociedade (indústria, comércio, serviços, relacionamentos e educação), o governo Lula, em 2003, criou a Secretaria Extraordinária de Erradicação do Analfabetismo e o Programa Brasil Alfabetizado. A partir daí, numerosos investimentos foram feitos pelas administrações dos governos federal, estaduais e municipais, incluindo a compra de diversas mídias e o desenvolvimento de *softwares* educativos – no caso da EJA, especialmente para alfabetização. E, como "o mundo moderno está sendo invadido pela informática, em seus vários campos, com novas exigências para o trabalhador brasileiro, jovens e adultos, dentre os quais muitos não estão, ainda, alfabetizados" (PEREIRA et al, 2001), conciliar a alfabetização e educação básica com a inclusão digital foi um dos caminhos indicados pela gestão.

3. Educação com tecnologia como método de inclusão

> "Educação de qualidade é aquela que promove para todos o domínio de conhecimentos e o desenvolvimento de capacidades cognitivas, operativas e sociais necessários ao atendimento de necessidades individuais e sociais dos alunos, à inserção no mundo do trabalho, à constituição da cidadania, tendo em vista a construção de uma sociedade mais justa e igualitária. Em outras palavras, escola com qualidade social significa a inter-relação entre qualidade formal e política, é aquela baseada no conhecimento e na ampliação de capacidades cognitivas, operativas e sociais, com alto grau de inclusividade". (LIBÂNEO, 2001).

As desigualdades sociais e culturais tenderão a um rápido aprofundamento, caso a escola pública para jovens e adultos não adote o uso das TICs no ensino. Esse uso deve ser criterioso, pois o simples fato de utilizar diferentes tecnologias na prática escolar não significa a efetiva integração entre as mídias e as atividades pedagógicas.

Com a evolução das mídias, estão sendo criadas novas linguagens de comunicação (a mnemônica, usada no princípio da escrita, está, de certa forma, sendo reinserida em nosso contexto linguístico, com expressões e termos sendo reduzidos a poucas letras ou a um símbolo[4]).

Assim, o letramento digital se faz necessário na medida em que desenvolve habilidades para compreender as linguagens utilizadas nas diferentes mídias, estabelecendo relações entre os conhecimentos individuais e sociais para uma complexa leitura de mundo, que inclua a identificação e a compreensão dos elementos e o exercício da criticidade.

As dificuldades de acesso à informação por meio dos recursos tecnológicos são, para os educandos da EJA, mais uma forma de exclusão. Em declaração citada no relatório da UNESCO sobre o Acesso às Novas Tecnologias (2008), o professor José Marques de Melo, da Escola de Comunicação e Artes da USP, afirma que:

> "a exclusão digital é uma mera projeção da exclusão cultural e tem seu fundamento na exclusão socioeconômica [...]. Ela se impõe desde o aparecimento da imprensa, projeta-se com o rádio, continua com a televisão e persiste com a *cibermídia*. Qualquer sociedade que possua excluídos do bem-estar social, evidentemente conta com um grande número de excluídos midiáticos".

Franco (2002) evidencia que "conhecer características da linguagem digital pode ser decisivo para participar ativamente da sociedade globalizada". A capacidade de comunicar-se em diferentes níveis, interagindo com o mundo moderno interdependente, dotado de instrumentos tecnológicos produzidos por sua cultura, pode ser uma das chaves para formar indivíduos para uma nova cidadania, na qual emancipação, transformação, libertação e transcendência sejam atitudes conquistadas.

---

[4] Na linguagem de programação Assembly, mnemônicas são palavras que especificam uma determinada sintaxe. São pequenas (e incompletas) palavras para designar instruções de operação como MOV (mover), ADD (adicionar, somar), MUL (multiplicar), JMP (jump, saltar). Também símbolos como :) significando sorriso; :(significando triste; vc significando você; pq significando porque e muitos outros.

A utilização das TICs na EJA enfrenta, basicamente, duas questões:

1. aos alunos, faltam instrumentalização e interesse inicial pela tecnologia; e
2. aos professores, faltam instrumentalização, elementos teóricos e elementos práticos para a implementação de metodologias com o uso dos recursos midiáticos.

Aparentemente, é uma situação similar ao que ocorre na educação de crianças, porém há significativas diferenças, as quais serão analisadas a seguir.

3.1. Os educandos da EJA

De acordo com o Parecer nº 11/2000 do CNE, mais de 30% dos adultos do mundo não têm qualquer tipo de acesso ao conhecimento impresso nem às novas tecnologias. No Brasil, em relação ao uso da informática como meio de acesso às informações, estes dados são ainda mais significativos.

Adultos, de maneira geral, especialmente aqueles não escolarizados, não acompanham as evoluções tecnológicas na área de informática. Num país em que mais de 90% das residências contam com pelo menos um aparelho de televisão e um de rádio (IBGE, 2008), o uso da Internet ainda é muito reduzido. O acesso à rede ainda é menor se considerarmos a faixa etária em que estão inseridos os educandos da EJA.

Segundo pesquisa do Comitê Gestor da Internet no Brasil (CGI.br), a maioria dos adultos na faixa etária acima dos 35 anos nunca utilizou um computador, conforme se vê na Tabela 1.

Tabela 1 – Proporção de indivíduos que já utilizaram um computador

	Percentual (%)	Sim	Não
	De 10 a 15 anos	79	21
	De 16 a 24 anos	83	17
	De 25 a 34 anos	63	37
FAIXA ETÁRIA	De 35 a 44 anos	43	57
	De 45 a 59 anos	23	77
	De 60 anos ou mais	6	94

Fonte: adaptado de NIC (2008)

Ainda mais acentuado é o número de adultos nessa mesma faixa etária que nunca acessou a Internet, conforme a Tabela 2. Os adultos que já utilizaram o computador, porém nunca acessaram a Internet, declararam como principais motivos, segundo a mesma fonte, a falta de habilidade, de interesse e de necessidade.

Tabela 2 – Proporção de indivíduos que já acessaram a internet

Percentual (%)		Sim	Não
	De 10 a 15 anos	65	35
	De 16 a 24 anos	75	25
FAIXA ETÁRIA	De 25 a 34 anos	54	46
	De 35 a 44 anos	36	64
	De 45 a 59 anos	18	82
	De 60 anos ou mais	3	97

Fonte: NIC.br - set/nov 2008 (adaptado)

Isso é facilmente detectado nas escolas de EJA, nas quais uma ínfima parcela dos educandos possui alguma habilidade na utilização do computador, de seus programas e da Internet. Em parte, atribui-se esta "alienação tecnológica" a uma resistência às novidades de qualquer natureza, característica que se acentua notadamente com o avanço da idade. É expressão da "força repressiva que o adulto tem para realizar mudanças" (PALLU, 2008).

A maioria dos educandos adultos tem um grande apego aos costumes, sendo muito difícil o processo de mudança de qualquer comportamento ou visão. Parte da barreira "antitecnologia" surge da visão simplista de mundo, na qual as interconexões são raras. Muitos desses educandos, ao ter acesso aos computadores, percebem que o mundo é muito mais complexo do que pensavam e, como não conseguem entendê-lo de imediato, preferem permanecer em um mundo sem computadores e sem tantas informações. Como já vimos, muitos dos adultos que nunca utilizaram a Internet, por exemplo, alegam falta de interesse. Entender que o educando da EJA não tem interesse inicial por informações é um dos elementos-chave para o sucesso da inclusão digital, como abordaremos mais adiante.

Outra parte da barreira que dificulta – quando não impede – que o adulto interaja com o computador é o fato de muitos considerarem que o que está escrito em papel (livros, em especial) parece mais verdadeiro do que aquilo que está no âmbito virtual – que pode, em princípio, ser alterado a qualquer momento. A facilidade de substituição de informações nos meios virtuais – tratando-se aqui especialmente das informações disseminadas via Internet – pode gerar insegurança com relação ao próprio conhecimento.

Por outro lado, algumas experiências com adultos em processo de alfabetização mostram que

> "com o uso do computador no processo de alfabetização de jovens e adultos, há a possibilidade de um especial diálogo entre homem e máquina, verificando-se, como mostra Dreyfuss (1996), que a linguagem digital define uma estratégia específica de interatividade entre homem, máquina e mundo, através de uma rede associativa característica do cérebro humano" (PEREIRA, 2001).

Visto que a maioria dos alunos de EJA não tem as habilidades necessárias para utilizar as ferramentas da informática – os computadores, seus periféricos e *softwares* – para que se efetive o letramento digital, os professores devem ser capazes de instrumentalizá-los. Por se tratar de uma situação complexa, é preciso que o educador esteja muito bem preparado para introduzir o aluno de EJA nesta nova fase. Mas será que o professor está preparado?

3.2. Os educadores da EJA

Nos cursos de formação de professores em nível de graduação, a falta de subsídios teórico-metodológicos para atuar na educação de jovens e adultos é recorrente (BECEVELLI, 2007). Diversos cursos de licenciatura não demonstram interesse em fazer com que os futuros docentes reflitam sobre as questões inerentes à EJA, e a mudança dos princípios que regem a metodologia de ensino com inclusão de tecnologias é ainda menos debatida e estudada na formação de docentes.

Por meio de políticas públicas, recursos materiais têm sido fornecidos para as escolas, o que em si já é um bom começo. Mas não adianta apenas comprar computadores, vídeos e outras mídias se não há quem os saiba operar. Não se trata aqui de pessoal técnico, "há necessidade de uma infraestrutura pedagógica que possibilite ver esse novo ferramental não como mais um recurso aliado ao ensino tradicional, ou um mero modismo tecnológico" (CHAVES, 2007).

Para formar um leitor, é preciso ser um leitor. A inclusão de mídias como metodologia de ensino pressupõe que o educador saiba utilizar os instrumentos. E, assim como o fato de que reconhecer as letras do alfabeto não significa ser funcionalmente alfabetizado, saber operar uma máquina não significa estar "digitalmente letrado" (podemos conceituar letramento digital, aqui, como um processo por meio do qual a pessoa é capacitada para buscar informações, selecioná-las, analisá-las, fazer inter-relações e reler o mundo valendo-se das linguagens presentes na mídia).

Mais do que usar as tecnologias de informação de maneira ilustrativa ou expositiva, substituindo um cartaz pela mesma imagem na tela do computador ou na projeção de um canhão multimídia, o docente deve usar as máquinas interativamente com os alunos, construindo um processo dialógico. Isso significa dizer que os professores devem ensinar seus alunos a utilizar as máquinas (em especial o computador), conhecer os principais softwares de produção de texto e de imagens, conhecer a Internet e seus recursos.

"A formação continuada de professores rumo à profissionalização responde à necessidade de qualificar a educação e suas relações, da mesma forma que outros segmentos produtivos buscam em relação aos seus processos" (SOARES, 2006). A incorporação de elementos da cultura é imprescindível para que a escola continue a manter sua significância na sociedade, e as mídias fazem parte da cultura brasileira.

O uso das tecnologias na educação geralmente é interpretado como sendo proveniente da iniciativa do professor. Porém, é o grupo de alunos que exerce a mais significativa pressão sobre o educador para que este as utilize como metodologia de ensino. As crianças e adolescentes, em cujo contexto cultural faz-se presente a tecnologia, "exigem" que a escola mantenha-se atualizada neste aspecto.

Os alunos da EJA não exercem essa pressão, pois, como vimos, não sentem necessidade, não percebem utilidade e não estão num contexto cultural solidamente impregnado pelas tecnologias de informação.

Os governos Federal, estaduais e municipais estão investindo na aquisição de equipamento e em treinamento dos professores. Todavia, essa disponibilização tem surtido pouco efeito na inserção das TICs no ensino de adultos. Os professores não podem ser forçados a utilizar o maquinário disponível.

Muitas das escolas de EJA – mesmo aquelas que já possuem recursos tecnológicos educacionais – não estão incorporando as TICs na educação (as exceções constituem-se em professores específicos, normalmente aqueles que já lidavam com tais recursos antes de tornarem-se educadores, não no conjunto de professores das escolas). Um dos principais motivos para esta realidade é que muitos professores também não sentem necessidade de utilizá-las. De acordo com Penteado (2000):

> "quanto ao professor, as mudanças envolvem desde questões operacionais – a organização do espaço físico e a integração do velho e o novo – até questões epistemológicas, como a produção de novos significados para o conteúdo a ser ensinado. São mudanças que afetam a zona de conforto da prática do professor e criam uma zona de risco caracterizada por baixo índice de certeza e controle da situação de ensino".

Os educadores são também adultos e muitos deles, apesar de viverem num contexto social e cultural em que a existência das tecnologias é evidente, não percebem a necessidade de a escola para jovens e adultos acolher os elementos culturais originados ou disseminados pelas mídias. A resistência às mudanças nas práticas docentes também é observada no comportamento de alguns professores. Uma parte significativa deles não faz uso de *softwares* em suas práticas docentes; outros têm receio de não saber usar; alguns apresentam dificuldades de adaptação a novas metodologias de ensino porque, como adultos que não sofrem a pressão necessária, estão estagnados em metodologias tradicionais, justificando sua manutenção com a premissa de que elas "sempre funcionaram".

As mudanças de comportamento advêm da necessidade de mudar. Metaforicamente, podemos dizer que a inércia somente é quebrada pela aplicação de uma nova força. A disponibilização dos equipamentos tecnológicos e do apoio técnico não é força suficiente para que um professor atualize sua metodologia de ensino. Se um educador não sente a necessidade de acompanhar o desenvolvimento tecnológico (e ele fica amparado pela atitude de seus alunos, que, provavelmente, não o questionarão sobre por que não ministra aulas no laboratório de informática ou por que não utiliza mais filmes, músicas etc.), então o que o motivará para que transforme sua prática?

Em escolas para crianças e adolescentes, os alunos realmente exigem que o professor acompanhe a evolução tecnológica que – felizmente, a meu ver – permeia nosso contexto social. Eles são a força que tira o professor de sua inércia ou acomodação metodológica. Devido ao seu perfil, seria incoerente colocar também os alunos da EJA nesse papel indutor de mudanças.

Numa outra vertente, há professores que alegam não utilizar as TICs em aula por opção. Uma das justificativas com a qual nos deparamos algumas vezes é de que "o computador" traz uma suposta impessoalização da educação, quando o educando adulto requer um trabalho afetivo, individual e personalizado. Porém, fica evidente que a raiz dessa aversão está no receio de perder o seu papel, pois o conhecimento está acessível ao aluno por uma fonte que não é o professor (é a Internet, por exemplo). Para Becevelli (2007):

> "esse sentimento de incerteza e medo explícitos no professor decorre, muitas vezes, do reflexo que o novo traz. São indagações, dúvidas, ansiedade as mais variadas que emergem em sua consciência: Como utilizar novas tecnologias? Por que devo utilizá-las? E mais, como utilizar essas tecnologias na educação de jovens e adultos?".

3.3. Uma nova pedagogia necessária

"É necessário desenvolver também uma nova pedagogia, pois não adianta 'empregar' uma nova tecnologia para aplicar uma velha pedagogia" (SAMPAIO, 2001).

A Internet e os programas de computador trazem em si novos tipos de textos com linguagens diferentes daquelas com as quais se costuma ensinar nas escolas.

"A relação de ensino é uma relação de comunicação por excelência, que visa formar e informar, os instrumentos que possam se encaixar nesta dinâmica têm sempre a possibilidade de servir ao ensino: livro, vídeo, fotografia, computadores e outros são formas de comunicar conhecimentos e, como tais, interessam à educação" (HAIDT, 2003).

Dentro de uma temática que favoreça ou promova a superação das desigualdades socioculturais por meio da equidade de acesso à informação:

"a apropriação e universalização do acesso a estas tecnologias de comunicação e informação fazem-se condição indispensável para todos os segmentos sociais, por meio de um aprendizado dinâmico, coletivo e participativo, que priorize a alfabetização, o letramento e inclusão digital, e a inserção dos indivíduos nas atuais formas de construção do saber, transformação e sistematização do conhecimento" (ALMEIDA, 2008).

Considerando que "inclusão social, na atual sociedade, implica leitura crítica e letramento digital, dando novas perspectivas à educação libertadora de Paulo Freire" (SOARES, 2006), o educando adulto deve ser preparado pela escola para utilizar as tecnologias na busca por informações que irão ampliar o seu repertório de conhecimentos científicos. Decodificando novos elementos e vivenciando ideias conflitantes, o educando passa a ter maior competência para analisar os textos midiáticos, no intuito de tecer interconexões e dar significados aos conhecimentos, em um direcionamento que objetiva ampliar sua visão de mundo e fazê-lo refletir sobre suas próprias concepções.

"É importante, tanto no campo escolar como no extraescolar, que se estimule o desenvolvimento de uma atitude que possibilite a recepção, reflexiva e autônoma, da mensagem emitida pela multimídia" (LITWIN, 1997).

A reflexão e a autonomia, que possibilitam a tomada de posicionamento e a criticidade, são particularidades de cada indivíduo, tomado como ser social, sendo que "o social é um movimento que se dá na história de cada um e essa história é que vai determinar o pensar e o falar" (PALLU, 2008).

Dentro de uma nova pedagogia que acolha metodologias de ensino com uso das TICs, além da facilidade e da quantidade de informações que se tornam disponíveis e das inúmeras possibilidades de um processo de aprendizagem interativo/construtivo, espera-se contribuir para a autonomia intelectual da pessoa adulta. Ao adaptar-se ao uso das tecnologias, ela poderá buscar respostas às suas próprias inquietações, e essa busca – incluindo-se aí a seleção e a análise das informações – é uma das maiores contribuições que a aprendizagem pela tecnologia pode dar ao educando adulto.

O primeiro passo é a formação continuada do educador da EJA, pois, como ressaltam numerosos autores (PEREIRA, 2001; FRANCO, 2002; BARLETA et al, 2007; BECEVELLI, 2007; ALMEIDA, 2008; e outros), faltam elementos teóricos e práticos para a implementação de novas metodologias com o uso de mídias, especialmente no campo da informática.

> "Desse modo, o professor precisa ser um agente capaz de mudar sua ação educativa, levando em consideração os aspectos que envolvem a formação plena e cidadã do aluno da EJA. Essa percepção impulsionará o professor para a busca de uma formação permanente frente aos desafios que enfrenta no cotidiano da sala de aula" (BARLETA et al., 2007).

Além disso, a prática de alguns professores – e não do conjunto deles – dentro de uma escola perpetua a descontinuidade do ensino, sem um consistente planejamento e embasamento teórico que envolva o todo escolar.

Uma nova prática pedagógica deverá mostrar que a utilização das TICs na escola precisa ser feita de maneira interativa e não apenas expositiva, ou seja, o aluno deve atuar sobre as tecnologias, interagindo, pesquisando, interpretando, refletindo, construindo e agregando conhecimentos. Ela inicia, mas vai muito além do uso das mídias para a simples exposição de conteúdos, como substitutos de cartazes ou da própria lousa.

Para que o educando adulto possa usufruir das vantagens oferecidas pelo uso das TICs na escola, é necessário que, primeiro, ele passe por uma instrumentalização, já que, como pudemos ver, a maioria jamais teve acesso aos instrumentos. Essa instrumentalização deve fazer parte do currículo. Tal processo deve ser realizado de maneira cautelosa, com conhecimentos técnicos e aprofundamento teórico acerca da psicologia da pessoa adulta, para que um insucesso inicial não venha a ser entendido pelo aluno como mais uma forma de fracasso ou exclusão.

A falta de interesse inicial dos educandos também deve ser trabalhada. Após ter a motivação e o encorajamento adequados, os alunos passam a desejar o conhecimento.

4. Encaminhamento metodológico

Para enriquecer o debate sobre o uso das TIC na educação de jovens e adultos, peça a seus alunos que elaborem um conceito de inclusão digital e de letramento digital. Trabalhe os conceitos, debatendo as diferentes visões dos alunos.

Discuta com seus alunos quais seriam as <u>diretrizes</u> para uma pedagogia voltada para o ensino de jovens, adultos e idosos que inclua a utilização das TICs, enfatizando a importância desse uso.

Elabore um questionário para os educandos da EJA que estarão iniciando uma turma de informática sobre suas expectativas, sobre que conhecimentos têm na área, se já utilizaram um computador, o que pretendem aprender a fazer durante o curso.

As questões levantadas nos itens 5 e 6, podem ser consultadas com outros professores que já trabalham na EJA e outros artigos do gênero.

Elabore um planejamento para um dado conteúdo que envolva o uso de pelo menos uma TIC.

5. No caminho para a inclusão digital

> "... se for para termos a escola equipada, com novas tecnologias da informação, que estas sejam utilizadas, portanto, a favor das vozes dos estudantes e não como recursos de adestramento para o mercado de trabalho" (OROFINO, 2005).

Recentemente, tive duas experiências muito interessantes na área de tecnologia da informática aplicada à educação, uma delas com colegas de profissão, professores de EJA. Outra, com os alunos.

Nos últimos anos, o Governo do Estado do Paraná disponibilizou vários dispositivos midiáticos para as escolas. Alguns deles são:

- TV Paulo Freire, com transmissão dos programas via satélite para 2.100 escolas (o sinal pode ser captado por qualquer antena parabólica com receptor de sinal digital, direcionada para o satélite Brasil Sat). Existem cinco categorias de programas: formação do professor, informativos, conteúdos complementares ao currículo escolar, campanha de mobilização e enfoque regional;
- TVs multimídia, aparelhos de 29 polegadas com entradas para cartões de memória, pendrives, VHS, USB e saídas para caixa de som e projetor multimídia – aproximadamente 22 mil aparelhos, um para cada sala de aula, além de um pendrive com capacidade de 2G de memória para cada professor da rede;

- Laboratórios de Informática Paraná Digital, computadores com conectividade à Internet e softwares livres;
- Portal Educacional do Estado do Paraná (http://www.diaadiaedecacao.pr.gov.br), um ambiente virtual para criação, interação e publicação de dados produzidos pelos profissionais da educação; e
- Equipes de apoio técnico especializado, com mais de 270 profissionais nos núcleos regionais de educação, para que sejam assegurados auxílios aos docentes.

Com essas ações, tornaram-se evidentes as expectativas da gestão de que os professores acolham definitivamente as TICs.

Na escola em que leciono, os professores podem ser divididos basicamente em três grupos: os que nunca utilizam os computadores (e, por consequência, nunca utilizam a TV multimídia nem o Portal); os que utilizam os computadores para fins de pesquisa e digitação de atividades e avaliações (e que raramente utilizam a TV multimídia); e os que habitualmente utilizam os computadores (para pesquisa, digitação e interatividade com os alunos) e também a TV multimídia, TV Paulo Freire e os recursos do Portal Educacional.

Um pequeno grupo de educadores utilizamos os recursos em nossa prática docente, ensinando os alunos a operar os equipamentos, possibilitando a realização de pesquisas nas páginas da Internet e interagindo com simuladores virtuais e *softwares* educacionais. Contudo, essas ações não atingem todos os alunos da escola.

Uma grande parte dos educadores, como se pode deduzir, está no primeiro grupo. Como foi abordada na caracterização do professor da EJA, a resistência dos professores é evidente (seja por desinteresse, receio, falta de habilidade ou por considerarem as tecnologias desnecessárias ao processo educativo).

Quando da chegada desses recursos, há pouco mais de dois anos, alguns professores disponibilizamos nossos conhecimentos, habilidades e tempo para ajudar os colegas na utilização do material. Propusemos um minicurso para auxiliar/ensinar os professores para que aprendessem e se interessassem em trabalhar com estes recursos. Tudo o que precisariam fazer seria solicitar o apoio. Até hoje, nem mesmo um professor fez a solicitação. E, como já mencionei, muitos deles ainda não estão instrumentalizados para utilizar os recursos disponíveis. Falta-nos, talvez, pesquisar sobre os reais motivos desta indiferença por parte de nosso grupo, para traçarmos estratégias no sentido de incentivar os professores a incluir os recursos tecnológicos já disponíveis em nossa escola em suas práticas docentes.

Numa outra experiência, agora com alunos, por meio do Programa Viva a Escola, iniciei o atual ano letivo oferecendo vinte vagas para aulas de produção de material midiático de Ciências (impresso e virtual) para alunos do ensino fundamental (5ª a 8ª séries). As aulas contariam, inicialmente, com a instrumentalização em informática (um semestre) e posterior aplicação das ferramentas na pesquisa e na produção de material midiático sobre os mais importantes experimentos científicos da história.

Havia receio de que os alunos não quisessem participar – a atividade não conta como carga horária para a disciplina, não gera um certificado à parte e, além disso, é ministrada no turno da tarde, uma vez por semana, durante o ano inteiro. Como uma dessas boas surpresas que nos fazem refletir e que nos motivam a continuar, o curso teve mais de cem inscrições – e parou por aí porque retirei os cartazes de divulgação do curso.

A seleção dos vinte alunos que iriam participar desta primeira turma foi feita de acordo com os critérios estabelecidos no Programa, adaptados para EJA, que incluem preferência para alunos em vulnerabilidade social, desempregados, mais idosos e de mais baixa renda.

Parti do princípio de que os alunos não possuíam habilidade alguma em informática e considerei os parâmetros utilizados nas pesquisas do já citado Comitê Gestor da Internet no Brasil, como se vê na Tabela 3.

A partir disso, fizemos um diagnóstico do conhecimento da turma de vinte alunos, o qual está expresso na Tabela 4.

As previsões foram confirmadas e, uma vez diagnosticado que quase nenhum dos educandos havia antes acessado um computador e que não tinham habilidades para seu uso, só havia um caminho: partir do princípio da instrumentalização, sem pressa e com muito cuidado.

Três alunos tiveram vontade de desistir após a quarta aula. Para esses, adaptei levemente a metodologia, procurando conhecê-los melhor e demorando-me mais com cada um deles (às vezes é necessário, literalmente, pegá-los pelas mãos e guiá-los no uso do *mouse*, por exemplo). Esse contato mais próximo foi essencial para a permanência destes e de todos os alunos envolvidos.

Inicialmente, ensinei-os a pesquisar na Internet. É claro que, para motivá-los nas pesquisas, deixei os temas totalmente livres.

Cabe aqui uma pequena reflexão: quando somos crianças, em geral detestamos quando o professor delimita muito o tema de um trabalho/pesquisa/produção de texto. Queremos liberdade de escolha. Temos muito evidente aquilo que queremos saber, aquilo que nos interessa. Porém, percebi a dificuldade de

Tabela 3 – Habilidades relacionadas ao uso do computador

Percentual (%)	Usar um mouse	Copiar ou mover um arquivo ou uma pasta	Usar um editor de texto	Abrir um programa para navegar na Internet	Usar uma planilha de cálculo	Usar programas de som e imagem/multimídia	Conectar ou instalar periféricos	Nenhuma das anteriores
De 25 a 34 anos	63	50	47	40	38	31	30	37
De 35 a 44 anos	43	30	28	26	22	17	18	57
De 45 a 59 anos	23	15	14	11	10	8	9	77
De 60 anos ou mais	6	3	2	2	1	1	1	94

Fonte: adaptado de NIC.br (2008)

Tabela 4 – Habilidades relacionadas ao uso do computador

Faixa etária	Usar um mouse	Copiar ou mover um arquivo ou uma pasta	Usar um editor de texto	Abrir um programa para navegar na Internet	Usar uma planilha de cálculo	Usar programas de som e imagem/multimídia	Conectar ou instalar periféricos	Nenhuma das anteriores
De 32 a 66	10%	5%	5%	10%	0	0	0	90%

Fonte: adaptado de NIC.br (2008)

meus alunos adultos na tarefa de escolher um tema de pesquisa. A liberdade para escolher o que aprender não fazia parte deles. E mais, deixava-os confusos.

Retomando a escolha do tema, após sentirem-se à vontade para fazer esta escolha (que parecia inicialmente uma tarefa tão simples), alguns pesquisaram sobre a Bíblia; outros sobre seu time de futebol; procuraram letras de música, mensagens de autoajuda, imagens de locais turísticos e sites de pesquisa de imóveis para venda/aluguel. Quando perceberam a quantidade de informação que havia em apenas um dos buscadores disponíveis, eles ficaram impressionados. A reação dos alunos foi como a de crianças vendo o mar pela primeira vez: deslumbramento. E foi um momento muito precioso para mim, pois ali pude ver ser reacesa a curiosidade que há muito havia sido extinta naquelas pessoas.

Em seguida, orientei-os em como procurar informações que lhes trariam conhecimentos escolares, evidenciando a importância dos processos investigativos, pois não basta ter acesso à tecnologia de informação e comunicação sem saber selecionar as informações. Como percebi que eles estavam ávidos pelas informações de cunho mais pessoal, que não estavam relacionadas aos conteúdos da disciplina de Ciências, em cada encontro, com duração de quatro horas/aula, reservei os trinta minutos iniciais e finais para que fizessem livremente suas navegações por um mundo que se abria diante de seus olhos.

A partir das pesquisas na Internet, os alunos aprenderam a salvar textos e imagens. Com esse material salvo, aprenderam a alterá-los utilizando as ferramentas dos editores de texto e de imagens. Depois disso, utilizaram as imagens e os textos já transformados para fazer uma apresentação de *slides*.

A velocidade com a qual aprenderam a utilizar as ferramentas da informática foi superior àquela que eu havia suposto durante o planejamento do curso (seria um semestre). Em apenas três meses, todos os alunos da turma foram capazes de realizar todas essas atividades que relatei. Digitam, editam textos, capturam e alteram imagens, enviam e-mails com arquivos anexados, inscrevem-se em *newsletter* de sites da Internet, criam apresentações de *slides* para passar na TV multimídia (aquela da qual alguns professores têm tanto receio).

Finalmente, a principal lição que acredito brotar desta experiência é a de que, quando submetidos ao contato com a tecnologia por meio de uma metodologia motivadora, que respeite o tempo do adulto e sua fase de desenvolvimento cognitivo, que consiga mostrar que pode ser muito fácil e prazeroso o seu uso, a maior parte dos educandos da EJA irá se libertar de um pensamento retrógrado para, enfim, abrirem as portas para o mundo, inquietando-se com seus problemas e apaziguando-se com suas maravilhas. O aparente desinteresse dos alunos é reflexo do receio que têm em aprender algo totalmente novo, do receio de que a mudança implique em perda de sua identidade. E esse medo é, com certeza, remediável.

Como mensagem de encorajamento aos docentes que estão se ensaiando para mergulhar nas tecnologias e trazê-las definitivamente para o âmbito escolar, um trecho de Piconez:

> "Para se evitar a estigmatização do aluno, não se pode condicionar a deficiência da aprendizagem humana à condição de pobreza, à necessidade de trabalhar e ao estudo noturno, entre outras. Observa-se que sejam quais forem, a condição socioeconômica do aluno, o tipo de trabalho que realiza e seu turno de estudo, a aprendizagem sempre se efetua, dependendo muito mais de como o trabalho pedagógico é articulado com essas variáveis" (PICONEZ, 2005).

6. Conclusão

Nos últimos anos, as políticas públicas para a educação de adultos têm sido mais organizadas e diretivas, indo ao encontro do ideal de equidade do direito de acesso ao conhecimento cientificamente produzido e historicamente acumulado – objeto de trabalho da escola de educação básica.

Num futuro não muito distante – talvez uma ou duas décadas – a realidade em relação aos docentes da EJA provavelmente estará muito transformada, pois o quadro de educadores é alterado com o passar do tempo. Muitos estarão aposentados em alguns anos e os professores que hoje estão sendo formados já possuem a tecnologia inserida em suas vidas. Porém, não se pode descuidar e descontinuar sua formação, pois continuarão surgindo inovações tecnológicas e elas, como parte da cultura do povo, deverão ser vivenciadas na escola. O novo professor não pode deixar de ter a consciência de que um dia também poderá ter dificuldades em acessar e compreender as novidades tecnológicas. Terá que lutar incansavelmente contra a inércia para manter um ensino de qualidade que atenda às funções sociais e culturais da escola.

A utilização de tecnologias como metodologia de ensino é inevitável e certamente contribuirá de maneira positiva para a formação do cidadão. O docente que ficar alheio a essa metodologia provavelmente estará fadado à desatualização profissional e à descontextualização do conhecimento científico escolar que ensina. Caso isso ocorra, os educandos serão prejudicados, pois, na maioria dos casos, é somente na escola que esses adultos encontram acesso às novas linguagens de comunicação e informação.

Apesar de recorrentemente vista como o principal motivo do retorno aos bancos escolares, a (re)inserção no mercado de trabalho é apenas uma das vertentes. Os alunos da EJA estão em busca de conhecimento, na tentativa de recuperar o tempo perdido enquanto estiveram afastados da educação formal. Em oposição à suposta tentativa de se igualar aos outros ao desfrutar de um mesmo ensino, o adulto busca sua identidade cultural, busca seus iguais dentro da diversidade. Os alunos querem aprender a (re)ler o mundo, e a aprendizagem das diferentes linguagens presentes em seu entorno é fundamental para que essa leitura possa ser feita de maneira plena. Só é preciso renovar a motivação desses educandos, respeitando todas as suas características homogêneas, enquanto grupo, e fortemente heterogêneas, enquanto indivíduos.

A compreensão dos elementos linguísticos e não linguísticos utilizados nas mídias torna-se parte da formação do aluno na sociedade do século XXI, na medida em que é indispensável para a análise crítica que leva à autonomia intelectual. Assim, o educando faz cotidianamente o exercício da criticidade frente às intenções comunicativas, implícitas ou não, dos discursos veiculados pelas diversas mídias.

Ainda, a informatização não deve ser encarada apenas como um instrumento de trabalho, pois a intenção da escola não é tecnicista. Os recursos tecnológicos devem favorecer a aquisição de conhecimento, a construção de habilidades sociais e a ampliação do repertório cultural da pessoa adulta, que a instrumentalizarão para atuar de maneira crítica na sociedade. Dentro dessa perspectiva, faz-se necessário um novo paradigma epistemológico para guiar a proposição e implementação de uma nova pedagogia que fundamente a inclusão efetiva das tecnologias de informação e comunicação no ensino de jovens e adultos.

7. Questões para reflexão

Tecnologia no currículo escolar da EJA como um caminho para o efetivo letramento digital. Toda ação educativa deve ser ancorada a um objetivo. Mais ainda, deve ser intencional. A formação para a compreensão das informações disseminadas nos meios virtuais e para o desenvolvimento de uma análise seletiva e crítica deve ser realizada de maneira intencional pela escola.

O educador da EJA deve fazer uma reflexão inicial antes de mergulhar em uma metodologia de ensino com uso das TICs: é papel da escola realizar a inclusão digital dos educandos jovens e adultos? Por quê?

A partir disso, se a resposta for sim (independentemente do "porquê"), é preciso pensar em como efetivar a inclusão digital dos adultos (inicialmente dos próprios professores de EJA e posteriormente dos educandos).

De que maneiras a escola pode inserir as tecnologias de informação e comunicação no currículo da educação de jovens e adultos? Em que momentos/

espaços a indispensável instrumentalização deve ocorrer? Quem são os educadores que devem ficar responsáveis por essa inicial operacionalização (todos? Os pedagogos? Aqueles que têm mais facilidade?)?

Detectar no cotidiano dos alunos quais são suas formas de contato com a tecnologia, desde a televisão e o rádio até o computador. Verificar com os alunos se eles sabem que um caixa eletrônico de banco contém um computador e que a tela é especialmente desenvolvida para reconhecer o toque sobre ela. Mostrar para os alunos todos os serviços públicos que podem ser efetuados via Internet, como consultas ao DIRETRAN, site do governo, inscrições para concursos públicos e vestibulares, declaração de imposto de renda, impressão de guias de pagamento para documentação, marcação de consultas, acompanhamento de processos e tantos outros serviços que estão disponíveis no mundo virtual.

Quais são as experiências que deram certo e como foram encaminhadas? O que já se sabe que não funciona? Cada vez mais artigos sobre essa temática têm sido publicados e, a partir das leituras, é possível construir um embasamento considerável.

Que preceitos psicológicos devemos levar em consideração e que estratégias devemos utilizar para que os adultos superem o "medo" inicial de utilizar o computador e de acessar a Internet?

Como motivar e como preparar o educador que já está atuando na EJA para ensinar integrando as TICs aos pressupostos epistemológicos da educação de jovens e adultos?

O aluno adulto quer aprender a usar as máquinas e vai gostar de saber utilizá-las. Ele só ainda não sabe disso...

8. Tópicos para discussão

Pesquisas para fundamentar as ações pedagógicas de letramento digital. Como início de mudança, o futuro professor – ou professor experiente que queira efetivamente ingressar na era da informática na escola – deve elaborar e colocar em prática um plano de trabalho para instrumentalização em informática de educandos adultos, sempre relacionando a aplicação das ferramentas tecnológicas aos conteúdos disciplinares específicos, capacitando o aluno a compreender as linguagens midiáticas e possibilitando a ele fazer novas leituras dos conhecimentos abordados na área de ensino. A intencionalidade do uso de um *software*, por exemplo, deve estar bem estabelecida desde o preparo da aula.

Deve também aprimorar esse plano analisando quais foram as deficiências e o que foi eficaz. É fundamental refletir sobre como esta metodologia pode se tornar melhor e descobrir, com os próprios alunos, que tipo de conhecimento em informática é essencial para que sejam capazes de integrar-se adequadamente e interagir no mundo. Ainda, deve tentar entender, como sugere Miguel Arroyo:

> "o que ele [educando adulto] se pergunta sobre a vida, sobre a natureza, sobre a sociedade, sobre o trabalho, sobre a família, sobre a sua condição como homem, como mulher? (...) Que interrogações ele se faz? Como deixar que aflorem essas indagações, para organizá-las e trabalhá-las nos currículos?" (ARROYO, 2007).

Como o acesso à informação pode auxiliar o aluno na busca por essas e muitas outras respostas?

Outra oportunidade é verificar como se dá o processo de aprendizagem em turmas já digitalmente incluídas. Existem diferenças para aquelas turmas em que não há utilização das TICs? Quais são essas diferenças? Em que medida essa metodologia aprimora o processo de ensino-aprendizagem? Pode-se concluir que o educando com acesso à tecnologia está mais "bem instruído" do que aquele que não tem? Se sim, sob quais parâmetros?

Ainda não existe uma receita para dar certo, por isso esta é a hora para experimentar – com muito critério, mas experimentar. E, para que possamos socializar essas experiências, escrever, divulgar suas reflexões, mostrar os caminhos que já foram percorridos.

Referências

ALMEIDA, M. V. A implementação do ambiente Moodle na educação de jovens e adultos à distância. **Revista tecnologias da educação**, v. 1, p. 1-6, 2008.

ARROYO, M. Balanço da EJA: o que mudou nos modos de vida dos jovens-adultos populares? **Revej@, Revista de educação de jovens e adultos**, v. 1, n. 0, p. 5-19, 2007.

BARLETA, I. A.; COSTA, J. M.; COSTA, K. P. D.; FERREIRA, L. B.; GUIMARÃES, A. R. Tecnologia como mediação no processo ensino-aprendizagem na educação de jovens e adultos. **CONGRESSO DE LEITURA DO BRASIL**, 16, Campinas, 2007. X Seminário – "Educação de Jovens e Adultos", 2007.

BECEVELLI, I. R. S.; REIS, H. B. O professor da modalidade de educação de jovens e adultos diante das novas tecnologias educacionais. **Revista capixaba de ciência e tecnologia**, Vitória, n. 3, 2. ed esp. p. 70-73, ensino profissionalizante, 2007.

BRASIL. **Constituição da República Federativa do Brasil de 1988**. Brasília, DF, 1988.

_____. LDBEN - **Leis de Diretrizes e Bases da Educação Nacional**. LEI No. 9.394, de 20 de dezembro de 1996. D.O. U. de 23 de dezembro de 1996.

_____. Resolução CNE/CEB nº 1/2000, e Parecer CNE/CEB nº11/2000. Diretrizes Curriculares Nacionais para a Educação de Jovens e Adultos. **Diário Oficial da República Federativa do Brasil**. Brasília, DF, 5 de julho de 2000.

CHAVES, M. C. S. **O perfil do novo educador frente à informatização no processo de ensino**. Disponível em: <http://cdchaves.sites.uol.com.br/perfileduca.htm>. Acesso em: 20 jun. 2009.

DEMO, P. **Questões para a teleducação**. Rio de Janeiro: Vozes, 1998, p. 1.

FRANCO, M. G., **Inclusão digital:** uma nova proposta na alfabetização de jovens e adultos. 2002, p. 1. Disponível em: <http://www.educatica.net/participantes/artigo1_ Monica.php>. Acesso em: 21 jun. 2009.

HAIDT, R. C. C. **Curso de didática geral**. São Paulo: Ática, 2003.

IBGE. **Pesquisa Nacional por Amostra de Domicílios**: síntese de indicadores 2007, Coordenação de Trabalho e Rendimento - Rio de Janeiro: 2008.

LIBÂNEO, J. C. **Adeus professor, adeus professora?** São Paulo: Cortez, 2001. p. 53.

LITWIN, E. **Tecnologia educacional**: políticas, histórias e propostas. Porto Alegre: Artes Médicas, 1997. p. 51.

OROFINO, M. I. **Mídias e mediação escolar:** pedagogia dos meios, participação e visibilidade. São Paulo: Cortez, 2005. p. 125.

PALLU, P. H. R. **Língua inglesa e a dificuldade de aprendizagem da pessoa adulta.** Curitiba: Pós-Escrito, 2008.

PENTEADO, M. Possibilidades para a formação de professores de matemática. In: BORBA, M.C.; PENTEADO, M. (Org). **A informática em ação**: formação de professores, pesquisa e extensão. São Paulo: Olho d'água, 2000. p. 23.

PEREIRA, R. C.; ALVES, M. A.; BARRETO, J. Educação de jovens e adultos trabalhadores: a contribuição da informática no processo de alfabetização. REUNIÃO ANUAL DA ANPED, 24, **ANAIS...** Caxambu, 2001, v. 1, p. 1-4..

PICONEZ, S. B. **Educação escolar de jovens e adultos**: das competências sociais dos conteúdos aos desafios da cidadania. 4. ed. Campinas: Papirus, 2005, p. 33.

RIBEIRO, M. L. S.. **História da educação brasileira**: a organização escolar. São Paulo: Moraes, 1984.

SAMPAIO, M. N.; LEITE, L. S. **Alfabetização tecnológica do professor**. Rio de Janeiro: Vozes, 2001. p. 66.

SOARES, S. G. **Educação e comunicação:** o ideal de inclusão pelas tecnologias de informação otimismo exacerbado e lucidez pedagógica. São Paulo: Cortez, 2006.

UNESCO. **Conferência internacional sobre a educação de adultos** – Declaração de Hamburgo: agenda para o futuro, Brasília, SESI/UNESCO, 1999.

_____. **TICs nas escolas**: computador na escola. v. 3, n. 3, 2008.

VIEIRA, M. C.. Fundamentos históricos, políticos e sociais da educação de jovens e adultos. **Aspectos históricos da educação de jovens e adultos no Brasil**, Brasília, v. 1. Universidade de Brasília, 2004.

Artigo 13

Educação Infantil: Pensando a Educação dos "Nativos Digitais"

Célia Scucato Minioli

Sumário

Resumo	44
Palavras-chave	45
1. Introdução	45
2. Conceitos	47
3. A educação infantil e o sistema educacional no Brasil	48
4. A criança "nativa digital" e as exigências para a aprendizagem	49
5. A interação aluno/computador/conteúdo	52
5.1. A linguagem LOGO	52
5.2. O uso do computador	53
6. O jogo e as brincadeiras	54
7. A motricidade e a percepção	55
8. Case: princípios e estruturas do conhecimento	57
8.1. Proposta de inovação pedagógica	58
8.2. Desenvolvimento das atividades	58
8.3. Resultados obtidos	60
8.4. Lições aprendidas	60
9. Conclusão	60
10. Tópicos para discussão	61
11. Para saber mais sobre o tema	62
Referências	62

Resumo

Este trabalho discute a construção do conhecimento relativo à Educação Infantil através dos tempos, as principais contribuições dos teóricos sobre como desenvolver ações pedagógicas próprias às crianças de zero a seis anos e de que maneira as transformações culturais influenciaram e produziram alterações nas metodologias em sala de aula. A partir de pesquisa bibliográfica em material impresso e digital, o artigo analisa o trabalho realizado com os "nativos digitais", as crianças de zero a seis anos, desenvolvido com base nos enfoques sugeridos pelo uso das Tecnologias da Informação e Comunicação (TICs), bem como das contribuições recebidas dos novos hábitos culturais que marcaram as últimas décadas do século XX e as surgidas neste início do século XXI como reflexo da Sociedade da Informação e do Conhecimento. Aponta de que forma esses hábitos influenciaram as atividades realizadas com a motricidade e a percepção, necessárias ao desenvolvimento da criança pequena. O objetivo é apontar maneiras como esta ferramenta tem sido utilizada e indicar sugestões de possibilidades de uso na construção de uma nova forma de trabalhar com o conhecimento a partir do uso do computador na Educação Infantil.

Palavras-chave

Educação Infantil, Tecnologias da Informação e Comunicação, Interação aluno/computador, Motricidade, Percepção.

1. Introdução

Desde a "Escola para a Infância", de John Amos Comenius, em 1628, que incluía a ideia da "escola do colo da mãe" nas discussões sobre o valor da educação para a primeira infância, apresentadas na obra "Emílio" de Jean Jacques Rousseau, até este início do século XXI, a Educação Infantil passou por vários momentos importantes que imputaram características próprias a esta modalidade de ensino. A questão do ensinar e do aprender voltada às crianças pequenas sempre esteve relacionada às necessidades presentes em cada fase da sociedade.

A Escola Infantil, um modelo de educação surgido na Grã Bretanha (Escócia) em 1826, desenvolveu uma metodologia voltada para o trabalho ao ar livre e previa um aprendizado voltado para o estímulo da curiosidade da criança. Já na primeira metade do século XIX, na Alemanha, surge o Jardim de Infância, voltado para crianças de três a seis anos, idealizado por Friedrick Froebel e que visava trabalhar com os "Dons", pequenos materiais manipuláveis para serem usados pelas crianças de forma preestabelecida. As ocupações consistiam em produzir dobraduras, costurar, desenhar, pintar, modelar a argila, brincar e jogar. Froebel via o brinquedo como uma atividade importante para o amadurecimento e a aprendizagem da criança.

Nesse sentido, desde sempre o ato de brincar esteve presente na vida dos pequenos, constituindo-se num desafio, num estímulo à necessidade de aprender; uma forma auxiliar de desenvolvimento das capacidades de apropriação e conhecimento da criança em relação a si e ao mundo que a cerca.

As influências recebidas dos teóricos voltados a interpretar a validade dos processos de ensino-aprendizagem de crianças de zero a seis anos trouxeram contribuições importantes para o desenvolvimento do cuidar e ensinar e, consequentemente, para o ato de aprender.

Kamii (1973, *apud* Spodek e Saracho, 1998) ao falar sobre os estudos em relação à cultura e cognição identifica cinco formas de conhecimento cognitivo como objetivos da educação da primeira infância: a) conhecimento físico; b) conhecimento lógico matemático; c) estruturação do tempo e do espaço; d) conhecimento social; e) representação.

Para Vygotsky (1989):

> A fala da criança é tão importante quanto a ação para atingir um objetivo. [...] Essa unidade de percepção a fala e ação que, em última instância, provoca a internalização do campo visual constitui-se o objeto central da origem das formas caracteristicamente humanas de comportamento.

De acordo com o autor, a aprendizagem ocorre a partir de um intenso processo de interação social através do qual o indivíduo vai internalizando os instrumentos culturais. O desenvolvimento do conhecimento acontece em dois níveis: o natural e o cultural. O desenvolvimento natural está relacionado à maturação da criança, enquanto o desenvolvimento cultural está ligado ao desenvolvimento da linguagem, a interação com o meio e a capacidade de raciocínio.

Já as teorias construtivistas do desenvolvimento cognitivo de autoria de Jean Piaget (1896-1980) sugerem que o sistema de pensamento se desenvolve através de estágios comuns às crianças pequenas, em todas as culturas. Através dos estágios primários do desenvolvimento cognitivo as crianças progridem em sequência normal, seguindo seu ritmo próprio.

Outra contribuição para a formação social da criança surgiu na década de 20 do século passado e influenciou grandemente o conteúdo e a forma de ensinar dispensado às crianças. Criado por Maria Montessori, o método visa o desenvolvimento das crianças pequenas como um processo de expansão e de autodisciplina. Dentre os princípios filosóficos que baseiam seu método, pode-se citar: a) o ritmo próprio; b) a construção da personalidade através do trabalho; c) a liberdade; d) a ordem; e) o respeito; f) a autodisciplina.

O método e as teorias citados, voltados para o ato de ensinar e aprender, são fundamentais para compreender a forma como as crianças aprendem e de que maneira os aspectos culturais, incorporados pelas constantes interações sociais, influenciam neste aprendizado.

Assim, as mudanças tecnológicas que marcaram as últimas décadas do século XX e as surgidas neste início do século XXI como reflexo da Sociedade da Informação e do Conhecimento trouxeram para o espaço escolar uma nova forma de trabalhar com o conhecimento: o uso do computador. Muito se tem questionado sobre as vantagens e desvantagens da utilização desta ferramenta no processo de ensino-aprendizagem e de forma especial para o ensino das crianças de zero a seis anos de idade.

2. Conceitos

É a partir dos conceitos de "ensinar e cuidar" que se desenvolve o processo de aquisição do conhecimento da criança, sendo que suas experiências estão ligadas ao brincar e ao descobrir.

De acordo com as Diretrizes Nacionais para a Educação Infantil (Resolução CNE/CEB Nº 1, de 07/04/1999), o educar e o cuidar devem caminhar juntos levando em consideração as diferenças individuais e ao mesmo tempo a natureza complexa da criança. Nesse sentido, o Referencial Curricular Nacional para a Educação Infantil (RCNEI) (2001) orienta que o ato de educar significa propiciar situações de cuidados e brincadeiras organizadas em função das características infantis, de forma a favorecer o desenvolvimento e a aprendizagem.

No Referencial Curricular Nacional para Educação Infantil os conceitos para Educar e Cuidar estão assim estabelecidos:

Educar é propiciar situações de cuidados, brincadeiras e aprendizagens orientadas de forma integrada e que possam contribuir para o desenvolvimento das capacidades infantis de relação interpessoal, de ser e estar com os outros em uma atitude básica de aceitação, respeito e confiança, e o acesso, pelas crianças, aos conhecimentos mais amplos da realidade social e cultural. Neste processo, a educação poderá auxiliar o desenvolvimento das capacidades de apropriação e conhecimento das potencialidades corporais, afetivas, emocionais, estéticas e éticas, na perspectiva de contribuir para a formação de crianças felizes e saudáveis.

O **cuidar** estabelece a base do cuidado humano e compreende como ajudar o outro a se desenvolver como ser humano. Cuidar significa valorizar e ajudar a desenvolver capacidades. O cuidado é um ato em relação ao outro e a si próprio que possui uma dimensão expressiva e implica em procedimentos específicos. [...] O cuidado precisa considerar, principalmente, as necessidades das crianças que, quando observadas, ouvidas e respeitadas, podem dar pistas importantes sobre a qualidade do que estão recebendo. Para atingir os objetivos dos cuidados com a preservação da vida e com o desenvolvimento das capacidades humanas, é necessário que atitudes e procedimentos estejam baseados em conhecimentos específicos sobre o desenvolvimento biológico, emocional e intelectual das crianças, levando em consideração as diferentes realidades socioculturais.

Ao falar sobre o desenvolvimento da criança, a antropóloga e psicóloga Elvira Cristina de Azevedo Souza Lima (2007) acrescenta que:

> [...] existem marcas que são biológicas da espécie, marcas nos processos de atenção. [...] o primeiro período é quando o cérebro entra em funcionamento. Logo que a criança nasce, algumas áreas do cérebro vão entrando em funcionamento pouco a pouco. No terceiro ano de vida, ela vai ter todas as áreas funcionando como do adulto. Também nesse momento a criança tem o dobro da glicose circulando no cérebro, o dobro da sinapse em relação ao adulto, então ela tem uma energia enorme. Aí, a criança começa outro período no qual o grande eixo é a função simbólica. É o momento de construir essa base que caracteriza a espécie humana, trabalhar com símbolos, com representações que têm uma sintaxe, uma organização. Uma das mais importantes é a sintaxe visual, as imagens, percepção do corpo dela no espaço, da brincadeira de faz de conta, do desenvolvimento de narrativas que vão estar no desenho, na música.

Portanto, é a partir do desenvolvimento dessas capacidades que se refletem na ação de construir ou no desenvolvimento das várias formas de comportamento que a criança passa a estar apta para participar de novas atividades que lhe permitem realizar trocas sociais, bem como se adaptar às necessidades próprias da sociedade em que está inserida.

3. A educação infantil e o sistema educacional no Brasil

A inclusão da Educação Infantil, no Sistema Educacional brasileiro, como primeira etapa da Educação Básica abre um novo espaço para o trabalho voltado para as crianças de zero a seis anos de idade

Historicamente, a Educação Infantil permaneceu um longo tempo ligada à assistência social, tendo sido reconhecida como parte da Educação Básica há poucos anos.

A LDB 9394/96 destaca em seu Art. 29:

> A educação Infantil, primeira etapa da educação básica, tem como finalidade o desenvolvimento integral da criança até seis anos de idade, em seus aspectos físicos, psicológico, intelectual e social, complementando a ação da família e da comunidade.

O constante em lei prevê, portanto, para esta modalidade de ensino uma situação de "cuidar e educar" com um significado diferente do de "ensinar" nas Séries Iniciais, ou seja, prevê a construção de um currículo próprio com tempo e espaço diferentes, fundamentados nos direitos da criança de zero a seis anos.

A partir da criação de políticas brasileiras próprias para a Educação Infantil e alterações criadas com base na lei nº 11.274, de 6 de fevereiro de 2006, que instituiu e normatizou o Ensino Fundamental obrigatório com duração de nove anos, alterou-se o constante na Lei de Diretrizes e Bases (LDB) nº 9.394/96, ficando a Educação Infantil assim estruturada:

1. 1ª fase da Pré-Escola para 4 anos a serem completados até 30 de junho;
2. 2ª fase da Pré-Escola para 5 anos a serem completados até 31 de dezembro;
3. 1º ano do Ensino Fundamental para 6 anos a serem completados até 31 de dezembro.

Além das mudanças culturais, estas alterações previstas em lei envolvendo a faixa etária das crianças trouxe para as escolas de Educação Infantil, tanto particulares como públicas, questões de ordem pedagógica (revisão do plano curricular, formação de professores, reformulação e adaptação dos espaços físicos e reformulação dos sistemas de avaliação) e também administrativa (contratação de pessoal qualificado para atender a essa nova demanda quanto ao trabalho a ser desenvolvido em cada fase), bem como definir como responsabilidade dos municípios a educação para as crianças de zero a seis anos.

4. A criança "nativa digital" e as exigências para a aprendizagem

Tendo em vista as situações da própria sociedade, a criança do século XXI cada vez mais se vê distanciada das situações de interação com o ambiente social e com as trocas que este lhe permite, tendo em vista as dificuldades trazidas pela própria modernidade.

Assim, um problema encontrado para a educação de crianças pequenas é cada vez mais esta criança realizar menos atividades próprias a sua condição de criança para ficar restrita ao espaço fechado, seguro. Ela assiste muita televisão, aprende desde cedo a usar a Internet, usa pouco o corpo e pouco se movimenta (Figura 1).

Figura 1 – Maternal – computador
Fonte: (HISTÓRIA, 2009)

A criança de hoje, é, portanto, o reflexo da cultura da Era da Informação e do Conhecimento. Esta cultura encontra sua descrição no trecho a seguir retirado da obra: "Os nativos digitais: os consumidores do futuro", de Macedo e Limoeiro, 2006, que, com base no termo criado por Mark Prensky, traçam o perfil da criança e do jovem desta sociedade do século XXI.

Nascido a partir da década de 80, este jovem mostra o seguinte perfil no seu dia a dia: realiza várias ações ao mesmo tempo, navega na Internet ao mesmo tempo em que envia torpedos de seu celular, ouve música em um MP3 player, seu ou do colega, dá uma espiadinha na TV, vigia a vida alheia no Orkut e ainda marca com seus amigos no MSN a programação do final de semana.

> Com a Internet, os nativos digitais têm acesso instantâneo a todo e qualquer tipo de informação. Eles não precisam mais de ajuda dos pais e dos livros para responder a determinadas questões. Já são estimulados a terem desde cedo um comportamento proativo para pesquisar qualquer assunto tanto para fins de estudo como para tirar dúvidas de questões em sua vida cotidiana. Essa geração também desenvolve uma rede de trocas de conhecimento sobre diversos assuntos. [...] Eles já estão acostumados a consultar cada amigo para saber determinado assunto. (MACEDO; LIMOEIRO, 2006).

Este perfil se reflete também na criança de três a seis anos como resultado das observações das ações realizadas pelos jovens e adultos com os quais convive.

Esta criança ou este jovem, independentemente da classe social a que pertençam, diferem muito da criança e do jovem de alguns anos atrás, que tinha somente a TV e o *videogame* como aparato tecnológico.

Em contraposição a esta terminologia, os autores se referem a nós como "imigrantes digitais".

Por mais que estejamos conectados às novas tendências tecnológicas, nunca conseguiremos adquirir as peculiaridades deles, pois nos enquadramos no que Prensky define como 'imigrantes digitais', ou seja, migramos para esse novo mundo e ainda temos algumas raízes fincadas no passado (MACEDO; LIMOEIRO, 2006).

A partir deste ponto de vista podemos dizer que hoje, quando a criança passa a trilhar os primeiros passos na educação formal através da Educação Infantil, já traz consigo toda uma bagagem cultural construída a partir da observação e do contato com a tecnologia que a vivência e a interação com o meio lhe proporcionam.

Esta maneira de agir e de pensar da criança e do jovem nos impulsiona a questionar a forma como o professor, voltado para esta modalidade de ensino, ou seja, para a Educação Infantil, sendo ele um nativo digital (nascido após 1980) ou um imigrante digital, pode lançar mão dessa nova linguagem e meio de comunicação para tentar adequar o processo de ensino-aprendizagem às exigências deste aluno "nativo digital", tornando o ato de aprender mais interessante e atrativo?

Ao pensar no trabalho pedagógico a ser desenvolvido com a criança de zero a seis anos hoje, o professor precisa levar em conta as exigências da sociedade que está aí posta. Segundo Kamii (1973, *apud* SPODECK; SARACHO, 1998), os "princípios de formação humana" são:

- **Construção de práticas culturais** - próprias da infância, resultantes das trocas sociais (interação) e de movimento corporal, carregado de ritmo e sentido.
- **Organização interna da informação** - aliada à ideia de ampliá-la, tendo em vista as situações de aprendizagem interna e externa à escola.
- **Sistema de representação simbólica** - criada como recursos da linguagem e da memória e utilizada para entender, comunicar e produzir cultura.
- **Oralidade** - Ampliação do léxico (vocabulário) da criança, articulando o discurso do cotidiano e o discurso escolar.

5. A interação aluno/computador/conteúdo

5.1. A linguagem LOGO

Figura 2 – Linguagem LOGO
Fonte: Campos (2009)

As primeiras observações sobre a interação aluno/conteúdo/conhecimento desenvolvida em sala de aula com crianças pequenas estão ligadas às atividades desenvolvidas na Linguagem LOGO – uma linguagem computacional de programação com uma filosofia que lhe é subjacente. Segundo Zacharias (2007), o LOGO nasceu com base nas referências teóricas sobre a natureza da aprendizagem desenvolvidas por Piaget, nas reinterpretações realizadas por Papert (1985) e nas teorias computacionais, principalmente a da Inteligência Artificial.

O projeto Linguagem LOGO na sala de aula visa aproximar aluno/computador, isto é, tornar as aulas de LOGO parte integrante das atividades semanais e não apenas cinquenta minutos isolados, onde o aluno brinca com o teclado e aprende comandos.

Aquilo que a criança aprendeu explorando, investigando e descobrindo por si própria, além de contribuir para o desenvolvimento de suas estruturas cognitivas, assume significado especial que ajuda a reter e transferir com mais facilidade conceitos aprendidos.

Segundo Papert (1985), a ideia de aquisição do conhecimento não se dá em função do desenvolvimento ou crescimento físico, mas principalmente pela relação estabelecida com o meio, ou seja, a partir das várias possibilidades de estruturação do pensamento.

Os conceitos espaciais são usados para comandar a tartaruga que se movimenta em atividades gráficas. No processo de comandar a tartaruga esses conceitos devem ser explicitados, o que dá condições para o desenvolvimento de conceitos espaciais, numéricos, geométricos, já que os alunos podem exercitá-los, depurá-los, usando-os nas mais diferentes situações. As atividades propostas propiciam ao aluno a possibilidade de **aprender fazendo, isto é, ensinando a tartaruga a resolver um problema, seguindo a linguagem de programação**.

Na versão "Super LOGO" 3.0, adaptada ao português pelo Núcleo de Informática Aplicada à Educação (NIED) da Universidade de Campinas, a tartaruga é um cursor gráfico que aparece no centro do ecrã (tela, display, monitor). Para fazer construções basta movimentá-la na janela do gráfico do programa de modo a deixar traços por onde anda. Há quatro comandos básicos que movimentam a tartaruga: pf (para frente); pt (para trás); pd (para a direita); pe (para a esquerda).

Desta forma o processo de aprendizagem está nas mãos do próprio aluno e não nas mãos do professor, oferecendo à criança chances de explorar o objeto "computador" a sua própria maneira e não de um jeito já estabelecido anteriormente.

Pela complexidade apresentada pelo programa, é necessário um treinamento por parte do professor para a sua utilização.

5.2. O uso do computador

Do nascimento até a idade de oito anos, as crianças usam seus sentidos e todo o corpo para aprenderem rapidamente. O aprendizado é resultado da exploração realizada a partir da dimensão social e emocional. A capacidade de formar e manter relacionamentos dá sentido às experiências de aprendizagem. A experiência com a linguagem escrita e oral oferece às crianças os instrumentos para interagir com as outras e para representar os seus pensamentos, sentimentos e experiências. A tecnologia não pode e não deve substituir a interação humana ou de relacionamentos, ou tomar o lugar de atividades como a leitura de histórias em conjunto ou participar de conversas com as crianças. Devidamente usados, no entanto, os computadores e o software podem servir de catalisadores para a interação social e conversas relacionadas à educação infantil. Clements e Nastasi (1993, apud *Northwest Regional Educational Laboratory* – NWREL (2009).

Segundo o NWREL (2009), uma sala de aula criada para incentivar a interação e o uso adequado da tecnologia vai aumentar a capacidade de socialização da criança. As estratégias desenvolvidas a partir da utilização do computador incluem a colocação de dois lugares na frente do computador para incentivar as crianças a trabalharem em conjunto; ao colocar computadores próximos uns dos outros, contribui-se para facilitar a partilha de ideias. Desenvolver um currículo com o uso da tecnologia, portanto, exige que se tenha como foco o fato de que isto realmente irá adicionar às oportunidades e experiências das crianças. Deve-se antes questionar sobre como a criança se desenvolve e aprende e qual o seu estágio atual. Segundo o NWREL, o uso do computador para a maioria das crianças com menos de três anos de idade não tem significado nenhum. As atividades infantis e experiências com computadores vão evoluir com o tempo, à medida que as crianças crescem e se desenvolvem. Quando muito pequenas, as crianças costumam utilizar os computadores com a ajuda de um adulto ou criança mais velha. À medida que amadurecem, as crianças passam a usar os computadores de forma mais independente.

O papel do professor passa a ser, então, o de facilitador da aprendizagem. Desta forma, sua ação pedagógica consiste em criar um ambiente no qual as crianças incorporem o hábito de utilizar o computador como forma de aprendizado e de exploração de suas capacidades.

Isto inclui:

a) Integração de computadores em sala de aula;
b) Uso como parte do currículo;
c) Aplicação dos computadores na solução de problemas reais.

6. O jogo e as brincadeiras

Figura 3 – Coleção Educativa
Fonte: Informática Expoente

Uma das formas mais interessantes de produzir a interação aluno/computador/conteúdo corresponde ao clima de produtividade e de interação resultante de uma situação de jogo.

O jogo é a forma de expressão preferida pela criança e pelo adolescente e também é a forma que mais atrai o seu interesse. O jogo é uma continuidade do ato de brincar.

Um dos fatores mais importantes observados no jogo é a repetição. A repetição é uma das formas de expressão que está intimamente ligada ao "aprender fazendo".

Para Maudire (1988), pela repetição há o desdobramento da imaginação criadora, o que pode ter efeito importante no desdobramento da reorganização psíquica da criança, na produção de uma melhor aproximação com a realidade e, consequentemente, uma integração mais satisfatória com o grupo social.

É a partir de uma jogada que não deu certo que o aluno deve ser conduzido a uma reflexão sobre a causa do erro e de que forma poderia ter acertado, modificando neste momento o conceito anterior e substituindo-o pelo correto.

Os jogos para crianças pequenas têm o intuito de desenvolver a lateralidade, a noção de espaço de pequeno e grande e inúmeras outras aprendizagens que contribuem para a ampliação da rede de significados que elas construíam.

Dentre essas diferentes modalidades de brincadeiras que podem ocorrer na creche e na pré-escola, citamos: as brincadeiras de faz de conta organizadas pelas próprias crianças; a transmissão e a recriação das brincadeiras tradicionais da nossa história e cultura; os jogos de construção; e os jogos educativos propiciadores de aprendizagens em diferentes áreas do conhecimento.

É na situação de jogo, isto é, a partir da ação de brincar, que se dão as maiores aquisições de uma criança e, segundo Vygotsky (1998), são estas que darão suporte para o nível básico de sua ação real.

7. A motricidade e a percepção

Dentre as intervenções voltadas às crianças pequenas e consideradas básicas fundamentais estão: a mobilidade e o esforço.

As atividades de mobilidade estão relacionadas a: postura, lateralidade, equilíbrio e coordenação muscular. Já as atividades perceptivo-motoras próprias das crianças de zero a seis anos estão relacionadas a memorização, categorização e comunicação.

A atividade motora realizada com crianças pequenas evoluiu dos movimentos simples para movimentos mais complexos tendo como objetivo o desenvolvimento do tônus muscular e o desenvolvimento multidimensional necessário à atividade criativa e as aspirações de autonomia, liberdade e aptidão para o viver em sociedade.

Ferreira Neto (1995), ao falar sobre as características do crescimento e o desenvolvimento motor nos níveis de escolaridade entre três e dez anos, acrescenta que:

> [...] suas experiências diretas, tem permitido constatar que muitas dificuldades podem ser ultrapassadas desde que exista uma organização do processo ensino-aprendizagem de acordo com as características das idades em causa.

O autor também acrescenta que a seleção e a definição de áreas de atividades que o professor pode usar permitem a identificação de um desenho curricular do ensino de motricidade a ser trabalhado com crianças pequenas, considerando que a motricidade nada mais é do que a habilidade motora.

A motricidade subdivide-se em: a) motricidade grossa; b) motricidade fina.

A motricidade grossa é aquela relativa ao corpo todo. É desenvolvida quando a criança brinca com o corpo todo, subindo em árvores, saltando corda, correndo, pulando de várias formas, equilibrando-se numa corda, andando de bicicleta, skate, nadando, dando cambalhotas, jogando bola e outros.

A motricidade fina é relativa à destreza das mãos e à ponta dos dedos. É desenvolvida na utilização das mãos com diferentes lápis e blocos em desenhos e na escrita, no manuseio de diferentes ferramentas e instrumentos, tais como talheres (comendo, picando legumes), agulhas (fazendo costuras e bordados, martelo e pregos, chave de fenda e parafuso, serrote, enfiando contas num fio, moldando com plasticina ou argila, tocando um instrumento musical, etc.).

Assim, o trabalho de domínio do mouse para realizar as atividades propostas com o uso do computador já se constitui num trabalho de motricidade.

Repensando as atividades pedagógicas a serem desenvolvidas com as crianças pequenas a partir das possibilidades de uso do computador, percebe-se duas vertentes: uma tradicional e outra inovadora.

Os programas como o *Baby Fun*, Alfabetização – Vogais I e II, Alfabetização – Consoantes I, Brincando no Sótão da Vovó, Be-a-Bá do Crispim, Dally Doo voltam-se basicamente para a apresentação do alfabeto e de palavras que iniciem ou terminem com a letra apresentada. A busca de determinada palavra em alguns *softwares* é feita através do mouse ou do teclado.

Stemmer (2001), ao refletir sobre o uso do computador e sobretudo o uso dos softwares educacionais para crianças em idade pré-escolar, observa que a maioria dos trabalhos mostra o "velho" disfarçado de "novo". A tecnologia é de última geração, mas as concepções pedagógicas são implícitas ou explicitamente influenciadas pela pedagogia tradicional. Os jogos propostos por um grande número de *softwares* dão como única escolha para o usuário a possibilidade de escolher com qual deles gostaria de brincar. Como nos outros programas, todas as respostas são predeterminadas e admitem no máximo três erros da criança; em seguida o programa dá a resposta correta. Como qualquer forma de comunicação e aprendizagem, existem materiais com objetivos e propósitos voltados para a aquisição e ampliação do conhecimento, como também outros que estão disponibilizados, mas não passaram por uma validação quanto aos conceitos trabalhados, quanto ao nível de dificuldade próprio para cada fase, bem como a adequação de design e outros.

Neste início do século XXI, como parte da inovação no trabalho pedagógico da Educação Infantil, já se pode delinear uma nova forma de utilizar a tecnologia em sala de aula ao serem propostas atividades de motricidade fina com crianças pequenas a partir do manuseio do mouse e do computador.

Se o professor fizer uma busca nos sites voltados para crianças pequenas ou que envolvam atividades voltadas para esta modalidade de ensino, certamente encontrará muitas atividades interessantes voltadas para o trabalho com a motricidade fina, podendo escolher as que mais se adequem ao Projeto Pedagógico de sua escola e às necessidades de seus alunos.

8. Case: princípios e estruturas do conhecimento

Aline é professora de uma escola pública municipal e trabalha com crianças do Pré-III (5 anos). Formada em Pedagogia, a grade curricular do curso continha a disciplina Tecnologias Educacionais em um semestre apenas.

Ao chegar à escola, percebeu que esta possuía estrutura física apropriada: laboratório com mesas e mouses adequados ao tamanho das crianças. O Projeto Pedagógico da escola previa um trabalho inovador com o uso do computador.

Apesar de ter adquirido proficiência para trabalhar com crianças pequenas, a professora nunca havia desenvolvido nada parecido com o proposto.

Para a realização das aulas com as crianças, resolveu adotar atividades relacionadas à psicomotricidade relacional, na qual a criança tem liberdade, mas o professor participa, dando alicerçamento para o seu desenrolar. A partir do desenvolvimento do plano de aula, preparava o material a ser usado pelas crianças na sala de informática.

8.1. Proposta de inovação pedagógica

A proposta de inovação pedagógica da escola previa do professor:

- Conhecimento do processo de interação professor/aluno/computador.
- Domínio dos conteúdos conceituais, atitudinais e procedimentais próprios para as crianças de quatro e cinco anos que lhe permitissem desenvolver atividade para o trabalho com elas.
- Interação com o professor que trabalhou com as crianças na fase anterior.

Como forma de encaminhamento desta nova prática, Aline precisou:

- Analisar em que nível de aquisição das capacidades atitudinais, procedimentais e conceituais as crianças se encontravam.
- Realizar um trabalho de busca das fontes que continham as atividades próprias às idades dos alunos.
- Montar um planejamento referente às atividades a serem desenvolvidas com o auxílio do computador, envolvendo a motricidade, a percepção e a noção de espaço.
- Identificar quais capacidades precisavam ser reforçadas ou trabalhadas, por quem e em que grau de dificuldade.
- Montar atividades atraentes e próprias para as crianças, com base nos sites voltados para a Educação Infantil.

8.2. Desenvolvimento das atividades

a) A atividade inicial proposta pela professora foi trabalhar a coordenação motora dos alunos de Educação Infantil, utilizando o aplicativo Paint.

O objetivo da atividade era levar o aluno a utilizar o mouse e explorar as possibilidades de uso da ferramenta, bem como explorar o espaço.

Laboratório de Informática

Figura 4 – Uso do mouse - Atividade motora
Fonte: Minioli

b) A segunda atividade desenvolvida voltou-se para a capacidade perceptiva motora. A atividade propunha o seguinte desafio: de quem é a sombra? Para realizar esta atividade o aluno precisou:

Figura 5 – Coleção Educativa
Fonte: Informática Expoente

- Dominar o uso do mouse: clicar e arrastar.
- Perceber a qual dos elementos a sombra pertencia.
- Perceber que, ao realizar corretamente o comando, a figura se encaixava na sombra.
- Observar que, ao arrastar a figura errada, esta voltava para o seu lugar.

8.3. Resultados obtidos

Aline percebeu que:

- A segunda atividade despertou muito interesse aos alunos, pois as figuras eram atrativas, muito coloridas e próprias para a idade dos mesmos.
- Possuía um objetivo claro a ser atingido.
- Permitia trabalhar a questão do erro e da importância da repetição para realizar a atividade com qualidade.
- Permitia avaliar a capacidade trabalhada.
- Permitia uma análise individual do nível de aquisição do aluno.

8.4. Lições aprendidas

- O trabalho com crianças pequenas a partir do uso do computador pode ser incluído no processo de desenvolvimento dos conteúdos constantes no Plano Curricular, pois servem para complementar as atividades desenvolvidas com as outras áreas contribuindo para o desenvolvimento psicomotor e das capacidades perceptivas-motoras.

9. Conclusão

As representações estão intimamente ligadas ao problema da percepção do mundo e dos outros. Qualquer estímulo é dotado de significação para o sujeito. A resposta não depende tanto da natureza e magnitude do estímulo, em si considerado, mas da interpretação subjetiva (e condicionada da resposta) dada pelo indivíduo a esse estímulo, em função dos seus condicionalismos pessoais e grupais, das suas experiências passadas e atuais, das moldagens exercidas sobre si pela família, pela escola, pela cultura, pelas dominantes no campo das ideologias e dos grandes quadros de civilização (SOCZKA, 1988, *apud* FERREIRA NETO, 1995).

10. Tópicos para discussão

1. A forma de atuar do docente nos intercâmbios educativos, a maneira de planejar a sua intervenção, de reagir frente às exigências previstas ou não da mutante vida da aula, depende em grande medida de suas concepções mais básicas e de suas crenças pedagógicas [...] O pensamento pedagógico do professor, seja ou não explícito ou consciente, é o substrato básico que influi decisivamente em seu comportamento docente em todas e cada uma das fases do ensino (Clark e Peterson, 1986; Yinger,1986; Pérez Gómez e Gimeno, 1988). (SACRISTÁN, 1998).
    a) De que forma estes intercâmbios educativos resultantes da inserção das tecnologias da Informação e Comunicação (TICs) podem influenciar o professor de Educação Infantil e sua atuação em sala de aula?
    b) Que medidas podem ser previstas para esta inserção?
2. O que caracteriza a atual revolução tecnológica não é a centralidade de conhecimentos e informação, mas a aplicação desses conhecimentos e dessa informação para geração de conhecimentos e de dispositivos e de processamento/comunicação da informação em um ciclo de realimentação cumulativo entre a inovação e seu uso. Os usos das novas tecnologias de telecomunicações nas duas últimas décadas passaram por três estágios distintos: a automação de tarefas, as experiências de usos e a reconfiguração das aplicações. Nos dois primeiros estágios, o progresso da inovação tecnológica baseou-se em aprender *usando*. No terceiro estágio, os usuários estão aprendendo a usar a tecnologia *fazendo*, o que acabou resultando na reconfiguração das redes e na descoberta de novas aplicações. (INSTITUTO DE MATEMÁTICA E ESTATÍSTICA – USP, 2009).
    a) Em que estágio de conhecimento e informação você e seu grupo de trabalho se encontram?
    b) Em que implica a situação de "estar fazendo", tendo em vista a inserção das tecnologias no espaço escolar voltado para a Educação Infantil?
    c) A partir do trabalho desenvolvido pela prof^a Aline, responda: como trabalhar a "motricidade" e a "percepção" a partir do Paradigma da Informação?

11. Para saber mais sobre o tema

ALMEIDA, Marcus Garcia de. **Fundamentos de Informática:** Hardware, Software e Peopleware. Rio de Janeiro: Brasport, 2002.

ALTOÉ, A. **O computador na escola**: o facilitador no ambiente logo. 186 f. Dissertação (Mestrado) - Universidade Católica de São Paulo. São Paulo, 1993.

CHAVES, E.; SETZER, V. W. **O uso de computadores em escolas**: fundamentos e críticas. São Paulo: Scipione, 1987.

GADOTTI, M. Desafios para a era do conhecimento. **Revista Viver Mente & Cérebro**, p. 07-15, 2000.

LAPIERRE, A.; AUCOUTURIER, B. **A simbologia do movimento, psicomotricidade e educação**. São Paulo: Manole, 1986.

SACRISTÀN, J. G.; GÓMEZ, P. A. I. **Compreender e transformar o ensino**. Tradução de Ernani F. da Fonseca Rosa. 4. ed. Porto Alegre: Artmed, 1998.

SAVIANI, D. **A nova lei da educação**: trajetória, limites e perspectivas. Campinas: Autores Associados, 1997 (Coleção Educação Contemporânea).

SOUZA LIMA, E. C. de A. **Currículo, cultura e conhecimento**. São Paulo: Sobradinho 107, 2005.

VALENTE, A. B. **LOGO:** conceitos, aplicações e projetos. São Paulo: McGraw-Hill, 1988.

VALENTE, J. A. Por quê o computador na educação. In: J. A. VALENTE, J. A. (Org.) **Computadores e conhecimento**: repensando a educação. Campinas, São Paulo: UNICAMP.

VALENTE, J. A. (1996). **O Professor no ambiente logo**: formação e atuação. Campinas: UNICAMP, 1996.

ZABALZA, M. A. **Qualidade em educação infantil**. POA, Porto Alegre: Artmed, 1998.

Referências

BRASIL. Ministério da Educação. **Referencial curricular nacional para a educação infantil**: estratégias e orientações para a educação de crianças com necessidades educacionais especiais. Brasília: MEC, 2000.

CAMPOS, M.de B. Biblioteca Virtual. **Linguagem Logo.** PUCRS. Disponível em: <www.inf.pucrs.br/~marciabc/biblioteca/>. Acesso em set. 2009

HISTÓRIA de Portugal. **Maternal – computador**. Disponível em: <www.aph.pt/.../WebQuest/Destinatarios.htm>. Acesso em: set. 2009.

INFORMÁTICA Expoente. **Coleção Educativa**. Versão 1.01 (CD – ROM). Trace Disk.

INSTITUTO DE MATEMÁTICA E ESTATÍSTICA DA USP. Disponível em: <http://www.ime.usp.br/~cesar/projects/lowtech/sociedadeemrede/cap1.htm>. Acesso em: ago. 2009.

KAMII C.; KATZ, L. L. **Physics in early childhood education: a piagetian approach**. Young Children: 1979.

MACEDO, T. V. R. de; LIMOEIRO, V. C. **Nativos digitais:** os consumidores do futuro. Rio de Janeiro: Faculdades Integradas Hélio Alonso. p. 32.

MAUDIRE, Paulette. **Exilados da infância**. POA, Porto Alegre: Artes Médicas, 1998.

MINIOLI, C. **Uso do mouse** - Atividade motora. Biblioteca de imagem particular.

NORTHWEST REGIONAL EDUCATIONAL LABORATORY (NWREL). Portland, Oregon. **Technology in early childhood education: finding the balance**. Disponivel em: <http://www.nwrel.org/comm/index.php>. Acesso em: ago. 2009.

PAPERT, S. **LOGO**: computadores e educação. São Paulo: Brasiliense, 1985.

SOUZA LIMA, E. C. de A. **A atividade da criança na idade pré-escolar**. **Publicação:** Série Idéias n. 10, São Paulo: FDE, 1992. p. 17-23.

SPODEK, B.; SARACHO, O. N. **Ensinando crianças de três a oito anos**. Porto Alegre: Artmed, 1998.

VYGOTSKY, L. S. **A formação da mente**: o desenvolvimento dos processos psicológicos superiores. 3. ed. São Paulo: Martins Fontes, 1989.

ZACHARIAS, V. L. C. **Teoria do desenvolvimento mental e problemas da educação**. Disponível em: <http://www.pedagogiaemfoco.pro.br/per3.html> e <http://www.centrorefeducacional.com.br/vydesmen.htm>. Acesso em: ago. 2003.

Artigo 14

O Papel do Pedagogo no Processo de Transição dos Alunos de 4ª e 5ª Séries do Ensino Fundamental

Irene Aparecida Mattos

Sumário

Resumo 65
Palavras-chave 65
1. Introdução 65
2. O profissional pedagogo 67
3. Aspectos que envolvem a transição da 4ª para a 5ª série 67
   3.1. A fragmentação do ensino fundamental 67
   3.2. Mudanças biopsicosocioculturais na faixa etária de transição: 4ª / 5ª série ... 68
   3.3. A importância da interação social no desenvolvimento do aluno 69
   3.4. Dificuldades de aprendizagem 70
   3.5. Fracasso escolar 70
   3.6. Superação da reprovação 72
4. Os envolvidos no processo de transição dos alunos da 4ª para a 5ª série 72
   4.1. O papel do pedagogo 72
   4.2. O papel dos professores 75
   4.3. O papel dos pais 78
5. Impacto das mídias no aprendizado dos adolescentes 78
6. Encaminhamento metodológico 81
7. Case 83
8. Conclusão 85
9. Questões para reflexão 85
10. Tópico para discussão 86
   10.1. O dilema dos celulares na sala de aula 86
   10.2. Uso da tecnologia na aprendizagem de português e matemática na 4ª e 5ª séries 87
11. Para saber mais sobre o tema 88
Referências 88

Resumo

Os altos índices de repetência e evasão escolar na 5ª série do Ensino Fundamental são desafios a serem superados pelas escolas públicas brasileiras. A constatação deste fato aponta para um trabalho pedagógico que venha minimizar as dificuldades no processo de ensino e aprendizagem, a partir de estudos voltados para essa faixa etária. Busca-se então destacar a importância do pedagogo escolar como articulador e orientador de professores, pais e alunos, no sentido de buscar alternativas de superação do fracasso escolar que ocorre nessas séries. Para isto é preciso considerar que há uma fragmentação no Ensino Fundamental, entre as séries iniciais (1ª a 4ª) e as séries finais (5ª a 8ª), dificultando um trabalho pedagógico integrado entre a esfera estadual e a municipal, considerando-se que as séries iniciais estão, em sua maioria, sob a responsabilidade do governo municipal. Nesse sentido é preciso que haja uma integração entre essas duas esferas a partir da realização de Grupos de Estudos que envolvam os pedagogos e os professores de 4ª e 5ª séries. Deve haver ações pedagógicas integradas para enfrentar os desafios decorrentes dessa faixa etária e suas consequências no desempenho escolar e pessoal dos alunos. Nesse estudo, será apresentada uma experiência de um grupo de estudos envolvendo professores de 4ª e 5ª séries, um pedagogo e um diretor de escola, oriundos de uma escola estadual e uma municipal.

Palavras-chave

Transição 4ª e 5ª série, Pedagogo, Integração entre a esfera municipal e a estadual.

1. Introdução

Os altos índices de evasão e repetência na 5ª série do Ensino Fundamental, expressos no sistema oficial de dados do censo escolar de escolas brasileiras, especificamente no estado do Paraná, revelam a necessidade de um trabalho efetivo para minimizar o baixo rendimento escolar de muitos alunos nessa série. A faixa etária correspondente aos alunos que estão na 4ª e 5ª séries abrange transformações de ordem biopsicosocioculturais que precisam ser consideradas, enquanto influências para o desempenho escolar dos alunos.

Faz-se necessário que professores e pais sejam orientados para melhor lidar com essas transformações e suas consequências. Por isso, é fundamental a presença do pedagogo, tanto na escola municipal quanto na estadual, atuando como mediador e articulador das atividades pedagógicas. Esse profissional tem, na sua formação acadêmica, conhecimentos acerca das ciências da educação que muito poderão colaborar no encaminhamento de ações voltadas para o esclarecimento de professores e pais no que se refere às diversas mudanças que ocorrem na faixa etária dos alunos de 4ª e 5ª séries.

Evidencia-se a importância da integração entre as esferas municipal e a estadual para juntas buscarem meios de minimização do fracasso escolar que ocorre na 5ª série, já que a fragmentação que ocorre nesta transição exige ações conjuntas dessas esferas.

O Artigo 11 da LDBEN (Lei de Diretrizes e Bases da Educação Nacional) nº 9394/96, Parágrafo Único, diz que "os municípios poderão optar ainda por se integrar ao sistema estadual de ensino, ou compor com ele um sistema único de educação básica".

Baseado no exposto, uma das ações possíveis de serem efetivadas é a integração das esferas municipal e estadual, através de grupos de estudos que envolvam pedagogos e professores de 4ª e 5ª séries, considerando-se que a reflexão e o compartilhamento das experiências desses profissionais poderão colaborar para a redução da evasão e da reprovação dos alunos. É momento de integração não apenas das esferas municipal e estadual, mas, principalmente, de integrar conhecimentos e experiências em torno do Ensino Fundamental, pois é a base para que o aluno esteja realmente preparado para ingressar no Ensino Médio e concluir a Educação Básica.

É preciso que haja um olhar específico para o processo de transição dos alunos da 4ª para a 5ª série, observando as mudanças que ocorrem nessa fase da vida do aluno: o seu desenvolvimento biopsico e sociocultural, a mudança de espaço físico escolar, o aumento do número de áreas de conhecimentos e de professores. Os pedagogos e professores devem refletir sobre esses fatos para ajudar os alunos a melhor se desenvolverem, enquanto pessoas e estudantes, a partir de um trabalho voltado para as necessidades específicas desse período de transição, pois os problemas que muitas vezes explodem na 5ª série, uma vez não resolvidos, tendem a prosseguir pelas demais etapas escolares.

E, para ilustrar a temática abordada, apresenta-se uma experiência de grupo de estudos realizada num município do Estado do Paraná envolvendo professores de 4ª e 5ª séries, um pedagogo e um diretor de escola, abrangendo a esfera municipal e a estadual.

Os dados coletados no Colégio Estadual X representam o período de 2005 a 2007 e revelam índices preocupantes de evasão e repetência na 5ª série. No ano de 2005, houve 25,79% de reprovação e 3,68% de evasão. Em 2006, 41,07% de reprovação e 6,46% de evasão e, em 2007, 27,48% de reprovação e 10,65% de evasão. Esses dados ilustram e reforçam a importância de se pensar no papel do pedagogo em relação ao processo de transição dos alunos de 4ª e 5ª séries.

2. O profissional pedagogo

Segundo Libâneo (2002), todos os profissionais que lidam com algum tipo de prática educativa relacionada com o mundo dos saberes e modos de ação são chamados pedagogos. Assim, os profissionais que exercem atividades no magistério, nos meios de comunicação, formadores de pessoal nas empresas, animadores culturais e desportivos, produtores culturais, dentre outros, são pedagogos.

Há várias funções que um pedagogo pode desempenhar, como a formulação e gestão de políticas educacionais; planejamento, coordenação, execução e avaliação de projetos educacionais para diferentes faixas etárias; coordenação de estágios profissionais em ambientes diversos; pesquisa educacional; assistência pedagógico-didática a professores e alunos em situações de ensino e aprendizagem; produção e comunicação nas mídias, dependendo do espaço de sua atuação profissional.

A possibilidade de atuar em diversos segmentos de trabalho advém de sua formação acadêmica, a qual proporciona conhecimentos das ciências da educação como a sociologia da educação, a psicologia da educação, a economia da educação, a antropologia educacional, a biologia educacional, que dão subsídios para o pedagogo refletir sobre a problemática educacional a partir do embasamento teórico que possui. O enfoque deste trabalho será voltado para o pedagogo escolar, aquele que atua em escolas.

3. Aspectos que envolvem a transição da 4ª para a 5ª série

3.1. A fragmentação do ensino fundamental

Barbosa (2008) apresenta em seus estudos que a municipalização do ensino nas séries iniciais no Estado do Paraná fragmentou o Ensino Fundamental em duas fases: de 1ª a 4ª séries sob a responsabilidade do Município e, a partir de 5ª série, sob a responsabilidade do Estado. Essa divisão de responsabilidade não teve a preocupação com a passagem da 4ª para a 5ª série, considerando a ruptura entre as duas fases do Ensino Fundamental e as duas redes de ensino distintas. Daí a constatação de duas redes de ensino desarticuladas.

Segundo a autora, a rede municipal retira a obrigatoriedade de reprovação nas séries iniciais e busca um melhor desempenho dos seus alunos a partir dos instrumentos de avaliação. A escola estadual institui, na 5ª série, a sala de apoio, com o objetivo de retomar conteúdos fundamentais das séries iniciais. Nesse sentido, a autora aponta para a necessidade de políticas educacionais articuladoras, na passagem dos alunos da 4ª para a 5ª série, a fim de que haja melhor desempenho educacional, garantindo-lhes a conclusão dessa etapa de ensino.

Nesse contexto, os estudos aqui apresentados objetivam uma reflexão sobre o processo de transição dos alunos de 4ª e 5ª séries, considerando o empenho e o trabalho do pedagogo escolar para articular em seus espaços escolares momentos de estudos com professores e pais acerca dos aspectos biopsicosocioculturais e de interação social no processo de desenvolvimento escolar dos alunos nessa faixa etária.

3.2. Mudanças biopsicosocioculturais na faixa etária de transição: 4ª / 5ª série

Becker (2003) aborda em seus estudos a teoria genética de Jean Piaget, mostrando a importância de o professor conhecer as fases do desenvolvimento da criança, pois, segundo essa teoria, a pessoa assimila estritamente dentro dos limites de seus esquemas e estruturas. Exemplifica dizendo que se um bebê ainda não construiu seu esquema de preensão, não adianta a mãe ensinar-lhe a segurar a mamadeira. Portanto, é preciso que o professor reconheça a estrutura cognitiva do aluno para saber em que estágio se encontra, a fim de proporcionar-lhe ações pedagógicas necessárias a sua aprendizagem.

Segundo a teoria de Piaget, Becker diz que o sentido pedagógico do professor é de um organizador de ações e deve inventar situações que o aluno experimente para facilitar a invenção do aluno. Para o autor, a matéria-prima do trabalho do professor é o conhecimento e, por isso, deve desejar não apenas que o aluno faça atividades, mas que as compreenda.

Becker salienta que, segundo Piaget, uma pessoa pode passar a vida toda praticando uma determinada ação, sem mostrar progresso. Portanto, o desafio não é apenas repetir tarefas, mas compreendê-las e explicá-las, havendo uma relação entre a teoria e a prática.

Por isso, a presença do pedagogo no contexto escolar é de grande importância para dar auxílio e orientação teórica aos professores (cuja formação tem menor ênfase nas disciplinas pedagógicas) das diversas áreas do conhecimento e também para os pais dos alunos. Essa orientação fará com que professores e pais compreendam melhor que as mudanças decorrentes do processo de transição da 4ª para 5ª série não se limitam a apenas os espaços escolares diferentes, mas também a um conjunto de fatores de ordem biopsicosociocultural que se apresentam nesta fase da vida dos alunos.

3.3. A importância da interação social no desenvolvimento do aluno

Vygotsky (1991), por sua vez, diz que signos e palavras constituem, para as crianças, um meio de contato social com outras pessoas. Segundo ele, as funções cognitivas e comunicativas da linguagem são as bases de uma forma nova e superior de atividades nas crianças, o que as distingue dos animais. E a criança aprende através de experiências repetidas, porém ao mesmo tempo solicita a assistência de outra pessoa para resolver suas dificuldades. Para ele, o "caminho do objeto até a criança e desta até o objeto passa através de outra pessoa". Conclui que o processo do desenvolvimento humano "está enraizado nas ligações entre história individual e história social". Acrescenta que a memória é característica dos primeiros estágios do desenvolvimento cognitivo e que ao longo do desenvolvimento ocorre uma transformação, especialmente na adolescência. Ou seja, "para a criança, pensar significa lembrar; para o adolescente, lembrar significa pensar".

O autor mostra que os homens influenciam sua relação com o ambiente e através deste modificam seu próprio comportamento e colocam esse ambiente sob seu domínio. E que todas as funções do desenvolvimento da criança aparecem duas vezes: primeiro no nível social (entre as pessoas) e depois no nível individual (no interior da criança), reforçando a importância do papel de uma outra pessoa no desenvolvimento da criança.

A teoria de Vygotsky sugere dois níveis de desenvolvimento: o nível de conhecimento real e o nível de conhecimento proximal. O primeiro refere-se ao nível de desenvolvimento das funções mentais da criança. Define funções que já amadureceram nela. O segundo representa a distância entre o nível de desenvolvimento real, onde a criança resolve situações independentemente, e o nível de desenvolvimento potencial, onde a criança resolve situações mediante o auxílio de um adulto ou de um companheiro mais capaz. Assim, a zona de desenvolvimento proximal é caracterizada por funções que ainda não amadureceram na criança. Para ele, a zona de desenvolvimento proximal é um instrumento que proporciona aos psicólogos e aos professores um entendimento sobre o processo interno do desenvolvimento da criança.

Segundo o autor, o aprendizado desperta processos internos de desenvolvimento que só conseguem se concretizar quando a criança interage com pessoas em seu ambiente, ou em cooperação com seus companheiros. Afirma ainda que "o desenvolvimento nas crianças nunca acompanha o aprendizado escolar, da mesma maneira como uma sombra acompanha o objeto que o projeta". Faz um alerta à escola, que precisa estar atenta ao curso de desenvolvimento da criança e reexaminar o problema da disciplina formal e sua importância do ponto de vista do desenvolvimento mental e global do aluno.

Constata-se que a escola precisa estar preparada para conhecer o aluno, e o pedagogo escolar deve orientar os professores da 4ª série, no sentido de prepararem os alunos para a 5ª série, em relação às possíveis mudanças que ocorrerão por conta de todo o processo de transição. Na escola estadual, o pedagogo deve realizar um diagnóstico dos alunos que estão chegando na 5ª série, a fim de que tenha conhecimento sobre o que os alunos sabem e pensam e, assim, possa repassar aos professores os dados coletados, para juntos elaborarem alternativas de trabalho segundo a realidade e necessidade dos alunos.

3.4. Dificuldades de aprendizagem

Vasconcellos (2005) considera que toda criança tem condições de aprender, desde que receba estímulo e acompanhamento adequados. Esta afirmação do autor é muito importante de ser registrada; contudo, há crianças que, para obterem um desenvolvimento apropriado, precisam de atendimento especializado de setores da saúde e de outros órgãos competentes. Faz-se necessário que os professores solicitem auxílio de outros profissionais especializados, através da representatividade da gestão da escola, para setores responsáveis, a fim de que o aluno receba o atendimento de que necessita.

Nesse sentido, o pedagogo, amparado pelo gestor escolar, a partir dos diagnósticos realizados e registros, tem a competência de solicitar ajuda para o aluno a outras instâncias, quando a escola já esgotou todas as possibilidades de auxílio.

3.5. Fracasso escolar

Hoffmann (2004) questiona quem são os responsáveis pelo fracasso escolar: se é o professor, o aluno ou a sociedade. Nessa abordagem a autora menciona a indiscutível contribuição das teorias de Piaget, com relação à prática avaliativa. Segundo Piaget, o conhecimento se dá nos diferentes estágios de desenvolvimento da pessoa. Para a autora, isso é preciso ser considerado pelo professor, que tradicionalmente sente-se culpado pelo fracasso do aluno. Por isso deve observar as características específicas do aluno para realizar atividades pedagógicas voltadas para as suas necessidades.

Nesse aspecto, a presença do pedagogo na escola vem esclarecer ao professor as possíveis causas que levam um aluno ao fracasso escolar. Deverá buscar alternativas de trabalho, junto ao professor, com o intuito de ajudar os alunos na superação de suas dificuldades. Além disso, o suporte pedagógico do pedagogo na escola mostrará ao professor que nem todo fracasso escolar é consequência de sua ação pedagógica, mas de fatores alheios à escola.

Ainda há que se considerar que a formação do professor nem sempre acompanha as exigências da realidade do cotidiano da escola. Nessa perspectiva, Abreu (2007, *apud* Dinis e Bertucci,), em pesquisas realizadas, diz que os professores têm grande dificuldade em lidar com questões que tradicionalmente estão além das atividades propriamente docentes, tais como a violência na sala de aula e a desatenção dos alunos. Com isso os encaminhamentos metodológicos para trabalhar os conteúdos acabam por ficar em segundo plano, pois os professores têm buscado uma formação continuada que trate de elementos correlacionados à resolução de problemas resultantes das atitudes dos alunos no contexto escolar. A autora relata também que os professores envolvidos no cotidiano escolar têm pouco espaço para a reflexão de sua prática pedagógica e, por isso, ficam mais vulneráveis a acatar textos prontos, manuais já elaborados e livros didáticos.

A reflexão do professor sobre sua ação pedagógica é fundamental para a sua atuação em sala de aula. Por isso, é importante que o pedagogo escolar articule na escola momentos de reflexão sobre as práticas pedagógicas dos professores, levando-os a estabelecerem uma interação entre as teorias pedagógicas existentes e as suas práticas. O pedagogo escolar, para realizar esses momentos de reflexão, poderá valer-se dos conhecimentos das ciências da educação (psicologia da educação, sociologia da educação, economia, linguística, etc.), a fim de que os professores reflitam sobre seu desempenho pedagógico. A reflexão sobre a relação entre teoria e prática é uma oportunidade que os professores têm para compartilharem suas experiências e reverem suas práticas pedagógicas. Deve-se considerar que toda mudança de uma ação pedagógica só ocorrerá na medida em que o professor internamente perceber que é preciso rever sua postura e ação pedagógica e, para isso, é preciso estudar e refletir.

3.6. Superação da reprovação

Vasconcellos (2005) afirma que a reprovação, em termos pedagógicos, não é a melhor solução para o aluno. Para o autor, a questão não é reprovar, condenando o aluno a passar pelas mesmas experiências, mas providenciar acompanhamento adequado para que ele possa vencer suas dificuldades. Esse é um grande desafio a ser vencido, pois a reprovação do aluno é, muitas vezes, a reprovação do trabalho do professor, da escola e do sistema no qual está inserido.

Segundo o autor, um aluno reprovado representa um alto custo, porque acaba ocupando o lugar de um novo aluno no ano seguinte, considerando o déficit de vagas no país. Uma questão não levantada pelo autor diz respeito aos problemas familiares que ocorrem quando um aluno reprova. Ou seja, todo o investimento realizado pela família não é contabilizado. E, finalmente, as perdas que o próprio aluno acarreta, enquanto pessoa que está em formação. Sente-se, muitas vezes, marginalizado diante da família, da escola e dos amigos. Acaba ficando fora da faixa etária e, por isso, prefere muitas vezes parar de estudar e ir trabalhar, para não precisar enfrentar a vergonha do fracasso que não é só dele. O custo de um aluno para os cofres públicos, que é mencionado por governantes e pela mídia, desconsidera que a escola teria menos reprovação se fosse mais eficaz e se atendesse melhor às necessidades específicas da aprendizagem dos alunos. Com isso, não seria necessário mascarar as aprovações de muitos deles. O governo deveria observar que a falta de investimento na educação está se revelando no fracasso escolar dos alunos. É preciso suprir as necessidades básicas da educação para que o aluno experimente o sucesso escolar.

É imprescindível que as escolas tenham um pedagogo escolar para ajudar no combate à evasão e à repetência escolar, considerando-se que esse profissional tem na sua essência a finalidade da formação humana e a minimização das diferenças sociais.

4. Os envolvidos no processo de transição dos alunos da 4ª para a 5ª série

4.1. O papel do pedagogo

Segundo Pimenta (2002), a escola brasileira mantém-se como privilégio da classe dominante e os altos índices de evasão e repetência nas escolas estaduais têm preocupado as secretarias de educação. E a luta em favor da escola pública é necessária para diminuir as diferenças entre as classes sociais. A escola deve ser a mediadora entre a condição concreta da vida da população e a sociedade global, e essa mediação se faz através dos profissionais que nela atuam.

Em seus estudos, a autora ressalta a importância do pedagogo na escola, seja ele orientador educacional, supervisor pedagógico ou administrador escolar, pois tem um repertório de conhecimentos das Ciências da Educação que pode ajudar a equipe da escola no cumprimento de sua função. Além disso, o pedagogo pode colaborar no processo de transformação da escola seletiva em escola popular, pois, na visão da autora, as escolas, apesar de públicas, não são populares, considerando-se os altos índices de seletividade e evasão. O pedagogo deve ter uma visão ampla da sua especificidade dentro da escola, já que a sua mediação vai desde a organização da escola e o trabalho docente até garantir condições para que os objetivos político-pedagógicos da escola sejam efetivados. Por isso, os educadores precisam se concentrar para abolir a seletividade e evasão das escolas públicas (PIMENTA, 2002).

O fato de que hoje há uma indecisão quanto ao papel do pedagogo e com relação a sua identidade, até mesmo dentro dos cursos de pedagogia, faz com que esse profissional sinta-se perdido com relação ao seu papel no espaço escolar. Há ainda que se considerar que os pedagogos que atuam na escola têm, muitas vezes, formações acadêmicas diversas, por conta das mudanças ocorridas ao longo dos tempos nos cursos de Pedagogia. Mas a atuação desse profissional, independentemente da sua especificidade, é imprescindível para o sucesso escolar dos alunos e para o auxílio ao professor.

A autora salienta também que na década de 40 o pedagogo (orientador educacional) era quem auxiliava o aluno na fase da adolescência, porque nessa faixa etária os conflitos e os desvios podem surgir, e como sua formação foi marcada pela psicologia, ajudava os alunos a enfrentarem as situações decorrentes desta fase.

Para a autora, cabe ao pedagogo escolar identificar as dificuldades de aprendizagem dos alunos, como também buscar formas de superação dessas. Esse trabalho implica em atuar juntamente com o professor, considerando-se que qualquer atividade relacionada à aprendizagem prevê a interação professor/aluno. Assim, o pedagogo será um assessor ao processo de ensino-aprendizagem na relação professor/aluno. Ou seja, a organização da escola compete aos profissionais docentes e não docentes. Isto requer um conhecimento de que professor e pedagogo têm tarefas diferentes, mas com um único objetivo comum, que é o sucesso escolar dos alunos.

A autora destaca a importância do pedagogo quando da chegada do aluno na escola. Ele poderá avaliar o(s) aluno(s) para conhecer melhor suas condições reais, para então definir procedimentos a adotar, a partir do que ensinar e de como ensinar. Essa avaliação possibilita saber o que o aluno pensa e o que sabe e pode ser pensada e elaborada juntamente com os professores, para então decidirem o que fazer diante do diagnóstico obtido. De outro lado, o pedagogo deve assessorar os professores quanto à elaboração de instrumentos de avaliação. É preciso também que os professores conheçam as predisposições do aluno em termos socioculturais e psicológicos para melhor atender as suas expectativas; por isso o pedagogo escolar deverá refletir com eles sobre essas questões.

Segundo Pinto (*in* Pimenta 2002), o curso de Pedagogia não sofre de nenhum problema de identidade, identificando-se como um curso que estuda as questões voltadas para a educação, para a escola e para o ensino. Para ele, os especialistas da educação devem desenvolver seu trabalho em função da qualidade do processo de ensino e de aprendizagem que ocorre na sala de aula.

Libâneo (2008), em seus estudos, mostra que há uma sucessão histórica de ambiguidades e indefinições no campo do conhecimento e da formação intelectual e profissional do pedagogo no Brasil. Menciona a suspensão das habilitações convencionais (administração escolar, orientação educacional, supervisão escolar) e o investimento de um currículo centrado na formação de professores das séries iniciais do Ensino Fundamental. Segundo ele, são mais de cinquenta anos de controvérsias em torno da manutenção ou extinção do curso, havendo um questionamento quanto à identidade da Pedagogia e as ambiguidades quanto à natureza deste curso.

Para o autor, a atuação do pedagogo escolar é fundamental no auxílio aos professores no aprimoramento do seu desempenho na sala de aula, na análise e compreensão das situações de ensino com base em conhecimentos teóricos. Ele enfatiza que a presença do pedagogo na escola supõe a melhoria da qualidade da oferta de ensino para a população. E o fato de que o pedagogo recebe a tarefa de coordenar e prestar assistência didático-pedagógica ao professor não supõe que ele deva dominar os conteúdos de todas as áreas do conhecimento. Sua contribuição deverá estar voltada para a interseção entre a teoria pedagógica e a sala de aula.

Segundo o autor, a Pedagogia envolve intervenção humana e, por isso, um comprometimento moral de quem a realiza. É uma ciência da formação humana e, no que se refere ao ato educativo, ela é plural, tendo várias vias para analisá-lo e compreendê-lo: o sociológico, o psicológico, o biológico. Assim, a formação global do ser humano continua sendo condição de humanização e tarefa da Pedagogia.

Outra função que cabe ao pedagogo escolar é a de articulador do uso das tecnologias de informações que estão disponíveis no contexto escolar em que atua como ferramenta de trabalho que auxilie os professores na sua ação pedagógica.

Campos (2008) enfatiza que, com a chegada de recursos tecnológicos na escola, é preciso o envolvimento de todos os segmentos da escola (diretores, coordenadores, professores, alunos e comunidade) para que o uso dessas ferramentas seja efetivado na escola. Como já foi citado anteriormente, o pedagogo escolar deve identificar as dificuldades de aprendizagem do aluno ao ingressar na escola. No caso dos alunos da 5ª série, é imprescindível que o pedagogo faça um diagnóstico sobre a aprendizagem desses alunos no sentido de propor ações pedagógicas que ajudem na superação de dificuldades apresentadas. A partir do levantamento desses dados, o pedagogo poderá propor aos professores das diversas áreas do conhecimento atividades utilizando as tecnologias presentes na escola como apoio ao processo ensino/aprendizagem. A Internet como recurso tecnológico utilizado na aprendizagem dos alunos na faixa etária da 4ª e 5ª séries é importante e necessária, porque oportuniza ao aluno a articulação de vários conhecimentos sobre sua realidade local e de outros lugares. Contudo, as atividades com a Internet deverão ocorrer sob a orientação dos adultos, considerando-se que nessa fase da vida os alunos ainda não distinguem a realidade da ficção e, portanto, precisam ser conscientizados sobre os aspectos positivos e negativos proporcionados por ela.

Em seus estudos, o autor diz que os coordenadores pedagógicos afirmam que conhecem muito pouco sobre a informática educativa. Por isso, é preciso que o pedagogo escolar prepare-se constantemente para atender as exigências e necessidades da educação, considerando-se que sua atuação na escola no papel de articulador e orientador das atividades pedagógicas requer que esteja capacitado para exercer essa função. O pedagogo escolar precisa conhecer e saber utilizar as tecnologias existentes para que possa orientar o uso dessas aos professores e aos alunos.

4.2. O papel dos professores

No que se refere ao papel docente, há que se considerar as contribuições de teóricos que evidenciam a importância do professor no desempenho escolar dos alunos.

Mahoney (2003) aborda em seus estudos a teoria de Wallon, que diz que a escola facilita o desenvolvimento da criança e, por isso, deve cultivar a convivência em grupo sem perder a referência individual dos alunos. Nesse aspecto, é possível constatar que o professor deve proporcionar momentos de atividades individuais e coletivas com os alunos, contribuindo assim para o melhor desempenho deles. Outro aspecto apontado pela autora refere-se ao fato de que Wallon fala que a criança precisa dos adultos para superar suas dificuldades. Assim, mais uma vez percebe-se a importância do professor no desempenho escolar dos alunos como mediador. A autora menciona que Wallon vê os aspectos cognitivo e afetivo como indissociáveis, sendo necessário haver uma preocupação em ver o aluno como um todo, compreendendo melhor os problemas de indisciplina que muitas vezes ocorrem na escola. Ela enfatiza que Wallon valoriza o trabalho do professor, reforça a autoestima dele como um ser indispensável para o desenvolvimento do aluno.

Almeida (2003) aborda a contribuição de Rogers para a Educação. Segundo a autora, a teoria dele parte de princípios da "Abordagem Centrada na Pessoa: a confiança no ser humano, o respeito pelo outro, a preocupação em colocar-se no lugar do outro, o cuidado com autenticidade". Pode-se dizer que estes princípios são desafios diários no trabalho do professor, que precisa, muitas vezes, romper com velhas teorias e posturas para melhor desempenhar sua função e colaborar no processo de aprendizagem do aluno.

Torres (2005) diz que a educação está em crise. Há um modelo educativo vencido que já cumpriu com sua função, mas que não atende mais às necessidades de hoje. É necessário que haja uma mudança profunda e integral. A reflexão da autora refere-se especiamente ao modelo pedagógico tradicional, baseado na transmissão/acumulação de conhecimentos, que ainda hoje está fortemente presente nas salas de aula. A mudança deve acontecer considerando-se a rápida obsolescência do conhecimento, onde há uma distância entre o "saber escolar" e o "saber social", a difusão massiva da informação possibilitada pelas tecnologias disponíveis e o papel do professor nessa mudança. Enfatiza não somente a necessidade de revisar os conteúdos curriculares como também modificar radicalmente o modelo pedagógico para que se adapte às novas necessidades dos alunos. A autora acrescenta que há uma tendência em negar a verdadeira magnitude da repetência e da evasão escolar, sem considerar os diversos fatores que estão por trás desse cenário, e que a reprovação caracteriza problemas de eficiência interna do sistema educacional.

Diante do exposto, os professores devem valer-se dos recursos didáticos e pedagógicos disponíveis como meios alternativos que auxiliem na minimização e superação do fracasso escolar. E os recursos tecnológicos devem ser utilizados como ferramentas de auxílio à sua ação pedagógica. Ressalta-se que a tecnologia presente no contexto escolar deve estar a serviço de um melhor desempenho do trabalho do professor e da aprendizagem do aluno.

Viana (2004) diz que o aluno constrói a sua visão de mundo através de um conjunto de espaços que trabalham com o conhecimento. Assim, o uso de tecnologias variadas colabora para que o aluno que está em processo de transição da 4ª para a 5ª série seja preparado para acompanhar os diversos conhecimentos que são trabalhados na 5ª série. É preciso considerar a dificuldade de organização e adaptação do aluno que sai da primeira etapa do Ensino Fundamental, onde a maioria das escolas possui cerca de três professores (um que trabalha com a área de Artes, um com Educação Física e outro com as demais áreas do conhecimento) e, ao ingressar na segunda etapa do Ensino Fundamental, depara-se com aproximadamente nove professores de diferentes áreas de conhecimento. Diante disso, o trabalho pedagógico com as tecnologias pode auxiliar o aluno na sua adaptação às exigências de cada etapa escolar.

Para a autora, é importante que o professor selecione as mídias que utilizará nas suas aulas conforme os objetivos de aprendizagem e que se adapte aos diferentes níveis de habilidade do aluno, respeitando seu desenvolvimento. Os professores que atuam na 4ª e na 5ª séries devem utilizar os recursos tecnológicos na sua ação pedagógica, observando a faixa etária de seus alunos. Para isso, devem participar de cursos voltados para o uso pedagógico das tecnologias. Além disso, as mantenedoras das escolas devem proporcionar capacitação permanente aos professores, já que há uma acelerada evolução dos recursos tecnológicos.

Campos (2008) diz que o emprego da informática na escola amplia as possibilidades de concretização do conhecimento, pois com ela é possível trabalhar com sons, imagens e vídeos como atrativos para chamar a atenção dos alunos. No processo de transição dos alunos da 4ª para a 5ª série, esses recursos didáticos concretos, proporcionados pela informática, colaboram para a sua aprendizagem, considerando-se que nessa faixa etária estão em processo de construção do seu desenvolvimento cognitivo abstrato.

Villard e Oliveira (2005) valem-se da teoria de desenvolvimento cognitivo de crianças e adolescentes, segundo Jean Piaget, para enfatizarem que, na faixa etária que vai de sete a doze anos, a criança transita no estágio de desenvolvimento das operações concretas (estágio em que se desenvolve apoiada em material concreto; forma e ordena classes e séries de objetos) para o estágio da abstração e da generalização (estágio que corresponde ao pensamento hipotético-dedutivo e onde se dá o desenvolvimento da personalidade e da inserção no mundo adulto). Para as autoras, o adolescente prescinde de objetos concretos para basear seu raciocínio.

Segundo as autoras, a inclusão de múltiplas mediações com os meios virtuais entre o professor e o aluno estimula a autonomia do aluno e pode tornar mais prazeroso e dinâmico o desenvolvimento cognitivo e a aprendizagem deste, considerando-se que as crianças e adolescentes têm grande motivação para manusear computadores, jogos e demais aparelhos eletrônicos.

As autoras salientam que o computador está presente na vida da criança moderna, o que afeta ativamente a construção de sua identidade. Então, é necessário que os professores de 4ª e 5ª séries estejam preparados para utilizarem e orientarem os alunos quanto ao uso das tecnologias, pois nessa faixa etária ainda são imaturos e precisam da mediação dos adultos para que utilizem o computador de forma crítica e reflexiva.

4.3. O papel dos pais

Segundo Aranha e Martins (1986), o adolescente precisa elaborar suas perdas, a do corpo infantil, da identidade infantil e a perda dos pais da infância. O adolescente questiona a respeito de seu corpo, de sua identidade e ao mesmo tempo hostiliza seus pais, deseja atenção. Tanto deseja viver sua nova vida quanto sente que perdeu seus familiares de infância que lhe deram segurança. Do mesmo modo que depende de seus pais para comer e vestir, ele questiona e diverge da conduta deles. Rejeita que os pais contrariem suas decisões, porém conta com eles para a execução delas. Os pais também apresentam conduta ambígua em relação aos seus adolescentes, porque ora exigem deles uma atitude adulta diante dos fatos, ora os tratam como crianças. Esse momento é chamado de "situação de crise", onde há ruptura, onde o antigo equilíbrio desaparece e dá lugar ao novo. Uma crise que pode ser uma condição para o crescimento.

Os pais precisam acompanhar os filhos durante o processo de transição da 4ª para a 5ª série, onde ocorrem mudanças biopsicosocioculturais, ajudando-os a superarem as dificuldades encontradas, a fim de obterem um melhor desempenho pessoal e escolar.

Chechia e Andrade (2002), no artigo "Representação dos pais sobre o desempenho escolar dos filhos", dizem que o diálogo entre a escola e a família coopera para um equilíbrio no desempenho escolar dos alunos. Constataram que a ausência dos pais nas reuniões escolares demonstra o desinteresse pela vida escolar dos filhos. Por isso, cabe à escola buscar alternativas que levem os pais a uma efetiva participação nas atividades escolares.

5. Impacto das mídias no aprendizado dos adolescentes

Neste campo de pesquisa há contribuição de Delval (2001), que aborda o tema "A televisão e a escola" referindo-se ao poder que os meios de comunicação exercem na população. Destaca a televisão como o meio que mais compete com a escola.

Para o autor, a televisão produz uma desvalorização do trabalho dos professores e da escola, pois os alunos acreditam mais no que a televisão anuncia do que o que aprendem na escola. E este é o grande desafio da escola: facilitar uma aprendizagem baseada num pensamento crítico não apenas diante da televisão, mas diante da vida.

O papel do pedagogo da escola, com relação à influência das mídias no aprendizado dos adolescentes, deve ser de orientador de pais e professores, a partir dos estudos e pesquisas disponíveis sobre os efeitos benéficos e maléficos que podem ocasionar nos adolescentes na faixa etária da 4ª e 5ª séries. Deve-se considerar que esses alunos estão em processo de formação e ainda não estão com seu senso crítico totalmente formado. Aliado a isso, deverá refletir com os professores como devem ser utilizados os recursos tecnológicos disponíveis na escola de forma pedagógica e responsável.

Relativamente à atenção dos pais no processo de aprendizagem dos filhos, é importante que analisem também a interferência das mídias, fortemente presente nas aprendizagens de crianças e jovens e influenciando o seu agir e pensar.

A televisão é o meio que mais tem levado o telespectador a criar opiniões, considerando que há pessoas que ficam horas do dia assistindo-a. Há uma divergência entre os aspectos positivos e negativos da televisão, pois, há pessoas que atribuem a ela a difusão da cultura e há pessoas que atribuem os males sociais, como a violência juvenil (DELVAL, 2001).

O autor não nega a importância da difusão dos meios de comunicação, seja da imprensa, do rádio, da televisão e da Internet, como fontes de informação e conhecimento. Mas a televisão, em especial, contribui grandemente para a formação dos indivíduos, sendo necessário perceber a forma, o conteúdo e o tempo de uso pelas pessoas.

É preciso salientar que a televisão só conseguirá ter esse domínio sobre as pessoas que estão vulneráveis em seus conceitos e valores de vida. As pessoas que não desenvolveram seu senso crítico em relação aos vários segmentos da vida poderão sim ser levadas ao engano não apenas pela televisão, mas por qualquer pessoa ou recurso tecnológico.

Um estudo realizado pela UNESCO sobre a violência nos meios de comunicação de massa, sob a supervisão do Professor Dr. Jo Groebel (1998), relata dados pesquisados de 23 países, de todas as regiões do mundo, dentre os quais o Brasil. A pesquisa foi feita com crianças de doze anos ou mais. A escolha dessa faixa etária ocorreu por demonstrar ser a idade de doze anos o período em que há um alto interesse das crianças pela mídia, além de estarem passando por um processo de socialização e começando a se tornar adolescentes e interessados nos modelos dos adultos. Foram pesquisadas crianças oriundas de ambientes rurais e metropolitanos e com alto e baixo índice de violência. Nesse estudo, constatou-se que as crianças do mundo inteiro passam, em média, três horas diárias em frente à televisão e que essas passam pelo menos 50% ligadas mais a esse meio de comunicação do que em qualquer outra atividade. Destacou-se que a televisão é fator primordial de socialização e domina a vida das crianças nas regiões urbanas e nas rurais onde há energia elétrica.

Esse estudo mostra que os meninos são fascinados pelos heróis agressivos disseminados pela mídia e as meninas estão mais atentas aos músicos e às estrelas. E, dependendo das características das crianças e de suas experiências, a violência na mídia funciona como uma "compensação" das suas frustrações e carências. O filme por si só não se constitui em um problema, mas contribui para o desenvolvimento de uma cultura de agressividade. Além disso, o volume de conteúdos de agressividade que é consumido pelos jovens na faixa etária dos doze anos aumentou muito com a proliferação dos meios de comunicação de massa.

A pesquisa destaca que muitos vídeos apresentam cenas realistas de tortura, assassinatos e jogos que estimulam a mutilação de inimigos, e a internet tem se tornado uma plataforma para a pornografia infantil e um culto à violência. E que as causas primárias de comportamento agressivo são encontradas no interior da família, nos grupos de amizade e nas condições socioeconômicas nas quais as crianças são formadas. Daí a necessidade de identificar até que ponto os meios de comunicação de massa propagam a violência, buscando possibilidades de prevenção, considerando-se que a violência exibida na mídia pode estimular a agressão.

Esses estudos mostram que as crianças geralmente não conseguem distinguir a realidade da ficção, aceitando o que assistem sem fazer questionamentos. Com isso, os filmes violentos podem estimular a sua agressividade. As crianças que ficam expostas muito tempo diante de cenas que promovam a violência podem ser influenciadas, desencadeando um comportamento conforme os padrões visualizados.

Finalmente, a pesquisa realizada pela UNESCO enfatiza que, dependendo do ambiente "real" onde a criança está inserida, a violência da mídia pode apresentar diferentes funções.

6. Encaminhamento metodológico

Uma possibilidade de minimizar o fracasso escolar na 5ª série do Ensino Fundamental é a formação de grupo de estudos envolvendo pedagogos e professores de 4ª e 5ª séries para refletirem sobre os problemas decorrentes do processo de transição dos alunos, considerando a mudança de espaço físico, da esfera municipal para a estadual, as mudanças biopsicosocioculturais que ocorrem na faixa etária compreendida por esses alunos e as influências das mídias nos adolescentes.

Para formar um grupo de estudos envolvendo esses profissionais é necessário que haja uma parceria entre a esfera municipal e a estadual, na qual os envolvidos nesse estudo estejam dispostos a refletir sobre suas práticas e os problemas observados na 4ª e 5ª séries, à luz das teorias sobre os fenômenos que ocorrem nos adolescentes nessa faixa etária.

É importante focar o estudo a partir de dados estatísticos levantados sobre evasão e repetência escolar ou outros dados que reflitam os problemas reais das escolas. Para tanto, é necessário buscar nessas reflexões alternativas de superação das dificuldades encontradas, sem procurar culpados, realizando ações coletivas para o mesmo objetivo.

Para que se efetive o grupo de estudos é preciso proporcionar recursos impressos e tecnológicos que ajudem na condução dos estudos, sejam textos teóricos, *slides* com levantamentos de dados, gráficos e outros materiais disponíveis. Além disso, é indispensável a disposição desses profissionais para estudar, refletir e propor ações que contribuam para a minimização das dificuldades decorrentes do processo de transição dos alunos de 4ª e 5ª séries, considerando não apenas as dificuldades escolares, mas também aquelas que fazem parte do desenvolvimento natural das crianças e adolescentes nesse período de suas vidas.

Sobre o uso das tecnologias como ferramenta de apoio às ações educativas na sala de aula com os alunos de 4ª e 5ª séries é possível dizer: são recursos que ajudam o desenvolvimento do trabalho do professor no processo de aprendizagem dos alunos. De um lado, o professor da 4ª série pode realizar atividades nas quais os alunos sejam expostos a novas aprendizagens, despertando a curiosidade e o interesse em assuntos a serem abordados a partir da 5ª série. De outro, o professor da 5ª série deve proporcionar atividades diversas para esse novo público, valendo-se dos recursos tecnológicos como meios atrativos na construção do conhecimento dos alunos.

Moran (2000) fala da importância de integrar na aprendizagem todas as tecnologias: telemáticas, audiovisuais, lúdicas, textuais e as musicais como ferramenta de apoio ao processo de ensino e de aprendizagem dos alunos. Segundo ele, passa-se muito rápido do livro para a televisão e o vídeo, e desses para a Internet, sem que se saiba explorar todas as possibilidades de cada um desses recursos. Por isso, o professor deve encontrar formas mais adequadas de integrar as várias tecnologias e os procedimentos metodológicos que utiliza.

Para o autor, o vídeo e a televisão partem do concreto, daquilo que toca todos os sentidos, explorando o ver, o visualizar, os cenários, as cores, as relações espaciais, imagens estáticas e dinâmicas, câmeras fixas ou em movimento, personagens quietos ou não. Nessa perspectiva, os professores de 4ª e 5ª séries podem valer-se desses recursos tecnológicos para um melhor desempenho de sua prática pedagógica e para dar aos alunos outras formas de aprendizagem que não apenas as da linguagem escrita, lembrando-se de que, nessa faixa etária, os alunos ainda estão no nível de aprendizagem onde necessitam de abordagens concretas para construírem o seu desenvolvimento cognitivo abstrato.

O autor também diz que o computador no contexto escolar permite pesquisar, descobrir novos conceitos, novos lugares e ideias. E com a Internet pode-se proporcionar novas formas de aprender e de ensinar. O professor poderá incentivar os alunos a aprender a navegar na Internet e que tenham seu endereço eletrônico, criando uma lista interna de cada turma para interagirem virtualmente. Essa sugestão do autor mostra que o uso da Internet no contexto escolar deve estar a serviço da aprendizagem. Isso exige muita atenção do professor, que, diante de tantas possibilidades de informação, deve selecionar as mais importantes para a aprendizagem do aluno. O professor de 4ª e 5ª séries deve fazer uso dessa ferramenta como material de apoio ao seu trabalho, orientando e mediando a utilização desse recurso, lembrando que os alunos nessa faixa etária ainda não têm maturidade para distinguir a realidade da ficção e que, portanto, precisam de orientação quanto ao uso da Internet como apoio à aprendizagem. Destaca-se que nessas séries o aluno precisa desenvolver a sua intuição, a flexibilidade mental e a adaptação a ritmos diferentes, o que, segundo o autor, são possibilidades proporcionadas pela Internet.

No caso do uso da Internet como ferramenta de apoio à aprendizagem do aluno, é preciso considerar que a sua utilização será positiva quando fizer parte do PPP (Projeto Político Pedagógico) da escola, contemplando a participação ativa de todos os profissionais envolvidos no processo de aprendizagem do aluno e sendo estimulados a um aprendizado constante.

7. Case

Para exemplificar, será apresentada a experiência de um grupo de estudos realizado numa cidade do Estado do Paraná envolvendo professores de 4ª e 5ª séries, um pedagogo e um gestor escolar.

Reuniu-se um grupo de dezessete professores, sendo: dez de escolas estaduais (incluindo um pedagogo e um diretor); seis oriundos de escolas municipais e mais o coordenador do grupo de estudos.

Os estudos ocorreram durante oito encontros de quatro horas, totalizando 32 horas de reflexões e análise sobre uma pesquisa de campo realizada em 2008, no Colégio Estadual X e na Escola Municipal Y. Essa pesquisa foi realizada com alunos e professores da 5ª série, pedagogos, direção e pais de alunos da 5ª série do Colégio Estadual X e com professores e alunos da 4ª série da Escola Municipal Y.

Em cada um desses encontros, os professores estudaram os dados levantados na pesquisa de campo realizada nas escolas e elaboraram propostas de ações que serão apresentadas em um "Projeto de Transição da 4ª para a 5ª série", que será organizado pelo professor coordenador do grupo com a colaboração dos envolvidos nesse estudo.

Os estudos realizados demonstraram a importância da integração e da reflexão dos professores sobre o processo de transição dos alunos da 4ª para a 5ª série, apesar da desistência de cinco professores municipais e um estadual, no decorrer do processo, o que prejudicou algumas discussões. Contudo, a contribuição de todos os participantes foi de grande valia, o que comprova que é preciso haver um diálogo entre os professores das séries iniciais (1ª a 4ª) e os das séries finais (5ª a 8ª) do Ensino Fundamental. O fato de que esse grupo de estudos ocorreu de forma intensiva no primeiro semestre de 2009, envolvendo seis sábados e duas sextas-feiras, desencadeou a desistência de alguns professores, dentre outros motivos apresentados. Por isso, é necessário que haja um cronograma mais extensivo para realizar um grupo de estudos, observando-se que os profissionais da educação geralmente trabalham em mais de um espaço escolar, realizam cursos de especialização nos sábados e têm sábados letivos para trabalharem na escola. Com isso, têm dificuldade de participarem de momentos de estudo necessários para o seu desempenho profissional.

É fundamental que haja políticas educacionais públicas que viabilizem grupos de estudos, focados no processo de transição da 4ª para a 5ª série, como parte da formação continuada dos professores.

Os gráficos a seguir ilustram e justificam a necessidade de realizar um grupo de estudos com professores de 4ª e 5ª séries:

a) Os dados mostrados na Figura 1 revelam o alto índice de repetência e evasão escolar na 5ª série do Ensino Fundamental do **Colégio Estadual X** e motivaram a formação do grupo de estudos com professores de 4ª e 5ª séries.

Dados	2005	Perc 1	2006	Perc 2	2007	Perc 3
Matriculados	190	100,00%	263	100,00%	244	100,00%
Afastados por abandono	7	3,68%	17	6,46%	26	10,66%
Afastados por transferência	13	6,84%	22	8,37%	27	11,07%
Aprovados	121	63,68%	116	44,11%	124	50,82%
Reprovados	49	25,79%	108	41,06%	67	27,46%

Figura 1 – Repetência e evasão na 5ª Série do Colégio Estadual X
Fonte: Censo Escolar do Colégio Estadual X

b) Os dados da Figura 2 revelam as maiores dificuldades dos alunos da 5ª série 2008 do **Colégio Estadual X**, na visão dos 29 professores pesquisados.

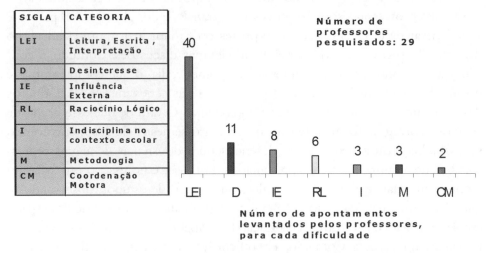

Figura 2 – Maiores dificuldades de aprendizagem na 5ª série 2008 do Colégio Estadual X.
Fonte: Censo Escolar do Colégio Estadual X

c) Na **Escola Municipal Y** as maiores dificuldades de aprendizagem da 4ª série 2008, na visão dos professores, são:

- Interpretação: leem, mas não entendem.
- Problemas e contas que envolvam divisão.

8. Conclusão

O pedagogo tem um papel fundamental no processo de transição dos alunos da 4ª para a 5ª série, no sentido de dar orientações para professores, alunos e pais a respeito de todas as possíveis mudanças que ocorrem na faixa etária em que se encontram. A formação acadêmica do pedagogo contempla conhecimentos que lhe dão condições de encaminhar momentos de reflexão com professores e pais sobre os fatores que ocorrem nesse processo de transição, sugerindo ações que possam ajudar os alunos a enfrentarem os desafios desse período de sua vida escolar e pessoal, cooperando para a minimização do fracasso escolar.

A postura do pedagogo frente aos desafios enfrentados nessas séries deve ser de um mediador das diversas situações que ocorrem no cotidiano escolar, estabelecendo relações entre a prática do dia a dia escolar e as teorias existentes, que procuram explicar algumas questões já pesquisadas cientificamente. Ou seja, ele deve levar os professores a refletirem as suas práticas e problemáticas à luz das teorias disponíveis.

Por isso é fundamental que haja uma parceria entre a esfera estadual e a municipal em se tratando do Ensino Fundamental, com o propósito de diminuir o impacto provocado na transição dos alunos de 4ª e 5ª séries, considerando-se que as mudanças não se restringem apenas aos espaços escolares, mas também às de ordem biopsicosocioculturais que se apresentam nessa faixa etária.

Finalmente, é preciso que Estado e Municípios se integrem através políticas públicas educacionais para enfrentarem os desafios decorrentes desse processo de transição, minimizando o fracasso escolar.

9. Questões para reflexão

a) Em sua opinião, qual deve ser o papel do pedagogo escolar em relação ao processo de transição dos alunos de 4ª e 5ª séries?
- Sobre quais assuntos o pedagogo que atua na escola de 1ª a 4ª série deve refletir com os professores a fim de melhor prepararem os alunos para o processo de transição da 4ª para a 5ª série?

- Que estudos e reflexões deverão ser propostos pelo pedagogo da escola de 5ª série aos professores que atuarão com os alunos de 5ª série?
b) Você acredita que a fragmentação do Ensino Fundamental, entre as séries iniciais (1ª a 4ª) e as finais (5ª a 8ª), que ocorre da 4ª para a 5ª série, tem influência no desempenho escolar dos alunos?
    - Qual a sua opinião sobre a fragmentação curricular que ocorre da 4ª para a 5ª série, considerando-se que, até a 4ª série, a maior parte das escolas está sob o governo municipal e a partir da 5ª série, sob o governo estadual?
    - Além da fragmentação curricular, que outros aspectos devem ser considerados no processo de transição dos alunos da 4ª para 5ª série?
c) Como você vê a influência das mídias nos adolescentes na faixa etária da 4ª e 5ª séries?
    - Qual é o papel da escola com relação à conscientização do uso da Internet, considerando-se que na faixa etária dos alunos de 4ª e 5ª séries eles ainda não conseguem discernir a realidade da ficção?
    - As escolas estão preparadas pedagogicamente para trabalharem com as tecnologias disponíveis?
d) Qual a importância de um projeto de transição da 4ª para a 5ª série, envolvendo a esfera municipal e a estadual?
    - Como lidar com a falta de integração entre a esfera municipal e a estadual, considerando-se o processo de transição dos alunos da 4ª para 5ª série?
    - Como estabelecer uma parceria pedagógica entre a escola municipal e a estadual para juntas enfrentarem os problemas decorrentes do processo de transição dos alunos?
e) Qual é a importância da parceria entre a escola e a família no desempenho escolar dos alunos de 4ª e 5ª séries?
    - Até que ponto a vida familiar influencia o desempenho escolar dos filhos?
    - Que ações devem ser desenvolvidas na escola a fim de buscar a parceria dos pais nas atividades do cotidiano da escola?

10. Tópico para discussão

10.1. O dilema dos celulares na sala de aula

Os celulares têm sido foco de muitos conflitos na escola entre professores e alunos porque, em meio a aula, os telefones tocam, os alunos atendem e a aula vai para o espaço. Essa é uma reclamação constante que os professores apresentam no cotidiano da escola. As pesquisas têm revelado que desde a faixa etária dos oito anos os jovens já estão utilizando celulares no seu dia a dia. E quando os alunos chegam na 4ª e 5ª séries os celulares também os acompanham e isto dificulta o trabalho na escola, ainda que a utilização desses na sala de aula seja proibida legalmente. De outro lado, a escola fica entre a intransigência dos alunos, que insistem em utilizar os aparelhos na sala, e a postura de muitos pais, que usam esse recurso como meio de controlar os filhos. Normalmente as situações de conflitos de uso de celulares dentro da sala de aula vão parar na sala do pedagogo. E o que fazer?

Para essa reflexão, acesse os endereços eletrônicos a seguir, que possuem reportagens sobre a questão do uso do celular na sala de aula e reflita qual deve ser a postura do pedagogo escolar frente aos conflitos gerados pelo uso do celular em sala de aula.

Endereços eletrônicos:

http://tribunadonorte.com.br/noticia/celular-gera-conflitos-dentro-de-sala-de-aula/46989
Reportagem: Celular gera conflitos dentro da sala de aula, de 15/07/2007.

http://revistaepoca.globo.com/Revista/Epoca/0,,EMI63271-15518,00.html
Reportagem: A relação entre as crianças e o aparelho celular, de 08/03/2009.

10.2. Uso da tecnologia na aprendizagem de português e matemática na 4ª e 5ª séries

Os alunos de 4ª e 5ª séries apresentam dificuldade de aprendizagem nas áreas de Língua Portuguesa e Matemática. Isto tem sido evidenciado tanto nas pesquisas realizadas nessas séries quanto na fala dos professores. Por isso há uma grande preocupação por parte do governo em buscar alternativas de superação dessas dificuldades. Nesse sentido, a Secretaria de Ensino do Distrito Federal (SE-DF) desenvolveu dois programas: Português em Foco e Matemática em Foco, que estão sendo utilizados como ferramenta pedagógica nas áreas de português e matemática nas escolas do Distrito Federal. A iniciativa de uso de um recurso tecnológico como auxílio na aprendizagem de português e matemática na 4ª e 5ª séries mostra que a tecnologia é uma ferramenta que ajudará o aluno a ter um melhor desenvolvimento cognitivo e a adaptar-se às exigências que a 5ª série requer. Mas, para isso, é preciso que as mantenedoras (estado e município) invistam apenas em *softwares*? E quanto ao investimento na capacitação de todos os envolvidos no processo educativo? Para melhor compreensão da iniciativa da Secretaria de Ensino do Distrito Federal, acesse os endereços eletrônicos a seguir.

http://www.agenciabrasilia.df.gov.br/042/04299003.asp?ttCD_CHAVE=81716

http://www.iesb.br/moduloonline/napratica/?fuseaction=fbx.Materia&CodMateria=4518

11. Para saber mais sobre o tema

PLACCO, V. M. N. S. (Org.). Psicologia & educação: revendo contribuições. São Paulo: Editora EDUC, 2003.

SOARES, M. **Linguagem e escola**: uma perspectiva social. 7. ed. São Paulo: Editora Ática, 1989.

TIBA, I. **Seja feliz meu filho**. São Paulo: Editora Gente, 1995.

_____. **Adolescentes: quem ama, educa**! São Paulo: Editora Integrare, 2005.

Referências

ARANHA, M. L. A.; MARTINS, M. H. P. **Filosofando – introdução à filosofia**. São Paulo: Editora Moderna, 1989.

BARBOSA, A. R. **A relação estado/município na passagem da 4ª para a 5ª série em Curitiba**. Curitiba, 2008. Dissertação (Mestrado em Educação) – Programa de Pós-Graduação em Educação, Universidade Federal do Paraná. Curitiba, 2008. Disponível em: <http://hdl.handle.net/1884/14714>. Acesso em: 30 jun. 2009.

BECKER, F. **A origem do conhecimento e a aprendizagem escolar**. Porto Alegre: Artmed, 2003.

CAMPOS, M. A. M. N., DUATE, R. **O contexto dos novos recursos tecnológicos de informação e comunicação e a escola**. Educ. Soc., Campinas, vol. 29, n. 104 - Especial, p. 769-789, out. 2008.

CHECHIA, V. A.; ANDRADE, A. S. **Representação dos pais sobre o desempenho escolar dos filhos**. In: SEMINÁRIO DE PESQUISA, V, Ribeirão Preto, Tomo II, Livro de Artigos, p. 207-219, 2002.

DELVAL, J. **Aprender na vida e aprender na escola**. Trad. Jussara Rodrigues. Porto Alegre: Artmed, 2001.

DINIS, N. F.; BERTUCCI, L. M. (Org.). **Múltiplas faces do educar:** processos de aprendizagem, educação e saúde, formação docente. Curitiba: Editora UFPR, 2007.

GROEBEL, J. **Percepção dos jovens sobre a violência nos meios de comunicação**. Brasília: Unesco, c1998.

HOFFMANN, J. **Avaliação mediadora**: uma prática em construção da pré-escola à universidade. 23. ed. Porto Alegre: Editora Mediação, 2004.

LDB N° 9.394/96. **Leis de decretos federais**. Edição atualizada até março de 2008. Organizadores: José Roberto Faria e Vilma de Souza.

LIBÂNEO, Jose Carlos. **Pedagogia e pedagogos para quê**. 10. ed. São Paulo, Cortez, 2008.

MERCADO, L. P. L. (Org.). **Tendências na utilização das tecnologias da informação e comunicação na educação.** Maceió: EDUFAL, 2004.

MORAN, J. M.; MASETTO, M. T.; BEHRENS, M. A. **Novas tecnologias e mediação pedagógica.** Campinas: Papirus, 2000.

PIAGET, J. **Seis estudos de psicologia**. Trad. Maria Alice Magalhães D'Amorim; Paulo Sérgio Lima Silva. 15. ed. Rio de Janeiro: Editora Forence-Universitária, 1987.

PIMENTA, S. G. **O pedagogo na escola pública**. 4. ed. São Paulo: Edições Loyola, 2002.

PIMENTA, S. G. (Org.). **Pedagogia e pedagogos**: caminhos e perspectivas. São Paulo: Cortez, 2002.

TORRES, R. M. **Que (e como) é necessário aprender?**: necessidades básicas de aprendizagem e conteúdos curriculares. Campinas: Papirus, 1994.

VASCONCELLOS, C. S. **Avaliação**: concepção dialética-libertadora do processo de avaliação escolar. 15. ed. São Paulo: Libertad 2005.

VILLARD, R.; OLIVEIRA, E. G. de. **Tecnologia na educação**: uma perspectiva sócio-interacionista. Rio de Janeiro: Dunya, 2005.

VYGOTSKY, L. S. **A formação social da mente**: o desenvolvimento dos processos psicológicos superiores. Trad. José Cipolla Neto, Luis Silveira Menna Barreto, Solange Castro Afeche. 4. ed. São Paulo: Martins Fontes, 1991.

ARTIGO 15

Processo de Ensino das Escolas Brasileiras e as Especificidades dos Formadores Universitários

Egon Walter Wildauer

Sumário

1. Introdução 91
2. Elementos para o desenvolvimento do conhecimento 92
3. Capital ambiental 95
4. Inteligência competitiva 96
   4.1. Capital estrutural. 98
   4.2. Capital intelectual 99
   4.3. Capital de relacionamento 100
5. Como fazer a sinergia entre capitais do conhecimento 100
6. Definição de uma estratégia competitiva 104
7. Estratégia competitiva para facilitar o gerenciamento de mudanças 106
8. Pensamento lógico 109
9. Pensamento intuitivo 110
10. Ciclo de vida do processo de ensino (CVP) e a sociedade do conhecimento 112
11. Posicionamento e diferenciação 115
12. Marketing de relacionamento com os estudantes 117
13. Profissionais da escola e atenção com o estudante 121
14. Criar a superioridade relativa nos cursos 123
15. Explorar os graus de liberdade estratégica 124
16. Fatores que podem levar à qualidade 125
17. Visão crítica da qualidade 128
18. Conclusão 130
Referências 130

1. Introdução

Para o processo de ensino das escolas brasileiras, seja no nível médio ou fundamental, os fatores a serem observados são os relacionados ao novo universo a ser encarado e dominado por parte do estudante; pela necessidade intrínseca de ser aceito na sociedade; pelas alterações de seu comportamento; concretização de seus valores. Inovações de sua personalidade e de sua concepção como membro produtivo e agente de transformações.

Adaptam-se com dificuldade às novas realidades tecnológicas e produtivas, deparam-se com questões que vão desde a motivação, perpassando os meios de aprendizagem até a efetiva conclusão do ensino, com real aproveitamento de cultura e aprendizado.

Uma mudança emergente no ensino ocorre em nosso país. As novas tecnologias de ensino disponibilizam novos ambientes com novas características (comunidade virtual de aprendizagem; videoconferências; treinamento via realidade virtual; abertura de espaços culturais e fusão de projetos).

Conforme será descrito no artigo "**Práticas de Gestão do Conhecimento e aprendizagem no espaço escolar**" no volume 4 desta obra, a gestão do conhecimento tem sido de interesse de muitos autores contemporâneos, tais como Karl Erick Sveiby (1997), Thomas Stewart (1997) e Leif Edvinsson (1998).

Ao procurar conhecimento, o ponto em questão é o trabalho. O conhecimento faz-se necessário para lançar negócios em um ambiente variável, pois proporciona o desenvolvimento de competências, mas o ambiente é volúvel e incerto, chegando muitas vezes a inibir a criatividade e o empreendedorismo, o que vem a prejudicar o mundo do ensino-aprendizagem, do trabalho e, por que não, dos negócios.

O trabalho e o seu papel na vida de cada cidadão estão sendo totalmente redefinidos neste início de século XXI, como enfatiza o filósofo inglês Alain de Botton: o trabalho não deve ser punição ou pena, mas visto como um imperativo para que a felicidade possa vir acompanhada de tarefas e atividades a serem executadas com prazer.

Para facilitar a transformação e a capacitação de um futuro profissional, o processo de ensino, desde a Idade Média, vem se desenvolvendo. No atual estágio, os elementos a serem agregados permitem que um novo processo de ensino destinado ao trabalho moderno conte com a apresentação de uma proposta de uma revisão. Revisão que, neste contexto, aponta para a formulação de grades curriculares ao ensino médio e fundamental das escolas nacionais.

Cabe definir, dentro do mesmo contexto, as ferramentas que darão apoio ao que a sociedade, a comunidade e o mercado de trabalho desejam e aguardam de um cidadão consciente e preparado para a sociedade, bem como apresentar quais os pontos-chave que devem ser enfatizados para a construção deste novo ambiente de negócios no modelo de gestão ao contexto já apresentado.

Define-se, neste artigo, como contexto e escopo, a escola – ou ambiente escolar – sendo a organização; o negócio como sendo o processo ensino-aprendizagem; conhecimento e formação do cidadão como produto. O cliente em potencial é o estudante, que recebe o tratamento de profissionais e colaboradores da organização, o mestre, que tem a tarefa, atividade e ação de entender, compreender e assimilar os elementos que compõem a sociedade do conhecimento, o que ela preconiza e apresenta como inovação ao processo ensino-aprendizagem.

2. Elementos para o desenvolvimento do conhecimento

Para o ensino médio e fundamental no Brasil, o universo de elementos a serem considerados é grande, engloba ações locais, regionais e nacionais (como saúde publica, envolvendo alimentação, saneamento, hospitais, etc.; infraestrutura que envolve escolas, estradas, meios de transporte; posição geográfica; cultura; entre outros), convergindo em um aspecto que pode facilitar o processo de desenvolvimento do conhecimento nos estudantes: conhecimento em diversas áreas.

Um exemplo a referenciar é o conhecimento da tecnologia. Ela possui especificidades de *hardware* e *software* que aproximam pessoas, como a videoconferência, telefonema via protocolos de internet, acesso a locais remotos virtualmente pelo uso da internet e suas facilidades, integração entre estudantes com uso de ferramentas web, como *Google Talk*, MSN, entre outros, tudo remetendo à facilidade de troca de informações que permitem alavancar o conhecimento das pessoas. O processo de ensino-aprendizagem também conta com as tecnologias (*hardware* e *software*) como elementos facilitadores, videoaulas, teleconferências, monitoramento virtual, orientação à distância, ensino a distância, entre outros.

Donde muitos jovens se questionam: para quê se estuda? Para quê se deseja o conhecimento? Para quê o aprendizado? Para quê trabalhar? Claro que respostas podem ser dadas das mais variadas formas e estilos, mas podem ter um ponto comum: executar "um trabalho", culminando em uma profissão, qualquer que seja, com efetividade.

A presente questão foi abordada pelo filósofo suíço-britânico Alain de Botton, em *The pleasures and sorrows of work* (Os prazeres e tristezas do trabalho - 2009), onde afirma:

> "A mais notável característica do trabalho moderno talvez esteja em nossa mente, na amplamente difundida crença de que o trabalho deve nos tornar felizes".

Todas as sociedades tiveram o trabalho em seu centro. Na história da humanidade, o trabalho foi considerado uma maldição destinada apenas aos homens tidos como "inferiores" – por exemplo, na antiguidade da Grécia e de Roma, o trabalho manual era considerado um fardo destinado apenas aos escravos e camadas pobres da população. Os homens livres, uma minoria, podiam se dedicar à guerra, filosofia, administração pública e às artes.

Na Idade Média, os servos eram responsáveis por produzir tudo o que a sociedade medieval consumia, de alimentos a utensílios e armas. O clero se dedicava à teologia e os nobres eram encarregados das guerras. No Renascimento, inicia-se uma revolução do homem. Seus atos mundanos, inclusive o trabalho, passam a ser bem-vistos. A religião também tem um impacto sobre a visão do trabalho, e o estudo, com processo de ensino-aprendizagem, passa a ser valorizado, principalmente com os valores da burguesia nascente, legitimando o comércio com uma visão de valor.

A revolução industrial, pela disseminação do conhecimento, criou máquinas, e um número cada vez maior de trabalhadores era necessário para fabricar produtos industrializados. A mão de obra, abundante e barata, sofria com as condições insalubres das fábricas e as longas jornadas de trabalho repetitivo.

No período pós-guerra, na metade do século XX, o modelo de grandes organizações e a especialização de funcionários se consolidam. O empregado é protegido por leis trabalhistas, mas bom ambiente de trabalho e satisfação pessoal ainda não são considerados. Um dos efeitos deste período foi a entrada em massa das mulheres no mercado de trabalho.

Esta fase da humanidade permanece em vários setores da vida moderna, onde o empregado é dispensado de pensar, criar, inovar ou até mesmo de sugerir ideias ou mudanças para melhorar o ambiente de trabalho.

Na era digital, o trabalho mecânico é cada vez mais relegado às máquinas. Valorizam-se as tarefas mais complexas, que exigem criatividade e emoção. Abre-se mais espaço para a realização pessoal no trabalho. Por outro lado, as pessoas são mais exigidas, e a tecnologia permite que o trabalho as alcance a qualquer hora do dia. Mas o mundo moderno, com tecnologias ao alcance da grande maioria, ainda percebe o trabalho como uma punição ou uma pena, ao invés de tornar suas instâncias um meio de nos tornarmos felizes e satisfeitos.

Em uma sociedade moderna, onde se preconiza a efetividade, a produtividade e a diversidade, Sennet (2009) defende a ideia de que podemos alcançar uma vida material mais humana se pelo menos entendermos como são feitas as coisas. A questão central, para Sennet, não é a felicidade, mas a formação do ser humano.

O desenvolvimento do ser humano através do trabalho é mais rápido, proporciona crescimento intelectual e emocional tem como consequência recompensa psicológica como respeito próprio e aos outros.

Desenvolvimento levando ao autodesenvolvimento, uma questão que passa a ser crítica para organizações e instituições de ensino, que podem agora repensar seu modelo de ensino-aprendizagem promovendo habilidades nos estudantes que até agora não eram contempladas, como inserção de novos elementos nos currículos escolares para proporcionar novas competências.

Organizações percebem isso. O objeto de trabalho numa linha de montagem para consumo em massa requer pouco conhecimento, ao passo que, para alavancar a competitividade, aliado ao bem-estar de trabalhar, o colaborador que produzir informação, prestando serviços, deve estar em sintonia com o que deseja a nova sociedade, onde, na maior parte dos casos, o objeto de trabalho é intelectual e exige raciocínio, criatividade e emoção. Sem boas condições, sem satisfação, não se consegue pensar direito, produzir conhecimento!

O bem-estar mental de um trabalhador é objeto supremo de preocupação dos gerentes sintonizados com a sociedade definida como sociedade do conhecimento, por perceberem que, de quem se espera competência para remover tumores cerebrais, elaborar documentos legais, vender com energia convincente, não pode estar aborrecido ou ressentido, enxergando o trabalho como obrigação ou um mal necessário à subsistência.

O modelo de gestão para organizações na sociedade do conhecimento é sugerido por Cavalcanti, Gomes e Pereira (2001) como denominado de Capital do Conhecimento[5], fruto de suas reflexões teóricas e práticas sobre o assunto.

O modelo dos capitais do conhecimento é composto por quatro capitais, como pode ser observado na Figura 1.

---

[5] ® Capital de conhecimento é marca registrada pelo CRIE – Centro de Referência em Inteligência Empresarial da COPPE/UFRJ.

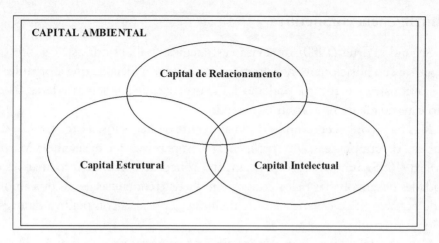

Figura 1 – Os quatro capitais do conhecimento.
Fonte: Centro de Referência em Inteligência Empresarial (CRIE) – COPPE/UFRJ.

3. Capital ambiental

O capital ambiental é definido (Cavalcanti, Gomes & Pereira, 2001) como o conjunto de fatores que descrevem o ambiente onde a organização está inserida. São fatores expressos pelo conjunto de características socioeconômicas da região (escolaridade, distribuição de renda, taxa de natalidade, etc.), pelos aspectos legais, valores éticos e culturais (por exemplo, o empreendedorismo), pelos aspectos governamentais (grau de participação do governo na economia, estabilidade política) e pelos aspectos financeiros, como o nível da taxa de juros e a existência de mecanismos adequados de financiamento à produção.

O consultor dinamarquês Alexander Kjerufl (2009) defende a ideia de que a responsabilidade de criar um ambiente que motive os estudantes na escola deve ser a mesma que motive os trabalhadores na organização, o incentivo e a cooperação da direção. Um bom ambiente ajuda a atrair e reter talentos e incentiva profissionais a produzir mais e melhor.

O capital ambiental é, assim, um dos capitais que contribuem para a determinação do valor de um processo de ensino, de uma organização ou de uma região. Ele é o primeiro sem ser, necessariamente, o mais importante, onde Cavalcanti, Gomes & Pereira (2001) afirmam:

> Para sobreviver, a organização deve estar atenta às mudanças, ser flexível, perceber as inovações tecnológicas e entender que informação e conhecimento são fatores estratégicos. A definição do segmento de atuação, a perseguição da excelência e, sobretudo, alinhamento com as necessidades dos clientes/consumidores devem ser considerados.

4. Inteligência competitiva

Segundo Porter (1980), uma visão estratégica – saber onde está e aonde quer chegar – e seu posicionamento no mercado, aliados à ideia de que a organização precisa construir o futuro, poderão levar organizações a serem líderes, as que terão capacidade de reinventar o mercado.

Mas para conhecer a fundo o seu ambiente de negócios, a organização deve fazer uso de um processo de Inteligência Competitiva, que é, segundo Martinet & Marti (1995), um processo permanente e ético de coleta de informações das atividades desenvolvidas pelos concorrentes e das tendências gerais dos ambientes de negócios. Seu objetivo é o de melhorar a posição competitiva da organização no mercado.

O processo de instalação da inteligência competitiva se compõe de cinco fases, conform se vê na Figura 2, indicando que:

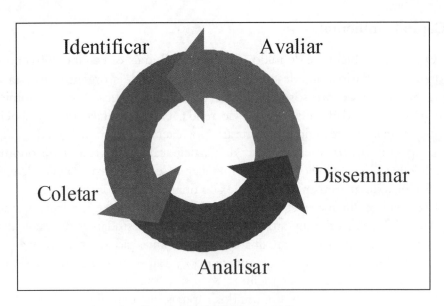

Figura 2 – Ciclo da inteligência competitiva.
Fonte: Centro de Referência em Inteligência Empresarial – COPPE/UFRJ.

Planejar e Identificar as necessidades de informação significa que a partir da visão estratégica da organização e da análise do mercado se definem as principais necessidades de informação.

Ciclo Formativo – Exigências e Desafios

Coletar e Tratar a informação sugere, a partir das necessidades de informação, identificar quais serão as fontes de informação e a maneira como essas informações serão coletadas e armazenadas.

Analisar e Validar a informação indica que uma equipe de especialistas realizará a análise e a validação das informações armazenadas. Assim, serão descartadas as informações excessivas, redundantes ou pouco confiáveis.

Disseminar e Utilizar estrategicamente a informação são etapas que definem quem deve ter acesso a qual informação e de que forma e quando, pois a informação sistematizada e analisada pode servir para diferentes usos.

A Avaliação é a fase onde os responsáveis pela unidade de inteligência competitiva, com base nos *feedbacks* recebidos dos usuários e de forma coerente com a visão estratégica da organização, avaliam se as necessidades de informação se mantiveram ou se alteraram, retornando para a primeira fase do processo.

O conjunto ambiente externo/interno da organização deve estar em perfeita sintonia com os seus objetivos do negócio, para ganho de vantagem competitiva com este monitoramento, o que envolve comprometimento e ciência de seus integrantes. Para isso, a sugestão é criar um ambiente de confiança onde as pessoas compartilhem seus conhecimentos e os usem de maneira estratégica.

O trabalho de inteligência competitiva leva em consideração variável social, econômica, tecnológica e política (Figura 3); que afetam os valores e a cultura da organização, que são os componentes essenciais do seu capital estrutural.

Figura 3 – Variáveis para o monitoramento do capital ambiental
Fonte: Centro de Referência em Inteligência Empresarial – COPPE/UFRJ.

4.1. Capital estrutural

O capital estrutural pode ser definido como um conjunto de sistemas administrativos, conceitos, modelos, rotinas, marcas, patentes e programas de computador, ou seja, a infraestrutura necessária para fazer a organização funcionar. A cultura da organização – o modo como ela trabalha – é o seu principal componente.

Edvinsson (1998) define o capital estrutural como tudo aquilo que fica na organização quando as pessoas vão embora para casa.

Para gerir o capital estrutural, Cavalcanti, Gomes & Pereira (2001) propõem três etapas básicas, das quais somente duas são importantes para o propósito deste trabalho:

1ª) <u>Definição dos Processos do Negócio</u>, organizando a estrutura da organização não em departamentos estanques onde os relacionamentos ocorrem de cima para baixo, mas por processos, com uma visão sistêmica que agrupe os colaboradores segundo suas habilidades e onde as atividades se organizem de forma a satisfazer as necessidades dos clientes (internos/externos). É uma estrutura que permite um acompanhamento em tempo real de cada atividade, onde, segundo Paulo Josef Hirsch (2000), o objetivo deve ser o de estimular a inovação, fazendo com que a organização se concentre na realização do processo de ensino e de atendimento das necessidades dos clientes, tirando o foco dela mesma.

2ª) <u>Definição da Estrutura Organizacional</u> que esteja intimamente relacionada com os valores da organização, adotada para desenvolver seus processos; horizontal ou verticalmente; departamental ou não. A melhor escolha é a horizontal, na qual a centralização das decisões deve ser substituída por estruturas que permitam a participação do conjunto dos colaboradores, onde a informação passa a ser um bem em rede, ao alcance de todos; segundo Jeremy e Tony Hope (2000), uma organização típica da sociedade do conhecimento deve procurar ter uma estrutura em rede, orientada por processo, onde se compartilhe o conhecimento.

Para Senge (1990), a expressão *learning organization* (ou organizações que aprendem) sintetiza as características organizacionais de empresas da sociedade do conhecimento. Esse tipo de formulação reconhece que a aprendizagem organizacional constitui uma vantagem competitiva; entende que os modos de pensar influenciam os resultados das atividades e, principalmente, que as ações humanas criam a realidade. Para uma organização que aprende, o futuro é construído e reinventado no dia a dia, procurando abolir as barreiras departamentais, possuindo estrutura em rede e se construindo em torno de seus processos de negócio.

4.2. Capital intelectual

O capital intelectual, segundo Cavalcanti, Gomes & Pereira (2001), é a propriedade dos indivíduos, composto por habilidades, competência e relacionamentos pessoais. Refere-se tanto à capacidade, à habilidade e à experiência quanto ao conhecimento formal das pessoas que integram uma organização. É um ativo intangível que pertence ao próprio indivíduo, mas que pode ser utilizado pela organização para gerar lucro ou aumentar seu prestígio e relacionamento pessoal.

Uma organização é valorizada se conseguir atrair, reunir e manter o capital intelectual; desta forma, utiliza o capital intelectual das pessoas sem, no entanto, deter sua propriedade. Uma forma de fazer isso é definir as competências essenciais, incluindo-as nos processos de ensinos e em todos os serviços.

As competências essenciais podem ser identificadas pelo conjunto de habilidades e tecnologias. Elas permitem à organização oferecer benefícios aos seus clientes, que aumentam à medida que são mais utilizados e compartilhados, mais do que uma gama de processos de ensinos e serviços, ajudando a caracterizar uma organização na nova economia.

Para definir as competências, a organização deve fazer um mapeamento das diferentes habilidades existentes na organização, com programas que detectam que um determinado colaborador tem dificuldades em adquirir a habilidade necessária para desempenhar uma determinada função: a organização oferece então treinamentos específicos ou desloca este colaborador para outra tarefa, alocando outro que melhor se ajuste ao perfil desejado.

Deste modo a organização aproveita seus talentos naquilo que estes têm de melhor, naquilo que melhor lhe atendem aos objetivos ou às demandas dos clientes, revelando os caminhos a seguir se quiser prosperar.

Em suma, pode-se manter talentos nas organizações – docentes e discentes – definindo competências essenciais, mapeando as habilidades profissionais e depois incentivando as comunidades de prática do conhecimento através de atividades de convivência entre os colaboradores e incentivo à gestão participativa.

4.3. Capital de relacionamento

Numa análise, o capital ambiental é composto pelos principais atores do ambiente dos negócios: clientes, fornecedores, sindicatos, governo, instituições financeiras, competidores, meios de comunicação e grupos de interesse.

Isolada, uma organização terá menos chance de obter sucesso num ambiente globalizado e competitivo. O capital de relacionamento, segundo Cavalcanti, Gomes & Pereira (2001), é aquele que valoriza e incentiva que uma organização estabeleça alianças estratégicas com estes atores para ampliar sua presença no mercado.

Stewart (1998), por exemplo, considera que "...entre as três grandes categorias de ativos intelectuais – capital humano, estrutural e do cliente – os clientes são os mais valiosos. Eles pagam as contas...".

Verna Allee (2000) diz que "...no universo dos negócios, as redes são compostas de conjuntos de ligações dinâmicas entre diversos parceiros, os quais estão engajados em trocas deliberadas e estratégias de serviço, conhecimento e valor".

As organizações podem partir da visão estratégica e determinar os relacionamentos-chave para seguir o sucesso e obter retorno de investimento ou de imagem.

Clientes exigentes, que cobram qualidade nos serviços/processos de ensinos fornecidos pela organização, são importantes, pois a forçam a manter altos padrões de qualidade. Sem eles, a organização poderia se acomodar e ver ameaçada sua existência.

Para Cavalcanti, Gomes & Pereira (2001), "...a carteira de clientes de uma organização deve ser um *mix* com três tipos de clientes: os que trazem retorno financeiro, os que trazem retorno de imagem e os que fazem a organização mais profissional".

5. Como fazer a sinergia entre capitais do conhecimento

A sinergia entre capitais do conhecimento: capital ambiental; capital estrutural; capital intelectual; e capital de relacionamento é a fonte de riqueza das organizações.

Para realizar a sinergia entre os capitais do conhecimento, é necessário existir a formulação de um mapa para auxiliar na identificação das necessidades de conhecimento para a organização de ensino e identificar as necessidades de conhecimento de toda a organização. As necessidades devem ser preenchidas para cada atividade da escola, de acordo com cada capital aqui estudado.

O capital estrutural aumenta o capital intelectual se houver um *learning center*, ou seja, um centro de aprendizado onde os membros aprendem novas técnicas ou novos idiomas para aprimorar e aumentar o capital do conhecimento. O capital estrutural fornece então as condições para que o capital intelectual se aprimore. Estas são as perguntas a serem feitas para se montar um mapa do capital estrutural:

- Quais as estruturas necessárias para aprimorar ou aumentar o capital do conhecimento existente?
- Quais os sistemas a serem utilizados?
- Quais os métodos necessários para implementar o capital estrutural?

O capital intelectual leva a aumentar o capital de relacionamento se um indivíduo possuir facilidade de comunicação interpessoal para estabelecer relações-chave para o sucesso de um empreendimento. Assim, ao formular um mapa de capital de relacionamento, a seguinte indagação deve ser respondida:

Quais as habilidades ou competências que precisamos para desenvolver, criar, captar, monitorar ou usar o capital de relacionamento em nossa organização?

O capital de relacionamento aumenta o capital intelectual quando um convênio entre escola e instituição de pesquisa favorece trocas de conhecimento entre as partes. A pergunta a ser formulada para um mapa é com quem (pessoas/organizações) é necessário se relacionar para desenvolver, criar, captar, monitorar ou usar o capital de relacionamento em nossa organização?

A iteração de um mapa para com o outro resume como eles influenciam e modificam uns aos outros. Assim, identificamos como um capital agrega valor para o outro.

Os mapas – em suas colunas – devem ser construídos para cada atividade em função do tipo de negócio da organização de ensino.

Os mapas devem ser preenchidos de forma que identifiquem as competências que temos em vez das que precisamos ter.

Conforme exemplificado na Figura 4, ao começar a preencher os quadros, é necessário primeiro definir as habilidades e competências necessárias para atuar no ramo de negócio (aonde queremos chegar) e, definidas as habilidades e competências que já temos (onde estamos), somos capazes de definir a estratégia do conhecimento para o capital intelectual da organização de ensino: como saímos, de onde estamos, para onde queremos chegar!

A estratégia visa indicar:

a) Devemos contratar mais pessoas (com conhecimento necessário para organização de ensino);
b) Devemos estabelecer alianças estratégicas com alguém que detenha o conhecimento que nós não temos;

Ações/Ativos	Capital Intelectual	Capital de Relacionamento	Capital Estrutural
Desenvolver ou Criar	Liderança Trabalho em Equipe Gerência de Pessoas Comunicação Interpessoal Visão do Negócio	Comunicação Interpessoal Negociação Empatia Iniciativa	Programação C ++ Modelagem
Captar ou Monitorar	Observação Perspicácia	Visão do Negócio Proatividade	Proatividade Prudência Precaução Zelo
Usar	Visão do Negócio Objetividade Senso de Prioridade Disciplina	Visão do Negócio Perspectiva Sociabilidade	Conhecimento Algoritmos Domínio da Tecnologia de Programação

Figura 4 – Os mapas do conhecimento desenvolvidos e registrados pelo CRIE – COPPE/UFRJ.
Fonte: CAVALCANTI, Marcos; GOMES, Elisabeth e PEREIRA, André. Gestão de Organizações na Sociedade do Conhecimento, Rio de Janeiro: Ed. Campus, 2001 (pág. 76)

c) Devemos implementar um plano de capacitação;
d) O tipo de conhecimento predominante em cada atividade, classificado, segundo Nonaka e Takeuschi (1996), em tácito – conhecimento subjetivo, que está interiorizado nas pessoas e que é muito difícil de ser explicitado – ou explícito – aquele que está registrado em livros ou documentos ou que pode ser explicitado –, conforme pode ser analisado na Figura 5.

O objetivo desse gráfico é permitir que o gestor da organização de ensino, ou da área, identifique quais as atividades críticas, ou seja, aquelas que podem ser terceirizadas ou automatizadas, pois possuem 100% do seu conhecimento explicitado, e aquelas que devem ser olhadas com cuidado, pois possuem 100% do seu conhecimento tácito e podem desaparecer caso o responsável por elas saia da escola.

Isso facilita a condução da estratégia do negócio.

Ciclo Formativo – Exigências e Desafios

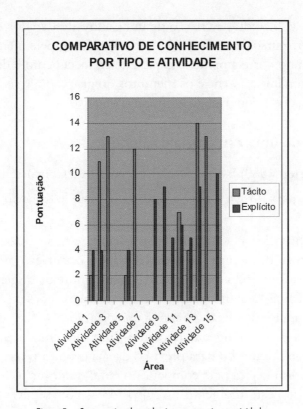

Figura 5 – Comparativo do conhecimento por tipo e atividade.
Fonte: Paulo Lemos, 2000.

Assim, são definidas quais as ações que a organização de ensino deve empreender no sentido de preencher as lacunas do conhecimento, identificando as lacunas e procurando formar o cidadão apto para se adaptar a este molde.

Segundo Cavalcanti, Gomes & Pereira (2001):

"...a estratégia do conhecimento nos diz como saímos do estágio atual, em termos de conhecimento, e atingimos o conhecimento necessário para se ter sucesso nos negócios".

Em suma, administrar uma organização de ensino na sociedade onde o conhecimento é imprescindível pode ser auxiliado pelo modelo de Inteligência Escolar (interação entre conhecimento, inovação e empreendedorismo) com um modelo de gestão para os capitais do conhecimento: capital ambiental, capital intelectual, capital estrutural e capital de relacionamento, que podem se tornar um roteiro para a tomada de ações.

Por exemplo, quando da criação de um Centro de Estudos de Informática – C.E.I. – em um curso de computação onde deve haver pelo menos um computador funcionando corretamente, o capital de conhecimento é desperdiçado. A facilidade de comunicação entre os membros do grupo pode ser afetada se não estiverem nivelados e congruindo ao mesmo objetivo.

6. Definição de uma estratégia competitiva

Michel Porter (1980) faz a análise das técnicas da Concorrência e comenta:

> "...cada organização que compete em uma indústria possui uma estratégia competitiva.."

Com seus próprios meios, cada departamento desta organização estará sempre buscando métodos e incentivos cabíveis a sua orientação profissional. Mas a somatória destes no todo organizacional nem sempre dá origem à melhor estratégia, onde alguns benefícios explícitos garantem as ações da funcionalidade, visando um conjunto de metas comum à organização.

De maneira bem abrangente, podemos dizer que uma organização analisa sua indústria como um todo para previsão da sua evolução, visando a tradução de uma política estratégica para competir no ramo do negócio.

Considere-se neste momento as cinco forças competitivas que atuam na indústria e implicam estratégias metodológicas para análise da concorrência industrial:

1. Análise da concorrência dos compradores e fornecedores.
2. Técnicas para leitura de sinais do mercado.
3. Conceitos teóricos para responder a movimentos competitivos.
4. Mapeamento de grupos estratégicos e diferenças de seus desempenhos.
5. Metodologia para prever a evolução da indústria.

Estas cinco considerações serão utilizadas no desenvolvimento de uma estratégia competitiva em determinados tipos de meios industriais, entendendo que a indústria em questão é a do conhecimento, do ensino.

Esta concepção visa analisar indústrias fragmentadas, indústrias emergentes, transição para a maturidade industrial, indústrias em declínio e indústrias globais.

Entretanto, uma leitura analítica da compreensão industrial e seus concorrentes exigiriam aqui um enorme estudo de dados os quais não poderiam ser expressos neste trabalho.

Assim, Porter trata de situar uma estratégia competitiva como o desenvolvimento de uma fórmula ampla para o modo como uma organização irá competir.

A ilustração da estratégia competitiva apresenta um quadro que se traduz em uma combinação de fins que a organização busca e meios que se estará buscando para chegar a estes fins, ou seja, a missão ou objetivos/metas e políticas funcionais/operacionais utilizados (fazendo a distinção entre meios e fins), de forma a traduzir estratégias como guia do comportamento global da organização. A formulação de uma estratégia competitiva envolve considerar quatro fatores básicos que determinam os limites daquilo que uma organização pode realizar obtendo sucesso no resultado final:

1. Pontos fortes e fracos da companhia.
2. Ameaças e oportunidades da indústria.
3. Valores dos implementadores.
4. Expectativas amplas da sociedade.

Essa tradução estratégica visa relacionar uma organização ao seu meio ambiente, congruindo ideias até aqui apresentadas.

Mesmo que este meio ambiente seja amplo, abrangendo forças sociais e econômicas, o ponto principal se fundamenta na(s) indústria(s) em que ela compete.

Temos uma indústria como um grupo de organizações fabricantes de processo de ensinos que são substitutos entre si.

A concorrência que age para diminuir a taxa de retorno sobre o capital investido na direção da taxa competitiva básica do retorno seria, segundo Porter, a concorrência perfeita para a indústria.

Clientes, fornecedores, substitutos e entrantes potenciais seriam considerados concorrentes para a organização na indústria (em uma rivalidade ampliada).

Na indústria siderúrgica, por exemplo, as forças básicas são os concorrentes estrangeiros e os materiais substitutos.

Na área escolar e acadêmica, as forças básicas são as outras instituições de ensino, que, da mesma forma, procuram seu posicionamento no mercado, sejam públicas ou privadas.

Desta forma, cada organização terá pontos fortes e fracos, variáveis ao longo do tempo, sendo o ponto de partida para a análise estratégica o desejo de ganhar parcela do mercado e obtenção de recursos substanciais.

7. Estratégia competitiva para facilitar o gerenciamento de mudanças

Quanto à mudança da estratégia, a consultoria de West & Huges (1983) e a de Zoltmann & Duncan (1977) afirmavam:

> "...é natural que a maioria das pessoas reaja a qualquer nova situação considerando como elas serão afetadas pessoalmente pela mudança proposta."

A mudança de estratégia, no contexto deste trabalho, refere-se à mudança de grade curricular de uma organização de ensino.

A menos que a organização de ensino perceba que tal mudança será em seu benefício, a resposta natural é rejeitar a proposta porque ela poderia piorar sua situação no futuro, afetada pela mudança, por não ser capaz de desenvolver novas habilidades ou pela falta de confiança em sua capacidade para adquiri-las.

É possível atrair estudantes através da educação, fornecendo informações que farão questionar seus pontos de vista atuais, pois começarão a aceitar os méritos de um argumento superior, que mostre os benefícios que advirão caso a nova estratégia – grade – seja adotada, a relação benefícios x objetivos e o realce dos pontos fortes x pontos fracos da nova proposta.

Em geral, é improvável introduzir mudanças sem criar conflitos sobre as equipes que compõem a cultura organizacional da escola. Isto ocorre não apenas durante a fase de planejamento, mas continuará à medida que sejam introduzidas novas políticas que modifiquem, alterem ou revoguem as práticas de trabalho em toda a organização de ensino. A fim de minimizar o conflito, algumas abordagens de gerenciamento podem ser analisadas (Chaston, 1992):

1. **Coerciva**, que é a persuasão dos indivíduos do ambiente por intermédio da força ou de ameaças, enfatizando que a administração fala sério a respeito da introdução de novas práticas de trabalho. Bem utilizada quando a velocidade de ação é essencial e o tempo, crucial. O risco é que ela exacerbe os ressentimentos para com as políticas revisadas da escola.
2. **Participativa**, envolvendo os indivíduos no processo de mudança, fornecendo-lhes informações detalhadas sobre a necessidade e a lógica das mudanças propostas. Será eficaz quando existir um relacionamento de confiança com a audiência para quem serão dadas as informações, com um diálogo em duas vias, fazendo perguntas e propondo soluções. Não é produtiva em uma atmosfera de medo e ansiedade, onde se deve tentar dar apoio e tempo para a introdução de novas habilidades para executar novos papéis com eficácia ou, em outra instância, ofertar incentivos para reduzir a oposição através de negociação entre as partes.

3. **Cooptação**, que envolve a inclusão de indivíduos na fase de planejamento ou implementação em troca de endosso da mudança proposta. O risco é que as opiniões podem ser encaradas como realmente importantes por parte dos convidados. Não é muito eficaz, pois informações confidenciais são abertas para uma futura reação não desejada. Cautela é recomendada.

Gerenciar envolve trabalhar com os outros e ser responsável pelos subordinados. As pessoas de uma organização de ensino podem oferecer lealdade, apoio e cooperação. Esses mesmos indivíduos, porém, sendo membros da raça humana, podem ser irritáveis, irresponsáveis, desleais e trazer dificuldades. Pesquisas demonstraram que a habilidade de um profissional de sucesso dependerá muito de ter adquirido um alto nível de habilidades interpessoais (A. Ventatesh & D. L. Wilemann, In: HERSEY; BLANCHARD, 1986).

Chefe, líder, elo, concordância e compreensão de todos são as habilidades para exercer os papéis de fornecedor de informação, de monitor, disseminador e porta-voz de um grupo pelo qual se é responsável.

Para ser realmente eficaz em seu profissionalismo, é necessária a identificação de algumas questões, como limites de responsabilidade, grau de autoridade sobre os outros, escala de recursos disponíveis e grau de autonomia sobre a utilização de tais recursos, bem como habilidades nas áreas de motivação dos subordinados, comunicação e delegação.

Todas essas normas e atitudes que, coletivamente, formam a base dos valores de uma organização de ensino são conhecidas como *cultura organizacional*, que fornece o significado e a direção que mobiliza a organização de ensino para a ação. O fato de essa ação ser benéfica ou prejudicial vai depender da cultura prevalecente ser compatível com a missão da organização de ensino e com o estilo de liderança fornecido pela equipe gerencial (R. H. Kilmann, 1985) ou equipe pedagógica: docentes e diretores.

Não há uma única cultura organizacional melhor. A cultura dominante deve ser usada para reforçar os objetivos, as estratégias e as políticas de gerenciamento da organização de ensino – a escola.

As normas e os valores da organização de ensino devem dar apoio aos processos associados à otimização dos relacionamentos entre oportunidades de universo acadêmico e capacidades corporativas internas, tendo, para tanto, a exigência de flexibilidade, adaptabilidade e abordagens inovadoras para a solução de problemas, sustentando a cultura mais apropriada aos objetivos estratégicos de longo prazo.

Os indivíduos da organização de ensino devem perceber que esta tem história. Assim, a ligação deles deixa de ser apenas racional, passando a ser também emocional. O fator fundador contribui para criar junto aos indivíduos uma imagem da escola carregada de história. Então, em vez de artificialismos predominantes na vida, a organização conseguirá que seus entes entendam que tudo que está ali e tudo que foi conquistado até hoje foi fruto de muito trabalho e estudo.

A curiosidade e a inventividade reinante dão sustentação e autoestima em boa parte da vida acadêmica, por exemplo, quando os estudantes leem livros querendo saber como aquele livro pode contribuir para melhorar o funcionamento de algo, para compreender melhor a situação do universo acadêmico e suas tendências, para definir o papel de seu estado no contexto.

Quanto mais ideias forem diferentes, melhor. Quanto mais diferentes forem as maneiras de encarar um problema, melhor. Estes valores caracterizam o que chamamos de *learning organization*, ou organização que aprende.

As conquistas vêm de muito esforço e perseverança. Qualquer conquista, por pequena que seja, sempre será vista pelos estudantes como uma grande vitória. E as derrotas ou fracassos deixarão de ser vistos de forma trágica.

O excessivo grau de cobrança – leitura, trabalhos – dessa caminhada longa faz com que os estudantes se sintam realizados, mas insatisfeitos. Realizados por terem conseguido chegar até aonde chegaram. Insatisfeitos porque continuam querendo mais.

Estilos e atitudes diferentes podem ser observados no grupo:

a) **Visionários**: sempre jogando à frente, sempre no ataque. São alimentados pelos sonhos. Os planos são vários. Não querem saber até que ponto o plano é executável. Ousam. Sonham. Imaginam. Propõem.
b) **Pragmáticos**: seguram a bola antes de chutar. Avaliam os prós e contras. Mas, no essencial, jogam o jogo. Não fazem cera. Tomam decisões e se impõem em situações conflituosas.
c) **Conservadores**: pensam mais que agem. Seu grau de ousadia é bem menor. Querem ver os projetos anteriores executados antes de pensar nos próximos.
d) **Céticos**: andam com a planilha de custos debaixo do braço. Antítese dos visionários, os pés dos céticos estão absolutamente cravados no chão.

A busca pela adaptação constante às contínuas mudanças no meio ambiente em que estamos inseridos sugere o rumo à transformação das organizações em *learning organization* – organizações que aprendem –, onde erros e acertos são transformados em fatores que agregam valor à organização e ao seu negócio, criando lideranças que incentivam o desenvolvimento profissional dos estudantes, garantindo a sinergia organizacional.

Esta transformação deve ser contínua: processos devem ser revisados, baseados na estratégia do negócio do curso em si, e o ponto de partida do raciocínio estratégico é a análise.

8. Pensamento lógico

O pensamento lógico envolve um processo sequencial, passo a passo, enquanto a intuição é uma abordagem holística na qual as soluções são visualizadas em sua totalidade (LI & JANOSON, 1980. apud CAVALCANTI, GOMES &PEREIRA, 2001).

Apoios para o pensamento lógico mais profundo são conhecidos como técnicas lineares e incluem métodos como análise de matriz, análise morfológica, listagem de atributos e árvores de projeto. Cada um deles é adequado para determinadas situações. Análise de matriz é aplicada onde se deseja estimular um exame mais profundo do relacionamento entre duas variáveis como mercados e benefícios do processo de ensino, ou desempenho do processo de ensino e tecnologias. Por exemplo, um processo que pode ocorrer quando a escola deseja determinar os relacionamentos possíveis entre os diversos benefícios oferecidos pelos livros, com relação a diferentes graus de disciplinas.

Outra técnica que permite uma compreensão maior do processo de ensino é a listagem de atributos que podem ser examinados para saber se um aperfeiçoamento do atributo levaria a uma nova oportunidade de aprendizado. Por exemplo, uma abordagem para coleta de dados da Tabela 1.

Tabela 1 – Listagem de Atributos para Coleta de Dados.

Atributo	Nova Oportunidade
Sensores Óticos	Manipulação de cores para sinalização.
Sensores Movimento	Fixação de coordenadas para verificação de desvios indesejáveis.
Sensores Tato	Concentração de captadores para verificação de passagem de entidades.

A listagem de atributos pode fornecer a base para expandir uma ideia através da construção de uma árvore de decisão, estimulando o pensamento sobre caminhos pelos quais identificar oportunidades de mercado ou de novos processos de ensino. Uma ideia é dada pela Figura 6.

Figura 6 – Um exemplo de árvore de decisão.

9. Pensamento intuitivo

Técnicas para ampliar o pensamento intuitivo são criadas para estimular a mente a saltar a lógica e gerar uma solução completa. As técnicas mais comuns para estimular a intuição são (M. O. Edwards, 1966):

Tempestade de Ideias (*Brainstorm*), que utiliza o conceito de estimular a geração do maior número de ideias. Para auxiliar no processo, é sempre executada em uma situação de grupo, liderada por um facilitador. Como o objetivo do *brainstorming* é maximizar a criatividade, é importante que os participantes evitem qualquer forma de avaliação das ideias, suas ou dos outros, até que a sessão tenha terminado. Nesse estágio, a lista de ideias pode ser revisada para determinar se há sinergia de novo processo de ensino através da ligação de duas ou mais ideias que foram mencionadas.

Imaginação, que exige que a mente não seja inibida enquanto as ideias estão sendo geradas. A técnica consegue isto contando com o desenvolvimento de uma abordagem de meditação como estar bastante relaxado, usar exercícios de respiração profunda e mover-se gradualmente das beiradas para o centro do problema. Os participantes são instruídos a deixar que os assuntos específicos evoluam para símbolos ou quadros em suas mentes. Discutindo esses quadros da *mente*, pode-se avançar para isolar novas soluções ou oportunidades.

Visualização, que permite à mente funcionar mais facilmente quando se usam símbolos ou impressões em vez de palavras. Explora o fato, fazendo com que o indivíduo seja guiado para desenhar uma figura que descreva seus pensamentos sobre um tema relevante (por exemplo: "quais tecnologias estarão disponíveis no ano 2015?"). Para estimular o processo, o indivíduo pode ser guiado por uma agenda, desenvolvendo acréscimos ao quadro, à medida que cada assunto é examinado. Depois que o desenho estiver completo, o indivíduo então reflete sobre soluções alternativas possíveis que estariam contidas ou sugeridas pela visualização.

O trabalho em equipe ainda é o grande denominador de concentração de ideias para lançamento de um novo processo de ensino, que evite o estilo dominador de assumir o controle e bloquear a criatividade do grupo e busque atingir os seguintes objetivos:

1. Franca e apoiadora troca de opiniões;
2. Mínimo de conflitos quando resolver pontos de vista diferentes;
3. Objetivos comuns partilhados por toda a equipe;
4. Tomada de decisão e planejamento por consenso;
5. Compartilhar conhecimentos específicos e comprometimento total com o sucesso do projeto, e não com o sucesso pessoal;
6. Compartilhar a glória do sucesso com todos os indivíduos que estiveram envolvidos em um projeto.

As habilidades exigidas são a liderança em como delegar, motivar os outros, resolver disputas, alocar recursos e sustentar o propósito ou o moral do grupo, além de ter um perfil de estudante com críticas construtivas, comunicação positiva e autorresponsabilidade.

Outras habilidades exigidas são a de gerenciamento interpessoal dentro do grupo, onde o curso deve ser adaptável às mudanças e ter um mecanismo que identifique áreas de fraqueza, devendo agir através de programas de treinamento e esquemas de autodesenvolvimento. Quando essas ações não remediarem os problemas de desempenho, deve-se pensar em reestruturar os membros da equipe de projeto (de docentes do curso em questão).

O sucesso de um processo de ensino – curso de ensino médio ou fundamental – está intimamente ligado com os problemas ou decisões incorretas de seu planejamento. Como, por exemplo:

- Estruturas organizacionais inadequadas, os sistemas de remuneração do corpo docente e de apoio – monitores, professores, secretárias etc.

- Premiação executiva que enfatiza as realizações em curto prazo e os esforços insuficientes para maximizar o nível de solução inovadora de problemas por parte dos seus profissionais, entre outros.

Não somente no ensino público, mas em se tratando de iniciativa privada, a atualização contínua e bem planejada dos portfólios de processos de ensinos vai exigir reinvestimento significativo dos lucros corporativos em pesquisa, desenvolvimento e testes de mercado. Isto também vai significar que os processos de ensinos mais novos poderão canibalizar as vendas dos processos de ensinos existentes e possivelmente apressar a velocidade de saída destes da curva do Ciclo de Vida do Processo de ensino – CVP. –. O alto custo para reestabelecer a posição de mercado com base no lançamento de novos processos de ensinos que ofereçam superioridade de desempenho estará bem além da capacidade financeira da organização. Somente através de grandes investimentos, desenvolvimento de processo de ensinos e reestruturação organizacional é que a organização poderá então ganhar novamente participação no mercado.

Como organizações buscam constantemente diferenciar suas ofertas ao mercado perante seus concorrentes em termos de serviços e processo de ensinos, reformulando estratégias de marketing várias vezes durante o ciclo de vida de um processo de ensino, faz-se necessário compreender o ciclo de vida do processo de ensino e sua lucratividade, posicionando-o de modo a conquistar a competitividade perante o consumidor.

10. Ciclo de vida do processo de ensino (CVP) e a sociedade do conhecimento

Voltar e se preocupar com o ciclo de vida de um processo de ensino é essencial para o marketing da organização, assim como estudar o processo de ensino com seu ciclo de vida:

a) <u>Introdução</u>: estágio em que os lucros são negativos ou baixos devido às baixas vendas e despesas com distribuição e promoção.
b) <u>Crescimento</u>: onde há a expansão nas vendas, com introdução de novos concorrentes e introdução de novas características ao processo (de ensino), expandindo sua distribuição (oferta).
c) <u>Maturidade</u>: onde a taxa de crescimento cai e o processo de ensino entra em um estágio de desafios para os gerentes de marketing (que acompanham o Crescimento do processo de ensino, a Estabilidade do Processo de ensino e

a provável Decadência do Processo de ensino): adotar processos de ensino mais fortes, mais lucrativos e desenvolver novos para, com isso, modificar o mercado, modificar o processo ou modificar o mix de marketing.

d) <u>Declínio</u>: onde se registra uma queda de vendas a ponto de matar o processo (de ensino).

Por isso, organizações que planejam lançar um processo de ensino devem decidir quando entrar no mercado: tirando vantagens, certas de que estão correndo um risco que pode ser caro – eis a desvantagem do pioneiro.

Preocupadas com esta situação, a grade curricular de um curso deve estar bem estruturada e de acordo com as perspectivas de mercado, de modo a não ser prejudicada em seu CVP e correr o perigo de se deteriorar em curto prazo.

Pode-se determinar o potencial de um novo processo de ensino antes de investir no lançamento de mercado desenvolvendo modelos eficientes de previsão de novos processos de ensino.

Se uma organização é a primeira no mercado com um novo processo de ensino, as primeiras ofertas (vendas) ocorrerão praticamente em uma situação de monopólio. Se a organização utilizar esse histórico de entrada de estudantes – venda – para prever o desempenho futuro, a análise talvez não leve em conta o impacto em potencial de outros processos de ensino semelhantes que entrem no mercado um pouco mais tarde.

Assim, o processo de previsão leva em conta o CVP no desempenho futuro, reconhecendo que as diferenças na duração do ciclo e a influência mutável das variáveis externas (condições econômicas, estrutura de mercado, comportamento do consumidor...) podem combinar-se e reduzir a precisão das previsões do impacto do CVP sobre as vendas futuras. No entanto, as organizações devem exigir de seus profissionais que sustentem a intensidade da pesquisa de mercado usada nas situações de teste de mercado, para monitorar os padrões de experimentação e compra repetida através da vida do processo de ensino.

Esses dados podem então fornecer indicações antecipadas de qualquer virada no desempenho do processo de ensino, que poderia ocorrer no caso da entrada de novo concorrente ou de uma revisão feita por outra organização no mercado.

Os teóricos de administração e gerência de décadas anteriores previam que, com o advento do computador, as organizações empregariam cada vez mais esse novo e poderoso instrumento para ampliar o desempenho corporativo, instalando sistema de controle a tecnologia de informação (TI) em todos os níveis da organização.

Embora isto já seja realidade, as pesquisas mostram que a maioria foi muito lenta na adoção de sistemas de informação computadorizados ou de sistemas com alto grau de sofisticação, como um Sistema de Informação Gerencial (MIS – *Management Information System*), que, segundo A. R. Morden (1983), é um sistema formal que permite que os membros da organização acessem e transformem os dados armazenados de forma a fornecer informações que darão apoio ao processo de planejamento, organização, direção e controle das atividades do negócio.

Utilizando-se da liderança, das estratégias de posicionamento e de novas tecnologias, organizações menores causam uma redução na duração dos ciclos de vida dos seus processos de ensino e reconhecem que um meio muito eficaz de desafiar os concorrentes maiores e bem entrincheirados é através da introdução de novos processos de ensinos (CHASTON, 1992).

Por dar certo, e adaptando esta teoria ao caso do universo acadêmico, é necessário que se avaliem:

a) A estabilidade da participação dos estudantes para com o processo de ensino (grade do curso);
b) O relacionamento entre a demanda de universo acadêmico e a capacidade de formação de estudantes;
c) A taxa de absorção dos estudantes pelo universo acadêmico e pelo mercado de trabalho;
d) O tempo de maturação e a escala de investimentos para desenvolver e lançar grandes e novos conceitos em termos de conteúdos para cada disciplina da grade curricular;
e) O provável comportamento dos concorrentes existentes e potenciais;
f) O futuro custo de promoção para sustentar o atual universo acadêmico;
g) O nível de educação do estudante e o serviço de manutenção da grade exigida para dar apoio aos estudantes existentes e novos;
h) A influência das regulamentações governamentais;
i) O impacto potencial das tendências econômicas globais sobre as operações futuras;
j) Os custos de retenção ou desenvolvimento de capacidade tecnológica;
k) O potencial de tecnologias emergentes, que tendem a transformar em obsoletos os processos de ensinos da organização de ensino.

Percebe-se que uma estratégica direcional, considerando a aderência necessária às ofertas de formação acadêmica deve ser aplicada no setor acadêmico para que a organização de ensino esteja em uma área na qual ela venha a operar no futuro.

11. Posicionamento e diferenciação

As organizações enxergam que nem todas as diferenças são significativas e valem a pena! Buscam então estabelecer uma diferença até o ponto em que ela satisfaça estes critérios:

1. Importância;
2. Destaque;
3. Superioridade;
4. Exclusividade;
5. Acessibilidade e/ou
6. Lucratividade.

Solucionar o problema de posicionamento da organização poderá ajudá-la a resolver seu problema de identificação no mercado.

A diferenciação dos processos de ensino pelos consumidores (percebendo um processo de ensino como diferente/melhor que outro) é marcada através da criação de uma imagem positiva, com clara distinção entra as ofertas de dois ou mais concorrentes, com diferenças não tão pequenas entre elas, com grande despertar de interesse por parte do cliente.

Manter sobre o estudante um foco mais estrito e preciso do que fazem os concorrentes é um meio de sair na frente com um curso diferenciado. Fazendo-se uso da segmentação, encarando o mercado como sendo formado por muitas partes menores com características comuns (homogêneas), resultará em um melhor relacionamento entre o que se possui e o que o mercado deseja.

Claro que isso implica em um aumento de gastos com pesquisas e produção para satisfazer as exigências dos grupos identificados, inclusive por questões de padronização de servir a todos. Um conjunto de respostas deve ser encontrado pelos profissionais da organização às seguintes perguntas (relacionadas com o mercado):

a) O mercado pode ser identificado e mensurado?
b) O segmento é grande o suficiente para ser lucrativo?
c) O mercado é passível de ser conquistado?

d) O segmento responde bem?
e) Existe expectativa de que o segmento não se altere com muita velocidade?

Ao procurar segmentar o mercado, é necessário o uso da criatividade, seja por região, por classe socioeconômica, por bases comportamentais dos clientes (com uso de afirmações ou *slogans*), por lealdade à marca, por oferta de benefícios aos clientes (gosto, status...), por percepção das personalidades dos estudantes, como estilo de vida, interesses, atividades e opiniões, culturais ou étnicos, por estágios de disponibilidade para compra, entre outros fatores que determinam a relação parte-todo do mercado.

Mas o que realmente nos interessa, em todos estes exemplos e estudos de segmentação ou agregação de estratégias, é que o indivíduo deve ser o alvo, a razão de ser da busca agressiva e inovadora de posicionamento como fonte de competitividade para as organizações, principalmente pelas fontes escolares.

Novamente prova-se que, uma vez traçado o perfil dos estudantes e com base no segmento de mercado correto, a grade curricular de um curso dificilmente dará errado!

O *estudante-problema* no modelo recebe esse nome porque o processo de ensino não está causando impacto igual àquele das *estrelas* do mercado. Os donos de *estudantes-problema* devem pensar em evitar o confronto direto com os processos de ensino de maior sucesso de seus concorrentes e examinar estratégias alternativas de processo de ensino.

Se o desempenho do processo de ensino é fraco, então talvez possa ser usada a *desengenharia* para reposicionar o processo de ensino como mais adequado ao setor de preço baixo/desempenho mínimo (ou seja, uma organização de ensino que se posicione no setor de *preço baixo* do mercado de cursos de ensino superior de informática/computação, fornecendo tecnologia relativamente fora de moda a um custo baixo).

Se a organização tem as habilidades de Pesquisa e Desenvolvimento para formar processos de ensino de desempenho superior, então uma estratégia alternativa seria a *superengenharia* dos processos: concentrar-se nos clientes que estejam buscando desempenho especializado (por exemplo, a organização de computadores Cray constrói máquinas para a comunidade de inteligência americana e para a indústria da defesa e utiliza também estudantes de escolas técnicas e universitários).

12. Marketing de relacionamento com os estudantes

O relacionamento está em alta. Organizações se entusiasmam em aprender mais sobre seus clientes e oferecer processos e serviços capazes de agradar a cada paladar.

O relacionamento se torna poderoso na teoria, porém complicado na prática. Para evitar sua morte prematura, é preciso investigar como e por que estamos solapando nossos melhores programas e como podemos melhorar, colocando as coisas nos eixos.

O número de relacionamentos um a um que as escolas exigem para o mercado de trabalho é inviável, produzindo iniciativas de marketing inúteis.

As pessoas estabelecem centenas de relacionamentos um a um na vida, mas poucos são íntimos e com compromisso.

Em um bom relacionamento há equilíbrio entre a ação de dar e a ação de receber, mas as organizações não costumam retribuir a amizade, a lealdade e o respeito que pedem a seus clientes.

As organizações escolares se dizem interessadas no mercado de trabalho, mas o foco está na própria escola; as afirmações de que valorizam seus estudantes não se sustentam, pois costumam ignorá-los ao longo de seus relacionamentos.

Costuma-se dizer que as escolas oferecem soluções para os problemas dos estudantes e do mercado de trabalho, mas, na verdade, criam mais problemas do que resolvem.

Costumam centrar seus esforços nas vantagens potenciais de chegar antes ao mercado, com processos de ensino tecnologicamente mais avançados. Estes avanços, porém, quando analisados sob a ótica do estudante, geram perda de controle, vulnerabilidade e estresse, entre outros assuntos que surgem quando se ouve o mercado de trabalho sobre os processos de ensino por ele aplicados.

O mercado de trabalho cria regras de aquisição e consumo para enfrentar o dia a dia, evita contratar certos processos de ensino finais da escola para não ter de lidar com os limites que eles apresentam e restringe o uso de alguns pré--requisitos para eliminar seus efeitos negativos.

É preciso garantir que as novas linhas de cursos escolares estejam de acordo com uma missão promotora da qualidade de vida. Outra iniciativa inteligente é oferecer aos estudantes ferramentas para controlar situações de frustração.

Se uma escola tiver o hábito de solicitar informações de seus estudantes, mas não tiver o que fazer com essas informações, deve parar de fazer perguntas. É preciso ter certeza de que a informação vale a pena!

Para penetrar na mente das pessoas, os profissionais desta escola precisam se debruçar sobre as ferramentas de etnografia e fenomenologia: métodos qualitativos das ciências sociais feitos para descrever e interpretar a vida das pessoas de forma minuciosa.

Podemos também recorrer a dados espalhados pelas organizações para elaboração de quadros mais completos e íntimos dos estudantes.

Compreender a vivência do mercado de trabalho e do estudante significa adotar teorias das áreas da filosofia, comunicação, consultoria, psicologia e teologia. Mesmo disciplinas como sociologia, direito e literatura têm muito a oferecer. Cada uma pode nos dar uma perspectiva nova da vida emocional do consumidor.

A fronteira entre o mercado de trabalho e a escola é o relacionamento. O relacionamento pode funcionar se for fiel aos princípios que lhe deram origem. É a hora de pensar o que realmente significa ser um parceiro em um relacionamento, para agir de acordo.

Para a criação de uma imagem positiva da organização de ensino, deve-se trabalhar o controle efetivo do relacionamento estudante/professor/assistentes administrativos. Isso ocorre geralmente após a indicação da avaliação de que eles não geraram o grande aumento esperado na receita ou aumento de mercado! Além disso, as organizações de serviço que operam em setores de processo de ensino relativamente homogêneos – nosso caso – percebem que a qualidade do serviço prestado pelos agentes da organização durante os contatos com os estudantes pode fornecer uma arma vital na guerra para diferenciar a organização dos concorrentes.

As organizações de serviço que identificaram a importância do relacionamento estudante/professor/assistentes administrativos empregaram recursos para ampliar o desempenho dos dois últimos através de treinamento.

Parte desse treinamento aumentava o conhecimento que o discente tinha dos processos de ensinos da organização e outra parte focalizava o aperfeiçoamento de suas habilidades interpessoais. Uma vantagem destes treinamentos é a redução da variabilidade do serviço prestado pelos empregados. Além disso, à medida que se tornam mais conscientes da importância de seus papéis como discentes, eles serão incentivados a propor qualquer mudança de operações que possa realçar os níveis de serviço (identificando desequilíbrios e prevendo ajustes).

Tais programas devem ser estendidos por toda a organização, estabelecendo uma cultura de gerenciamento que valoriza a alta qualidade do serviço de todos os cargos, favorecendo a contribuição de ideias para dar apoio à qualidade.

Este conceito de aumentar a qualidade recebeu o nome de *atenção ao cliente*: é uma filosofia operacional desejável à organização, procurando o comprometimento para que ela seja a melhor; fazendo isto, os grupos da organização contribuirão para aperfeiçoamento do desempenho de toda a organização (Chaston, 1992).

Deve-se reconhecer que existem três variáveis (Figura 7) que influenciam o processo de atenção ao cliente - estudante:

a) O conhecimento do processo de ensino – curso que promove o conhecimento – e as habilidades interpessoais dos discentes que interagem com os clientes – estudantes;
b) O tipo de serviço – aulas que compõem o conteúdo das disciplinas do curso... – exigido pelos clientes – estudantes – e sua percepção de como a organização cumpre suas expectativas de qualidade; e
c) A estrutura organizacional da escola, que determina a eficiência com a qual os serviços são realizados em todas as fases, desde o ponto de contato inicial até a avaliação pós-compra – pós-formatura – que o cliente – estudante – faz do serviço – curso – recebido.

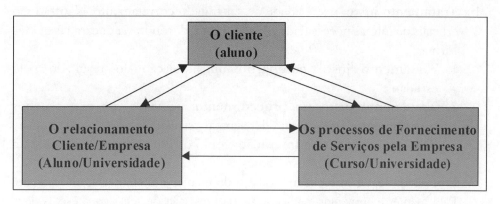

Figura 7 – O triângulo da atenção com o cliente – estudante.
Fonte: CHASTON, IAN. Excelência em Marketing, Makron Books, São Paulo: 1992, p. 170.

No contexto da "Era da Informação", deve predominar o modelo das necessidades, que busca atender às três necessidades básicas dos consumidores: segurança, tratamento justo e autoestima (CHASTON, 1992).

Serviço de qualidade em um universo acadêmico competitivo significa aumentar continuamente a satisfação do estudante: fundamentar-se nas necessidades das pessoas, ao contrário do modelo convencional, centrado nas expectativas.

Isso supõe que os estudantes têm certas expectativas que, uma vez atendidas, farão com que fiquem satisfeitos. O modelo de atendimento de expectativas até pode chegar ao nível de encantamento se superarmos as expectativas do estudante, ou seja, conseguirmos gerar uma surpresa positiva.

O difícil, porém, é encantar o estudante e gerar fidelidade seguindo um modelo de atendimento das expectativas, pois as expectativas pessoais dizem respeito a padrões internos que não têm referenciais absolutos, fazendo com que seja difícil mensurá-los com fins de pesquisa e gestão.

Ao pensar no estudante como consumidor, uma escola prestadora de serviços concentra-se nas características do serviço e em como atender às expectativas ou superá-las. Pensar nele como pessoa desloca a ênfase para suas necessidades básicas.

Várias teorias estimam que o número de necessidades humanas oscila entre três e mais de quinze. Algumas serão aqui analisadas, tendo como base Maslow (1959):

a) **Segurança**: sentimento contra danos físicos ou econômicos. A primeira regra de uma escola para garantir a segurança é a manutenção da estabilidade; manter sempre uma promessa relativa à segurança.
b) **Tratamento justo**: necessidade de ser tratado corretamente. Não são tão cruciais quanto as necessidades de segurança, devendo ser encaradas de três formas:
   1. **Tratamento justo compartilhado**: avaliação do resultado pelo estudante.
   2. **Tratamento justo no procedimento**: equidade das regras e dos procedimentos usados para determinar resultados.
   3. **Tratamento justo na interação**: como os funcionários se relacionam pessoalmente com os estudantes.
c) **Necessidade de autoestima**: desejo de manter e melhorar a autoimagem. Para manter e aumentar a autoestima na prestação de serviços, a escola deve tornar o ambiente previsível e conhecido, onde as pessoas se sintam inteligentes, competentes, importantes e confiáveis, e também oferecer-lhes opções.

Assim, as escolas devem administrar a forma de instituir a preocupação com as necessidades dos seus estudantes em todas as ações que possam influenciar seu sentimento em relação a essas necessidades. O entendimento das três necessidades, combinando com as ações para implantar uma filosofia de satisfação das necessidades, pode produzir o relacionamento que leva à retenção de estudantes e à manutenção da lucratividade.

13. Profissionais da escola e atenção com o estudante

A instalação de um programa eficaz de atenção com o novo processo de ensino exige um processo de três fases, segundo estudos realizados por COLLIER (1988):

1ª) Definir a natureza e os componentes que constituem o portfólio de serviços disponíveis para os estudantes potenciais. Cada um dos serviços fornecidos pode então ser analisado para determinar:
   a) A rede de elementos envolvidos no fornecimento do serviço;
   b) Os processos organizacionais internos que contribuem para cada elemento; e
   c) Os pontos de contato encontrados pelo estudante durante a compra ou o consumo do serviço.

Esta análise detalhada fornecerá a base para a segunda fase.

2ª) Definir os critérios através dos quais os estudantes medirão a qualidade do serviço recebido, alguns envolvendo aspectos tangíveis do pacote do serviço (ou seja, o custo e o preço de componentes utilizados na atualização dos conteúdos programáticos do curso oferecido ao estudante). Outros critérios terão por base questões intangíveis, como a amizade da equipe e o tempo levado para atender à reclamação de um estudante. Para cada um desses critérios, terá de ser estabelecido um padrão mínimo com relação ao qual possa ser então medido o desempenho real.

Esses padrões devem se basear no cumprimento das expectativas do estudante e não devem refletir meramente o julgamento da organização de ensino sobre o que é aceitável pelo universo acadêmico.

Alguns padrões podem se basear em registros existentes da escola e outros talvez venham a exigir uma pesquisa do universo acadêmico para estabelecer os requisitos dos estudantes em potencial, levando para a terceira fase.

3ª) Organizar amostragem regular para determinar se há alguma variação entre o desempenho real e o desejado. Assim como na determinação inicial de padrões, algumas informações estarão disponíveis nos registros internos – secretaria – da escola e outros dados terão de ser obtidos através de pesquisas das atitudes dos estudantes. Onde for identificada variação entre a qualidade de serviço real e desejada, a escola deve pensar em ações corretivas apropriadas.

A correção de uma variável identificada na qualidade de prestação de serviço em geral envolve a avaliação da causa do problema, que pode ser motivado pelo fraco desempenho da equipe por parte da escola (corpo docente e funcionários) no relacionamento com o estudante. Pode ser o caso de existirem resultados de processos organizacionais internos inadequados a níveis inadequados de pessoal.

Às vezes o estudante tem, em relação à qualidade, uma expectativa maior do que a organização de ensino é capaz de produzir a um custo acessível ao estudante. A percepção de uma eventual melhoria da qualidade do serviço fornecido se dará pelo aumento do número de estudantes que passarem a comunicar isto aos colegas (boca a boca).

Assim, o aperfeiçoamento do sistema de atenção ao estudante pode ser dado:

a) Estabelecendo padrões de qualidade;
b) Avaliando o desempenho;
c) Diagnosticando as causas da variação de qualidade;
d) Revisando processos organizacionais;
e) Treinando equipes (docentes e funcionários); e
f) Gerenciando as expectativas dos estudantes.

A atenção ao estudante pode, desta forma, fornecer um mecanismo proativo – e não reativo – pelo qual são construídas as atitudes do estudante com relação à organização de ensino, que fornecerá então a base de uma nova estratégia de processo de ensinos de serviço ao estudante, como pode ser visto na Figura 8.

Assim, ao criar na escola um setor onde os acadêmicos podem interagir com a sociedade através de projetos beneficentes, o pensamento pode se voltar para a possibilidade de que o Sistema Proativo forneça:

a) Um serviço de consultoria para ajudar os estudantes a aperfeiçoarem suas atividades intelectuais;
b) Fomento à pesquisa, com análise de tendências do universo acadêmico do conhecimento;
c) A oportunidade de gerenciamento de atividades de assistência para organizações.

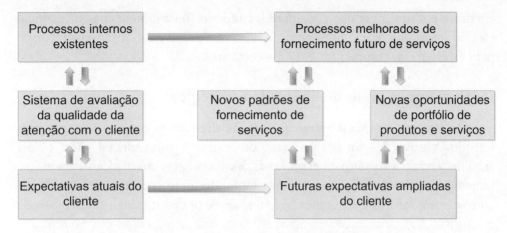

Figura 8 — Sistema proativo de desenvolvimento da atenção como estudante.
Fonte: CHASTON, Ian. Excelência em Marketing. Makron Books. São Paulo: 1992. p. 174. Cap. 11.

As organizações sobrevivem e crescem atendendo de forma proativa os requisitos mutantes de seus estudantes, ao mesmo tempo em que superam novas ameaças feitas por mudanças nas estratégias (suas e de seus concorrentes).

Fruto dessa teoria deriva a necessidade de fomentar a ideia de que o estudante deve absorver a responsabilidade de determinar as mudanças do universo acadêmico através de um processo assistido por parte da escola, como o caso da implementação da inteligência competitiva, já descrito anteriormente.

14. Criar a superioridade relativa nos cursos

Quase todas as escolas podem estabelecer comparações entre seus processos de ensino e os dos concorrentes para descobrir características únicas que lhes permitam ampliar a própria participação no universo acadêmico. Pode-se, por exemplo, desmontar o processo de ensino do concorrente e analisá-lo em busca de diferenças, tanto em relação ao custo quanto às características.

Ao se descobrir que o processo de ensino da escola tem um componente mais caro por ter maior qualidade, deve-se aumentar seu preço para cobrir esse custo ou deve-se usar essa característica como um argumento de venda? A decisão deve sair de uma discussão com o pessoal de marketing da escola.

Um dos maiores obstáculos ao competir com os gigantes do universo acadêmico é a sua solidez financeira. Se a situação evoluir para uma guerra frontal de preços, poucos serão os concorrentes capazes de suportar esse duelo por longo tempo. Mais penoso ainda, entretanto, é competir com um gigante que se encontre em um setor que considere secundário (buscando apenas diversificação, por exemplo). Para um poderoso complexo, é fácil concentrar seus recursos para esmagar um competidor em uma certa área.

15. Explorar os graus de liberdade estratégica

Os graus de liberdade estratégica são as alternativas que a escola tem para introduzir inovações em seu processo de ensino. É fundamental que a escola escolha o rumo a seguir para explorar as oportunidades estratégicas. Para exemplificar, consideremos uma escola que tenha decidido construir um "campus" com maior conforto e segurança. As áreas onde pode introduzir diferenciais de conforto e segurança encontram-se em várias categorias, como por exemplo:

a) Melhor iluminação e visibilidade da sala de aula;
b) Melhor instrumentação à disposição do corpo docente e discente;
c) Assentos que livrem o corpo da fadiga;
d) Melhoria nos sistemas de áudio e vídeo durante as aulas.

Além dessas, existem outras que não se encontram sob o domínio da escola, como por exemplo:

a) Melhoria nos estacionamentos, onde não haja preocupação com furtos, roubos ou acidentes;
b) Melhoria na sinalização de identificação de setores, alas, salas, departamentos, blocos.

A expressão "graus de liberdade estratégica" designa os eixos ao longo dos quais se pode concretizar realisticamente tal estratégia, como os seis apontados antes. Avalia-se primeiro o grau de liberdade estratégica para evitar que a escola perca tempo e dinheiro.

Ao longo de cada eixo de liberdade estratégica, pode-se identificar uma série de pontos onde a escola pode tomar providências. Por exemplo, no eixo *melhor iluminação e visibilidade em sala de aula,* pode-se aumentar o tamanho das janelas (abrindo espaço para mais vidro), aumentar o tamanho das portas de acesso, melhorar a transparência dos vidros, etc.

A partir da análise dos graus de liberdade estratégica, pode-se introduzir inovações que aumentem e resultem em novos processos de ensinos ou atinjam universos acadêmicos menos explorados.

Na tradicional concorrência frontal e recíproca, as regras do jogo são bastante simples: "se o concorrente reduz o preço, você também reduz o seu; se ele lança um processo de ensino barato, você lança igual", e assim por diante. Essas táticas podem funcionar, mas não perfeitamente, nem por muito tempo (normalmente conduzem a uma erosão da rentabilidade em médio prazo). A atuação nos graus de liberdade produz resultados abundantes em curto espaço de tempo.

Ligada ao grau de liberdade estratégica está a *função objetivo*, que é o valor ou variável que se quer elevar à dimensão máxima. É ela que diz o que o estudante espera de um processo de ensino. Por exemplo, para uma escola a função objetivo pode ser o lucro; para um executivo, pode ser a realização profissional ou aposentar-se aos quarenta anos de idade com um patrimônio de um milhão de dólares. A função objetivo pode mudar ao longo do tempo (por exemplo, nos relógios buscava-se basicamente precisão para marcar as horas, mas, com o advento dos relógios eletrônicos, a precisão deixou de ser um diferencial; os fabricantes agora buscam vender conceitos como moda e elegância).

Captar com antecedência as mudanças na função objetivo dos estudantes e "esticar" a mente em busca dos graus de liberdade estratégica constitui um modo de obter pioneirismo no jogo organizacional.

16. Fatores que podem levar à qualidade

No trabalho da concepção de qualidade de ensino em uma organização, deve-se levar em conta o que seja qualidade na visão da própria escola, na visão dos seus consumidores e na visão crítica de terceiros.

Em primeira instância, deve-se mostrar aplicações práticas e efetivas do conceito de qualidade.

Pode-se afirmar que qualidade, no contexto ensino, é adequação ao uso, medida pelo grau de satisfação das necessidades educacionais dos usuários da instituição em questão.

Com "adequação ao uso" se pensa em contribuições para adequar os serviços e os recursos da organização de ensino às necessidades e conveniências dos estudantes e, em uma instância maior, aos pais desses estudantes.

Qualidade em ensino exige atenção, busca de melhoria de forma contínua, envolve recursos e o poder de decisão tem um peso fundamental no contexto gerencial; a qualidade é sem sombra de dúvidas um fator estratégico para a sobrevivência da instituição. Trabalha-se com qualidade *in-line* quando se pensa em ausência de defeitos, não importando em que parte da organização de ensino o trabalho seja executado, pois se trabalha com o fator humano e "Errar não é humano, acertar sim o é!" (SVEIBY, 1997).

Os processos de qualidade *on-line* e *off-line* estão sempre juntos e presentes em todos os instantes da rotina escolar: suporte à produção de habilidades capazes de gerar conhecimentos são a tônica da escola moderna. Esta percepção se dá na relação com o universo acadêmico alvo e na pronta reação às mudanças educacionais, na percepção das necessidades dos estudantes e consumidores (pais e estudantes).

O segundo ponto a ser realçado é mostrar como escola, consumidores e terceiros entendem o que seja qualidade.

Na escola, temos várias óticas realçando a qualidade:

a) Qualidade na visão da Administração:
   1. Estabelecer metas;
   2. Aplicar recursos;
   3. Ampliar possibilidades;
   4. Gerar lucros;
   5. Ser a melhor no universo acadêmico;
   6. Ter sempre uma vantagem competitiva;
   7. Ambiente acolhedor em parceria com a natureza;
   8. Possuir um diferencial: por mais que a escola cresça, sempre se dirigir ao estudante pelo nome, pois jamais será um número;
   9. Procurar manter o trabalho em equipe, onde todos possam opinar, a fim de favorecer a harmonia do processo produtivo;
   10. Zelar pelas dependências da instituição, mantendo-a sempre com aspecto de chácara, onde as pessoas sentem-se bem durante sua estadia, pois associam a ideia de trabalho com a de bem-estar físico e mental;
   11. Atender as necessidades dos professores, materiais e pessoais, indispensáveis ao bom ritmo do trabalho pedagógico.

b) Qualidade na visão dos Professores (funcionários):
   1. Trabalhar em equipe, partindo de um objetivo comum, crescendo juntos, compartilhando problemas e soluções;
   2. Assumir regras, cumpri-las, discutindo as falhas, procurando fazer com estas não aconteçam;
   3. Compartilhar ideias;
   4. Promover o bem-estar do profissional na instituição;
   5. Qualidade está na roupa, na aparência e no sorriso;
   6. Começa quando a ideia de qualidade é compartilhada, discutida e conhecida por toda a equipe universitária;

7. Trabalhar para o bem-estar do estudante;
8. Não cometer falhas;
9. Enxergar o futuro com olhos otimistas;
10. Viver o presente com certeza de sucesso;
11. Lembrar-se do passado com superação, segurança e tranquilidade de acerto;
12. Não ser melhor que ninguém, fazer o melhor de si mesmo;
13. Superar metas.

c) Qualidade na visão de Consumidores:

Considera-se consumidor, neste caso, o responsável pela entrada do estudante na instituição.

Para pais e/ou responsáveis:
1. Estrutura física da escola compatível com as necessidades de desenvolvimento biopsicossocial do estudante;
2. Preço bom (no caso de iniciativa privada);
3. Estrutura pedagógica compatível com as necessidades cognitivas dos educandos;
4. Aquela que integra o estudante no meio social, proporcionando-lhe oportunidade crítica dos conteúdos;
5. Que defina valores, pois a escola é formadora de opiniões;
6. Espaço aberto para discussões e intervenção dos pais no cotidiano escolar;
7. Ambiente a intervenção dos pais no processo pedagógico, com ativa participação;
8. Favorecimento do entrosamento da família e da escola;
9. Ambiente que proporcione ao estudante liberdade, segurança e oportunidade de crescimento – desenvolvimento – e aperfeiçoamento;
10. Profissionais habilitados e bem estruturados em suas posturas perante a instituição;
11. Professores competentes, dóceis, carinhosos com os estudantes, boa aparência, habilidades práticas compatíveis com a nova realidade de escola;
12. Ambiente familiar, com aspecto de casa, acolhedor, com muito espaço físico, com muito verde, onde seu filho se sinta "pessoa" e não mais um na multidão;

13. Escola que chama o filho pelo nome, onde a proprietária está "sempre" presente, atendendo a todos com carinho e atenção, sem restrições.

17. Visão crítica da qualidade

Do mesmo modo que o ser humano é um organismo, também o é a organização de ensino. De fato, organização origina-se da palavra *órgão*, que é um ser que tem claro um senso de propósito e se adapta às mudanças com agilidade para atingir seus objetivos.

A escola precisa ter um propósito, articulá-lo do início ao fim do ano letivo, concentrar-se no futuro para garantir o sucesso do seu espaço. Trata-se de um organismo vivo, onde a estrutura do pensamento fornece as ferramentas que produzem ideias para atender um futuro repleto de surpresas sociais.

Para que o sucesso da escola seja uma prática diária, é indispensável que a criatividade seja a tônica de todas as ações, cultivando a confiança, a honestidade, lealdade, integridade pessoal e social, em um ambiente onde o espírito humano possa prevalecer sobre quaisquer aspectos.

O elemento humano é o principal fator neste caso, pois tudo gira em torno dele nesse espaço. Por isso, ouvir os pais de estudantes, levando em conta suas sugestões e críticas, é importante para o processo de melhoria.

É preciso chegar, então, a um conceito específico, que sirva para direcionar os comportamentos das pessoas na organização de ensino. Precisa-se conceber qualidade enquanto processo, e, como tal não possui começo nem fim, aparece da prática e na prática.

Qualidade pode ser vista como: ser a melhor perante o segmento do universo acadêmico específico, identificando o serviço técnico e subsidiando-o na garantia de seu espaço na área de atuação.

Segundo LUCKESI, 1988:

> "Qualidade é um sistema de gestão, baseado em métodos, ferramentas e na participação intensiva dos funcionários da organização, em busca da melhoria contínua da competitividade da mesma, e de seus resultados."

Este conceito, ainda que genérico, especifica o contexto da instituição em questão, onde o ambiente tem um sistema de atividades e competências que a tornam melhor frente ao ambiente escolar formal, e onde o sistema de gestão é a consequência dos comportamentos e das decisões das pessoas que utilizam os recursos da escola.

Fica evidenciado que a criação de um repertório de atividades extraclasse, de modo a atender as expectativas de grupos em particular é importante quando identificados os diferentes graus de segmentos e estudantes (classes escolares).

O estabelecimento de limites nas atividades (forma de *trade-off*) deve ser ativado quando o direcionamento não for claro (ou não estiver atingindo os objetivos desejados detectados na sua totalidade).

A aplicação dos conceitos da qualidade na gestão estratégica da escola pode, por sua vez, ser descrita como tendo a imagem da instituição sendo vital para o funcionamento da escola. Desta forma, identificar processos de ensino-aprendizagem fracos, sem consistência didático-pedagógica e que não transformem o estudante para melhor é crítico e importante para garantir qualidade de ensino aos estudantes.

Compreensão, entendimento e aplicação prática dos conteúdos programáticos devem estar presentes no relacionamento professor-estudante, enfatizando a integração do processo.

A escolha correta dos agentes transformadores é tão importante quanto a definição dos recursos e prioridades a serem lecionadas. Aplicar o ensino com conhecimento e consciência de forma gradativa e evolutiva minimiza impactos – traumas e medos – do processo educacional do estudante. Fazê-lo se sentir confortável ao exaltar dúvidas, sugestões ou críticas de modo a obter um *feedback* de suas intenções (e, por que não, de suas necessidades).

Desta forma, a qualidade em uma perspectiva educacional (enquanto instituição para gerar conhecimento) é um processo, e como tal inicia-se na ideia de implantação da escola, mas não se finaliza, pois, enquanto processo, acompanha toda a instituição.

É a consequência de todo um sistema de gestão apoiado na capacidade universitária (serviço ofertado). O sistema de gestão é a consequência dos comportamentos dos indivíduos que se relacionam com a instituição, seja formal ou informalmente, implícita ou explicitamente, aplicando à escola de forma particular medidas que gerem diferentes métodos e ferramentas de trabalho. Significa que a escola precisa olhar para si própria, criando dentro destes olhos mecanismos próprios de qualidade enquanto imagem real de instituição competente, isto é, procurar estar à frente no universo acadêmico, com vantagens competitivas que a diferenciem e ao mesmo tempo a mantenham na liderança.

18. Conclusão

Por todo este embasamento, fica claro que definir o objetivo de um curso de ensino médio ou fundamental, utilizando a inovação, com uma referência clara e bem definida, é o ponto-chave para determinação do seu sucesso. Para atingir o sucesso é necessário organizar as ideias e preparar os fundamentos de uma estratégia competitiva com base no conhecimento, convergindo os elementos apresentados nos demais capítulos com as ideias e ferramentas apontadas no presente capítulo, que darão então a base para a sugestão a que se propõe um projeto de melhoria no ensino.

Assim, o conhecimento de outros cursos, de outras instituições de ensino que o adotam, faz ficar mais claro o entendimento do ambiente do negócio, tanto interno, em se tratando da filosofia organizacional da instituição de ensino, como externo, em se tratando do posicionamento estratégico e competitivo no mercado.

Assim, propõe-se aqui a formulação de uma pesquisa a ser realizada em escolas que possuem cursos similares em sua estrutura, cujos dados podem ser obtidos nas secretarias estaduais de ensino (no caso de instituições públicas), pode-se proceder ao processo de coleta dos dados, tabulação, análise realizada sobre três fatores que determinam o seu posicionamento no mercado: o objetivo do curso, o perfil dos egressos e a estrutura curricular, para então sustentar uma discussão acerca dos elementos apontados neste capítulo.

Referências

ABREU, Aline França de. **Sistemas de Informações Gerenciais – Uma Abordagem Orientada a Negócios**. 1. ed. Florianópolis: Editora IGTI, 2000.

ABREU, Maria de. **O professor universitário em aula; prática e princípios teóricos**. 8. ed. São Paulo. Minas Gerais: Ed. Associados, 1990.

ALDRICH. **Dominando o Mercado Digital**. São Paulo: Makron, 2000.

ALEXANDER, F. C. Is industrial marketing ready to go consumer?. **Industrial Maketing,** December, 1964. Artigo.

ALEXANDER, L.D. Successfully implementng strategic decisions. **Long Range Planning**, v. 18, n. 3, 1985.

ALLE, Verna. Novas Ferramentas para uma Nova Economia. **Revista Inteligência Empresarial**, n. 3. Rio de Janeiro: E-Papers, abril de 2000.

ALLEN, Thomas J. Organizational structure, information, technology and R & D productivity. **IEEE Transactions on Engineering Management** 33(4): 212-17, 1986. Artigo.

APPLE, MICHAEL W. **Ideologia e Currículo**. São Paulo, Brasiliense, 1982.

BUZZELI, R.D.; GALE, B.T.; SULTAN, R.G. Market share – a key to profitability, **Harvard Business Review**, January, 1975.

BUZZELL, R.D. **Competitive behavior and product life cycles**, in New Ideas for Successful Marketing. J.S. Wright and J.L. Goldstucker (eds), American Marketing Association, 1966.

CASTELS, Manuel. **A Sociedade em Rede**. *In*: A Era da Informação: Economia, Sociedade e Cultura. vol. 1. São Paulo: Paz e Terra, 1999.

CHASTON, Ian. **Excelência em Marketing – Como gerenciar o processo de marketing buscando um melhor desempenho organizacional**. São Paulo: Makron Books, 1992.

CLARK, C.H. **Idea Management:** How to Motivate Creativity and Innovation. AMACOM, 1980.

COLLIER, D.A. The customer service and quality challenge. **Service Industries Journal**, v. 7, 1987.

COLLIER, D.A. The partner as quality controller. **Accountancy**, v. 10, n. 1142, 1988.

CORTESÃO, Luiza et al. **Formação sociopsicopedagógica de formadores: uma proposta de currículo**. Porto: Afrontamento, 1983.

CRAWFORD, M. Marketing research and the new product failure rate. **Journal of Marketing**, v. 41, n. 2, April 1977.

DAVENPORT, Thomas. **Reengenharia de Processos**. Rio de Janeiro: Campus, 1994.

DE MASI, Domenico. **A Emoção e a Regra:** Os Grupos Criativos na Europa de 1850 a 1950. Rio de Janeiro: José Olympio, 1997.

DEBANO, E. **Lateral thinking for managers:** A Handbook for Creativity. American Management Association, 1971.

DEMO, Pedro. **Pesquisa:** princípio científico e educativo. São Paulo: Cortez e autores associados, 1990.

DHALLA, N.K.; YUSPEH, S. Forget the product life cycle. **Harvard Business review**, January, 1976.

DRIVER, J. **Estate agency:** a marketing challenge, *in* Marketing int the Service Industries, G. Foxall (ed.), Frank Cass, 1985.

DRUCKER, Peter. **Sociedade Pós-Capitalista.** São Paulo: Pioneira, 1997.

EDVINSSON, Leif; MALONE, Michael S. **Capital Intelectual: Descobrindo o Valor real de Sua Empresa pela Indentificação de Seus Valores Internos.** São Paulo: Makon Books, 1998.

EDWARDS, M. O. Solving problems creatively. **Journal of Systems Management**, vol. 17, nº 01, January, 1971.

FAVERO, Maria de Lourdes de Albuquerque. Universidade: poder e participação. **Educação & Sociedade**, Campinas (16): 106-12, dez. 1983.

FILHO, Maurício Prates de Campos. Os Sistemas de Informação e as Modernas Tendências da Tecnologia e dos Negócios. **Revista de Administração de Empresas**, Nov/Dez., 1994, São Paulo. v.34. n.6. p.33-45.

FLETCHER, K.P. **Computers for efficient utilization of resources**. Management Decisions, v. 21 (2), 1983.

HABENKORN, Ernesto. **Teoria do ERP – Enterprise Resource Plannig**. São Paulo: Makron Books, 1999.

HALLER, T. An organisational structure to help you in the 80's. **Advertising Age**, August, 1983.

HARTLEY, R.F. **Marketing Mistakes**. 3. edn. New Jersey: Wiley, 1986.

HAUSER, John R.; CLAUSING, Don. The house of quality. **Harvard Business Review** 66(8); 63-73, 1998. Artigo.

HAYES, Robert H., WHEELWRIGHT, Steven C.; CLARK, Kim B. **Dynamic manufacturing:** creating the learning organization. Nova York: The Free Press, 1988. Cap. 11.

HERSEY, Paul; BLANCHARD, Keneth H. **Psicologia para Administradores:** A teoria e as técnicas da liderança situacional. São Paulo: EPU, 1986.

HIRSCH, Paulo Josef. **Modelagem de Processos. Apostila do curso de pós-graduação** *latu sensu* **em Gestão do Conhecimento e Inteligência Empresarial (MBKM),** do Centro de Referência em Inteligência Empresarial da COPPE/UFRJ.

HISRICK, R.D.; PETERS, M.P. **Marketing Decisions for New and Mature Products**. Bell & Howll, 1984.

HOPE, Jeremy; HOPE, Tony. **Competindo na Terceira Onda:** Os Dez Mandamentos da Era da Informação. Rio de Janeiro: Campus, 2000.

JACOBSEN, Alessandra de Linhares. Implicações do Uso da Tecnologia de Informação como Recurso de Inovação no Ambiente Organizacional. Revista de Ciências da Administração, Set. 2000, Florianópolis. n. 4. p.7-19.

JAMES, R. **Corporate Strategy and Change – The Management of People**. University of Chicago Press, 1978.

JOHNSTON, R. A., KURST, F. E.; ROSEWIEG, J. E. **People and Systems**, McGraw Hill, 1967.

KATZU, B. **How to Manage Customer Care**. Gower, 1987.

KELLY, Albert Victor. **O currículo:** teoria e prática. São Paulo: Harper & Row do Brasil, 1981.

KILMANN, R. H.; SAXTON, M. J.; SERPA, R. **Gaining Control of the Corporate Culture**. Jossey-Bass, 1985.

KOTTER, J. P.; SCHLESINGER, L. A. Choosing strategies for change. **Harvard Business Review**, March 1979.

KOTTER, John P. What leaders really do. **Harward Business Review** 68(3); 103-11, 1990. Artigo.

LAUDON, Kenneth C.; LAUDON, Jane Price. **Sistemas de Informação**. Rio de Janeiro: Editora LTC, 1999.

LAZO, H. Finding the key success in new product failures. **Industrial Marketing**, v. 50, November, 1965.

LEMOS, Paulo. OPP, **Uma Empresa do Conhecimento. Apostila do curso de pós-graduação *latu sensu* em Gestão do Conhecimento e Inteligência Empresarial (MBKM)**, do Centro de Referência em Inteligência Empresarial da COPPE/UFRJ.

LEVITT, Ted. Marketing myopia. **Harvard Business Review**, July 1960. Artigo.

LEWIS, R. C.; BOOMS, B. H. **The marketing aspects of service quality**, in Emerging Prospectives on Service Marketing, L. L. Berry (ed.), American Marketing Association, 1983.

LUCKESI, Cipriano Carlos. **Filosofia da Educação**. São Paulo: Cortez, 1991.

MAJARO, S. **The Creative Gap**. Longman, 1988.

MARTINET & MARTI. **Intelligence Economique**. Paris: Les Editions d'Organsations, 1995.

MASLOW, Abraham H.. **New Knowledge in Human Values**. New York: Harper & Row, 1959.

MINTZBERG, H. **The Nature of Management Work**. Harper & Row, 1973.

MORDEN, A.R. Management information systems; role and policy in na organizational context. **Management Decisions**, v. 23 (2), 1985.

MOREIRA, Antônio Flávio; SILVA, Thomaz Tadeu. **Currículo, cultura e sociedade.** São Paulo: Cortez, 1994.

OCDE Economic Surveys. **Structural Policies:** The Labour Maket in a Knowledge-Based Economy. Paris: OCDE, 1998.

_____. **The Knowledge-Based Economy.** Paris: STI – Science, Technology and Industry Outlook – OCDE, 1996.

_____. **Towards a Global Information Society.** Paris: STI, OCDE, 1998.

PARFITT, J. H.; COLLINS, B. J. Use of consumer panels for brand share predictions. **Journal of Marketing Research**, v. 5, May, 1968.

POLLI, R.; COOK, V. Validity of the product life cycle. **Journal of Business**, October, 1969.

PORTER, Michael E. **Competitive Strategy Techniques for Analysing Industries and Competition.** Free Press, 1980.

QUINN, J. B. Managing strategic change. **Sloan Management Review**, v. 21, n. 4, Summer 1980.

REIS, Lopes dos. **Estratégia Empresarial:** Análise, Formulação e Implementação. Lisboa-Portugal: Editora Presença, 2000.

RINK, D. R.; SWAN, J. E. Product life cycle research: a literature review. **Journal of Marketing Reserach**. v. 07, n. 3, September 1979.

ROBERTS, Edward B.; FUSFELD, Alan R. Staffing the innovative technology-based organization. **Sloan Management Review** 22(3): 19-34, 1981. Artigo.

ROBINSON, S. J. Q., HITCHENS, R. E.; WADE, D. P. The directional policy matrix – tool for strategic planning. **Long Range Planning**, v. 11, June 1978.

ROTHBERG, R.R. **Corporate Strategy and Product Innovation**. 2 edn, Free Press, 1981.

RYAN, C.G. **The Marketing of technology: IEEE Management of Technology**. v. 3, 1984.

SBC. Sociedade Brasileira de Computação. **Currículo de Referência**. Recife: SBC, 1996.

SBC. Sociedade Brasileira de Computação. **Currículo de Referência**. Curitiba: SBC, 2000.

SBC. Sociedade Brasileira de Computação. **Currículo de Referência**. Fortaleza: SBC, 2001.

SCHOEFFLER, S., BUZZEL, D. e HWANY, D. F. Impact of strategic planning on profit performance, **Harvard Business Review**, March, 1974.

SENGE, Peter. **A Quinta Disciplina**. São Paulo: Best Seller, 1990.

SENNET, Richard. **O artífice.** London School of Economics. São Paulo, Record: 2009.

SILK, A. J.; URBAN, G. L. Pre-test market evaluation of new packaged goods: a model and measurement methodology. **Journal of Marketing Research**, v. 15, May 1978.

SMITH, Preston G.; REINERTSEN, Donald G. **Desenvolvendo Produtos na Metade do Tempo.** São Paulo: Editora Futura, 1997.

STEWART, Thomas. **Capital Intelectual.** Rio de Janeiro: Campus, 1997.

STRASSMAN, Paul. Global Knowledge Power: Further Accumulation and Consolidation of Knowledge is Likely to Exarcebate Global Conflicts. **Knowledge Management**, v. 3, n.6. Canadá, junho de 2000.

SVEIBY, Karl Erick. **A Nova Riqueza das Nações.** Rio de Janeiro: Campus, 1997.

TARENDEAU. **Le Manegement des Savoirs, que Sais-Je?** France: Presse Universitaire de France, 1998.

VEIGA, Ilma Passos, et al. **Repensando a didática.** São Paulo: Papirus, 1989.

WELTER, Therese R. How to build and operate a product-desing team. **Industry Week** 239(8); 35-58, 1990. Artigo.

WHELLWRIGHT, S. C.; MAKRIDAKIS, E. A. **Forecasting Methods for Management**. New Jersey: Wiley, 1980.

Capítulo 5:
EDUCAÇÃO EM TECNOLOGIAS

ARTIGO 16

Educação Superior

Avanilde Kemczinski, Isabela Gasparini, Maria do Carmo Duarte Freitas

Sumário

Resumo	138
Palavras-chave	139
1. Introdução	139
2. Educação superior brasileira	139
2.1. Educação superior no contexto atual	141
2.2. Formação de professores	144
3. Educação superior e tecnologia	145
4. Case	146
5. Conclusão	148
6. Questões para reflexão	149
7. Tópico para discussão	150
Referências	152

Resumo

A educação superior deve proporcionar a aquisição de competências de longo prazo e uma qualificação intelectual de natureza suficientemente ampla para constituir base sólida na aquisição contínua, eficiente e eficaz de conhecimento. No contexto do Plano de Desenvolvimento da Educação (PDE) em uma perspectiva sistêmica, a educação superior deve ser formadora de recursos humanos altamente qualificados, como peça imprescindível na produção científico-tecnológica, elemento-chave da integração e da formação do país (PDE-MEC, 2009). Desta forma, considera-se que o aluno precisa fazer a aquisição de conhecimentos e ir além da aplicação imediata, criando e respondendo a desafios e gerando e aperfeiçoando tecnologias. Para atender a essa exigência, a educação superior deve deixar de ser apenas o espaço da transmissão e da aquisição de informações para transformar-se em um espaço de construção do conhecimento em que o aluno atue como sujeito da aprendizagem. Assim, o estudo do desenvolvimento das universidades se torna indispensável para fundamentar uma visão crítica da realidade atual da Educação Superior no Brasil. Este artigo destaca a situação atual da educação superior no país, a lei de diretrizes e bases (LDB) que dá suporte a educação superior, principalmente na modalidade de educação a distância (EAD), e discute os rumos dessa modalidade de ensino.

Palavras-chave

Educação Superior, Educação a Distância, Tecnologias de Informação e Comunicação.

1. Introdução

Descrever o sistema de educação superior do Brasil é, no mínimo, uma tarefa árdua e complexa devido à diversidade de sua estrutura e organização. É necessário entender pelo menos o atual contexto da educação no Brasil, levando-se em conta fatores de ordem econômica, social, cultural, tecnológica entre outros.

O que se pretende fazer no decorrer deste artigo é uma tentativa de esclarecer alguns conceitos e sistematizar a forma como o sistema de educação superior brasileiro se apresenta neste momento. Para tanto, será feito um resgate histórico desde o início da criação das primeiras instituições de educação superior que surgiram no Brasil, a sua atual configuração e organização e buscar-se-á fazer algumas considerações sobre as tendências no que diz respeito aos rumos da educação superior no Brasil.

2. Educação superior brasileira

A universidade surge no Brasil no começo do século XIX como resultado da formação das elites que buscaram a educação principalmente em instituições europeias durante o período de 1500 a 1800 e que retornaram ao país com sua qualificação. Elas surgem em momentos conturbados e são basicamente fruto da reunião de institutos isolados ou de faculdades específicas, fato que lhes deu uma característica bastante fragmentada e frágil. As universidades brasileiras possuem enormes diferenças históricas se comparadas às instituições dos outros países latino-americanos (STALLIVIERI, 2007a). Resultam da demanda do mercado, que sinaliza para a necessidade de formação de profissionais com qualificação fundamentalmente em áreas das engenharias, medicina e direito (STALLIVIERI, 2007b).

A autora informa que a primeira universidade brasileira, Universidade do Rio de Janeiro, foi fundada em 1920, no Rio de Janeiro, e definitivamente marcou os rumos da educação superior no Brasil, sinalizando para o estabelecimento de uma nova era.

A partir daí, destacam-se alguns momentos importantes na história da educação brasileira de nível superior (LAUS; MOROSINI, 2005):

- Em um primeiro momento, as universidades tinham a orientação de dar uma maior ênfase ao ensino do que à investigação. Instituições extremamente elitistas, com forte orientação profissional.
- Num período de trinta anos, compreendido entre 1930 (revolução industrial) e 1964 (governo militar), foram criadas mais de vinte universidades federais no Brasil. O surgimento das universidades públicas, como a Universidade de São Paulo, em 1934, com a contratação de grande número de professores europeus, marcou a forte expansão do sistema público federal de educação superior. Nesse mesmo período surgem algumas universidades religiosas (católicas e presbiterianas).
- Em 1968, se inicia uma terceira fase da educação superior brasileira com o movimento da reforma universitária, que tinha como base a eficiência administrativa, estrutura departamental e a indissociabilidade do ensino, da pesquisa e da extensão como lema das instituições de educação superior.
- No contexto da época, na década de 70 o desenvolvimento de cursos de pós-graduação no Brasil foi impulsionado e a possibilidade de realização de cursos de pós-graduação no exterior, com vistas à capacitação avançada do corpo docente brasileiro.
- A partir dos anos 90, uma quarta fase foi iniciada, com a Constituição de 1988 e com a homologação de leis que passaram a regular a educação superior. Havia a necessidade de flexibilização do sistema, redução do papel exercido pelo governo, ampliação do sistema e melhoria nos processos de avaliação com vistas à elevação da qualidade.

Nesse contexto, surgiram e desenvolveram-se as instituições de Educação Superior no Brasil, buscando atender ao mercado que solicitava profissionais qualificados, ao mesmo tempo em que buscava criar sua própria identidade enquanto sistema de educação, considerado até hoje uma das mais preciosas construções do Brasil republicano (PINIZZI, 2004).

2.1. Educação superior no contexto atual

O Brasil é hoje a sexta maior economia do mundo[6], possuindo dimensões de proporções continentais, ou seja, sua extensão territorial equivale a 8,5 milhões de quilômetros quadrados e sua população ultrapassa o número de 192 milhões de habitantes, que cresce numa taxa anual de 1,31%. Nessa realidade, estão inseridas as instituições de educação superior, que compõem um sistema complexo, diversificado, em constante mudança e expansão e que rege a sua própria reforma universitária. Para que se possa analisar o sistema de educação superior brasileiro, tem-se que entender as divisões e classificações que lhe são atribuídas.

Importante salientar que é muito comum ocorrer grande confusão na nomenclatura das instituições de educação superior, uma vez que as definições nem sempre dão conta da missão e do caráter das instituições e, principalmente, porque nem todas as instituições são universidades.

Os debates sobre esse tema reduzem-se a uma mera distinção entre "públicas" e "privadas", colocando todas as instituições como iguais na sua natureza institucional e missão, o que, na realidade, acaba por ignorar a diversificação e a riqueza desse sistema educacional.

Está claro que, se aceita como realidade a riqueza e a diversidade das instituições de educação superior, então se torna também necessário entender o porquê da necessidade de se estabelecerem algumas classificações, não com o objetivo de enquadrar o sistema nacional de educação superior, mas, acima de tudo, para poder respeitar e entender a identidade, a missão e a finalidade de cada instituição, dentro das diferentes realidades nas quais elas estão inseridas.

O Ministério de Educação do Brasil define, para efeito de registros estatísticos, que as instituições de educação superior estão classificadas da seguinte maneira:

- Públicas (federais, estaduais e municipais);
- Privadas (comunitárias, confessionais, filantrópicas e particulares).

Tal definição está seguramente relacionada com as formas de financiamento com que cada um dos modelos procura sobreviver no cenário da educação superior.

---

[6] O ranking das maiores economias mundiais é medido principalmente pelo FMI e Banco Mundial. Com as recentes crises econômicas de 2008 (EUA) e 2011 (Europa) o Brasil tem oscilado sua posição em função do câmbio e do PIB.

O sistema de educação superior brasileiro vigente se organiza e, regido pela Lei de Diretrizes e Bases (LDB, 1996), classifica as instituições de educação superior de acordo com o tipo de financiamento. As instituições de educação superior são identificadas de acordo com a sua organização acadêmica – definidas em lei, Decreto n. 3.860 de 9 de julho de 2001 –, ou seja, (FRAUCHES; FAGUNDES, 2003 e STEINER, 2006):

- Universidades;
- Centros universitários;
- Faculdades e faculdades integradas;
- Institutos e escolas superiores;
- Centros de educação tecnológica.

A essa diversificação estão também associados outros fatores que alteram os contornos, em especial, dos cursos de graduação, que passam a optar por uma maior flexibilização de seus currículos e a implantação de novas diretrizes curriculares. Essas decisões conduzem a uma expansão e diversificação nas modalidades oferecidas, ou seja, a clientela passa a poder optar por cursos técnicos, tecnólogos, sequenciais, educação continuada, cursos de especialização, cursos de pós-graduação *lato sensu* e *stricto sensu*, todos direcionados tanto para necessidades diferenciadas quanto para tipos de público específicos. A grande fortaleza da maioria das instituições de educação superior está na oferta de cursos de graduação, os quais são abertos a candidatos que tenham concluído o ensino médio ou equivalente e tenham sido classificados em processo seletivo. Os alunos que finalizam os estudos em nível de graduação recebem o bacharelado ou a licenciatura ou diplomas profissionais, pois são estudos desenvolvidos por períodos de duração mais longa e os habilitam para o exercício da profissão escolhida, com vistas ao ingresso no mercado de trabalho.

Os resultados do Censo da Educação Superior de 2007 – cuja Sinopse Estatística o Inep publicou em 3 de fevereiro – mostram a existência de 2.281 instituições de educação superior (Tabela 1), 23.488 cursos e 4.880.381 estudantes – sendo que, desses, 1.481.955 são ingressantes. A coleta de informações se deu em 2008 tendo como referência a situação observada em 2007.

Os dados apontam para uma queda no ritmo de criação de novas instituições. Segundo a categoria administrativa, observa-se o aumento de 1,7% de instituições

Tabela 1 – Evolução do Número de Instituições, segundo a categoria Administrativa - Brasil - 2002 a 2007 – INEP/MEC (2008)

Ano	Total	%Δ	Pública						Privada	%Δ
			Federal	%Δ	Estadual	%Δ	Municipal	%Δ		
2002	1.637	–	73	–	65	–	57	–	1.442	–
2003	1.859	13,6	83	13,7	65	0,0	59	3,5	1.652	14,6
2004	2.013	8,3	87	4,8	75	15,4	62	5,1	1.789	8,3
2005	2.165	7,6	97	11,5	75	0,0	59	-4,8	1.934	8,1
2006	2.270	4,8	105	8,2	83	10,7	60	1,7	2.022	4,6
2007	2.281	0,5	106	1,0	82	-1,2	61	1,7	2.032	0,5

Fonte: MEC/INEP/DEED

municipais, 1% de instituições federais, e 0,5% de instituições privadas. Houve uma queda de 1,2% no número de instituições estaduais, decorrente de integrações.

Ainda no que se refere às instituições, tendo como base a organização acadêmica, verifica-se o acréscimo no número de universidades, de 178 para 183, perfazendo um total de 8%; a criação de um centro universitário (0,8% de aumento) e ainda o aumento de 0,3% nas faculdades, cujo número absoluto passou de 1.973 para 1.978.

O maior número de faculdades (92,5%) e de centros universitários (96,7%) está vinculado ao setor privado. As universidades estão distribuídas em proporções aproximadas entre setor público e privado, 52,5% e 47,5%, respectivamente.

Quanto ao número de alunos matriculados segundo a categoria administrativa, observa-se a presença de 1.240.968 estudantes na rede pública (615.542 na rede federal; 482.814 na rede estadual e 142.612 na rede municipal). Em instituições de Ensino Superior privadas há 3.639.413 estudantes. Houve uma evolução de 4,4% no número de matrículas nas instituições federais comparativamente ao ano anterior – a maior desde 2003.

No que se refere à organização acadêmica, a maioria dos estudantes brasileiros está matriculada em universidades: 2.644.187. Os centros universitários registraram 680.938 matrículas e as faculdades, 1.555.256.

O Censo 2007 registra aumento no número total de vagas ofertadas: 2.823.942. Foram 194.344 vagas a mais que no ano anterior – apesar de as instituições públicas estaduais e as instituições públicas municipais terem diminuído o número de vagas oferecidas. As instituições privadas foram responsáveis pelo maior aumento: 196.189 novas vagas. No entanto, o aumento no número de vagas não resultou em aumento proporcional no número de ingressos – resultando em aumento de vagas ociosas. Em todo o Brasil foram registradas 1.341.987 vagas ociosas, 1.311.218 delas nas instituições privadas. O menor índice de vagas ociosas foi verificado nas instituições federais: um total de 3.400.

2.2. Formação de professores

Um dos principais pontos do Plano de Desenvolvimento da Educação (PDE-MEC, 2009) é a formação de professores e consequentemente a sua valorização profissional. A questão é urgente, estratégica e reclama resposta nacional. Nesse sentido, o PDE promove o desdobramento de iniciativas fundamentais levadas a termo recentemente, quais sejam: a distinção dada aos profissionais da educação, única categoria profissional com piso salarial nacional constitucionalmente assegurado, e o comprometimento definitivo e determinante da União com a formação de professores para os sistemas públicos de educação básica (a Universidade Aberta do Brasil – UAB – e o Programa Institucional de Bolsas de Iniciação à Docência – PIBID).

A UAB e o PIBID, por seu turno, alteram o quadro atual da formação de professores, estabelecendo relação permanente entre educação superior e educação básica. É o embrião de um futuro sistema nacional público de formação de professores, no qual a União, por meio da Fundação Coordenação de Aperfeiçoamento de Pessoal de Nível Superior (CAPES), assume enfim sua responsabilidade.

No caso da UAB, estados e municípios, de um lado, e universidades públicas, de outro, estabelecem acordos de cooperação. Por meio deles, os elementos federados mantêm polos de apoio presencial para acolher professores sem curso superior ou garantir formação continuada aos já graduados. As universidades públicas, da sua parte, oferecem cursos de licenciatura e especialização, especialmente onde não existe oferta de cursos presenciais. Com os polos previstos, todos os professores poderão se associar a um centro de formação nas proximidades do trabalho. A UAB dialoga, assim, com objetivos do PNE: "Ampliar, a partir da colaboração da União, dos estados e dos municípios, os programas de formação em serviço que assegurem a todos os professores a possibilidade de adquirir a qualificação mínima exigida pela LDB, observando as diretrizes e os parâmetros curriculares" e "Desenvolver programas de educação a distância que possam ser utilizados também em cursos semipresenciais modulares, de forma a tornar possível o cumprimento da meta". A CAPES passa a fomentar não apenas a formação de pessoal para o nível superior, mas a formação de pessoal de nível superior para todos os níveis da educação.

3. Educação superior e tecnologia

O avanço tecnológico possibilita uma nova realidade educacional: o processo ensino-aprendizagem mediado pelo computador e pela Internet. As novas formas de produção, prestação de serviço e socialização que valorizam, entre outras competências, o uso das tecnologias de informação e comunicação (TIC), a comunicação interpessoal e o trabalho em grupo (BRUNO, 1996 e KEMCZINSKI et al, 2007), exigem respostas das Instituições de Ensino Superior. As TICs aplicadas na inovação dos processos ensino-aprendizagem são capazes de oferecer recursos para que essas instituições atendam as novas exigências.

Moraes (1997) e Hounsell et al (2004) argumentam que os modelos de ensino geram uma série de implicações nos processos de construção do saber, na maneira como pensamos e compreendemos o mundo e, consequentemente, nas formas de produção, de gestão e de disseminação do conhecimento e das informações. A combinação desses fatores requer a preparação de uma postura educacional, na qual planejadores e executores de projetos educacionais precisam estar mais atentos para que os resultados do processo educacional sejam alcançados.

Assim, é possível entender por que há necessidade de dinamizar e acelerar os processos de informatização da educação.

Segundo Moraes (1998) e Cidral, Abreu, Kemczinski (2003), educar para a Era da Informação ou para a Sociedade do Conhecimento exige que sejam extrapolados as questões didáticas, os métodos de ensino, os conteúdos curriculares, de maneira a encontrar caminhos mais adequados e congruentes com o momento histórico em que estamos vivendo. Todos esses aspectos implicam o repensar da escola, dos processos de ensino-aprendizagem e o redimensionamento do papel que o professor, a instituição de ensino e o próprio aluno deverão desempenhar na formação do cidadão.

O papel relevante que as novas TICs podem desempenhar no sistema educacional depende de vários aspectos. Além de uma infraestrutura adequada de comunicação, de modelos sistêmicos bem planejados e projetos teoricamente bem formulados, o sucesso de qualquer empreendimento nessa área depende, fundamentalmente, de investimentos significativos que deverão ser feitos na formação de recursos humanos, de decisões políticas apropriadas e de capacidade de realização (KEMCZINSKI et al, 2009).

As TICs são ferramentas na inovação dos processos de ensino-aprendizagem das instituições de ensino, mas exigem a definição de uma abordagem pedagógica adequada à missão, aos compromissos e aos objetivos educacionais (CIDRAL, 2000). Assim, busca-se contextualizar o processo de ensino-aprendizagem e o uso das novas tecnologias na educação superior, principalmente na formação de professores, sobre a ótica de abordagens didático-pedagógicas que implicam na redefinição do papel do professor como facilitador e gerente: do processo ensino-aprendizagem, da instituição de ensino como infraestrutura física, política e social do processo como um todo e do aluno sendo agente ativo de sua aprendizagem KEMCZINSKI, GASPARINI, DONATANGELO (2005); HOUNSELL, SILVA, KEMCZINSKI (2008).

4. Case

O foco principal da educação a distância (EaD), segundo Litwin (2001), é o aprendizado do aluno, sendo o professor o mediador do processo, buscando construir conteúdos educacionais consistentes, interativos e intuitivos em Ambientes *E-learning* (AEs). Para que esse objetivo seja alcançado, é preciso saber se o método e os critérios utilizados pelos AEs têm essa capacidade, e, para tanto, pode-se utilizar ferramentas de avaliação como o SIA-AE (Sistema Interativo de Avaliação para Ambientes *E-learning*), onde diretivas de questionamentos são aplicadas ao AE e com base nos resultados obtidos pode-se obter a sua eficiência e eficácia. O SIA-AE é uma ferramenta hipermídia adaptativa disponível na Internet para facilitar e automatizar o processo de avaliação de AEs numa perspectiva técnica e pedagógica (KEMCZINSKI, 2005). Este sistema foi desenvolvido para auxiliar os profissionais e pesquisadores na escolha de qual AE melhor se ajusta às suas necessidades e expectativas.

Para avaliar um AE, o SIA-AE utiliza uma base de questionário (questões técnicas e pedagógicas). Essa base é apresentada de forma distinta para cada avaliador, pois tem a flexibilidade de se adaptar de acordo com o nível de conhecimento do sujeito avaliador. Por isso, o SIA-AE está estruturado em um MU (modelo de usuário) e um MD (modelo de domínio). O primeiro modelo identifica o perfil do usuário que utiliza o sistema, permitindo que a base de questionário seja apresentada ao avaliador de acordo com seu nível de conhecimento sobre o produto *e-learning* a ser avaliado. Já o segundo modelo classifica as questões técnicas segundo o grau de dificuldade em relação ao conhecimento mínimo que o usuário necessita ter para entender e responder o questionário. Este modelo também dá a possibilidade ao usuário de optar por realizar uma avaliação completa ou uma avaliação simplificada.

As questões técnicas são baseadas nas normas sobre avaliação de qualidade de produto de software ISO/IEC 9126-1 (2003). Desta forma, cada pergunta técnica foi baseada em uma subcaracterística compreendida em uma característica (Funcionalidade, Confiabilidade, Usabilidade, Eficiência, Manutenibilidade e Portabilidade) da norma. Cada questão técnica está subordinada a uma questão pedagógica, que representa as necessidades do usuário.

As questões (pedagógicas e técnicas) estão divididas em categorias: Informação, Atividade, Comunicação, Colaboração, Gestão, Acessibilidade e Avaliação de Aprendizagem. Cada questão técnica está também associada com um (ou mais) dos seis indicadores (Individual, Participativo, Colaborativo, Individual Mediado, Participativo Mediado e Colaborativo Mediado), que se baseiam na classificação de ambientes de aprendizagem suportados pela Web proposta por (KEMCZINKI et al., 2004). Existe uma sequência de tarefas na utilização do SIA-AE para avaliar um AE. Na Tabela 2 são detalhados os passos desta sequência.

Tabela 2 – Etapas do processo de utilização do SIA-AE

Etapa	Nome	Descrição
1	Identificação do perfil do usuário	A primeira etapa do processo tem por objetivo identificar o grau de conhecimento do usuário em áreas relevantes para a avaliação e classificá-lo em um dos status preestabelecidos: bloqueado, iniciante, intermediário ou avançado.
2	Identificação do AE a ser avaliado	É a etapa da avaliação na qual o usuário informa qual AE será avaliado. Isto consiste no preenchimento de um formulário com alguns dados referentes ao AE, sendo eles: a identificação (sigla), nome completo e objetivo do AE.
3	Identificação do indicador de avaliação	Identificar o indicador de avaliação consiste em classificar o AE a ser avaliado em um dos seis indicadores. O indicador influencia diretamente na avaliação, pois serão apresentadas ao usuário somente as questões relacionadas ao indicador escolhido.
4	Escolha da avaliação	Neste momento, o avaliador deve escolher entre duas opções possíveis: (Etapa 5) identificar os recursos do AE; ou (Etapa 6) definir os requisitos do usuário.
5	Identificação dos recursos do AE	Neste estágio, o especialista define todas as funções, elementos, componentes, dados e subsídios que o AE possui. São perguntas técnicas voltadas para a obtenção de informações a respeito de quais recursos o AE provê. O usuário deverá escolher a categoria (Informação, Atividade, Comunicação, Colaboração, Gestão, Acessibilidade e Avaliação de Aprendizagem) desejada, para que então sejam liberadas as questões técnicas daquela categoria. Ao término, o avaliador poderá escolher uma nova categoria ou então passar para a etapa de definição dos requisitos do usuário. Deve-se destacar que a definição dos requisitos do usuário frente a um AE específico só poderá ser realizada se para este AE já tenham sido identificados todos os seus recursos técnicos.

Etapa	Nome	Descrição
6	Definição dos requisitos do usuário	Nesta fase o usuário-avaliador define todas as funções e requisitos que ele quer que o AE possua. São perguntas pedagógicas voltadas para a obtenção de informações a respeito de quais recursos o avaliador deseja que o AE disponha. Da mesma forma que na avaliação técnica, o usuário deve escolher aqui a categoria desejada. Mas antes que sejam liberadas as questões pedagógicas da categoria escolhida, o avaliador deve optar entre uma avaliação completa ou uma avaliação simplificada.
7	Validação dos requisitos	Esta etapa irá validar os requisitos que o usuário definiu na etapa de definição dos requisitos do usuário. Isto é feito cruzando os dados do que o AE avaliado realmente possui (funcionalidades e recursos identificados e definidos na avaliação técnica) com o que o usuário deseja que AE disponibilize (definidos na avaliação pedagógica).
8	Geração dos resultados	Os resultados da avaliação são apresentados de três formas: voltados às características das normas ISO/IEC 9126-1, aos requisitos pedagógicos e voltados ao indicador de avaliação. Após a geração dos resultados, o usuário poderá avaliar pedagogicamente (definir os requisitos do usuário) uma nova categoria.

Fonte: FERLIN et al (2008).

A ferramenta está disponível online em http://www2.joinville.udesc.br/~gpie/siaae/wwwroot/ e pode ser utilizada livremente pelo professor e demais usuários para avaliação de um ambiente *e-learning*.

5. Conclusão

As transformações que estão ocorrendo na educação superior brasileira estão analogamente ocorrendo no cenário da educação mundial, principalmente nos países da América Latina.

Pode-se concluir até aqui que o Brasil ainda precisa avançar muito em relação às condições necessárias para oferecer educação em nível superior a um contingente cada vez maior de sua população, em especial aos que estão em idade de ingresso no ensino superior. Para isso, a expansão do número de instituições torna-se uma necessidade imediata. No entanto, a expansão não pode seguir ocorrendo de forma desorganizada e superada expressivamente pelo aumento de instituições de caráter privado, uma vez que a sociedade não tem condições de absorver o alto custo que representa concluir um curso em nível superior.

Da mesma forma, isso gera a necessidade de uma constante reflexão sobre a sistematização do sistema de educação superior brasileiro, a fim de que a oferta esteja de acordo com as necessidades apresentadas pela população, os novos cenários relacionados ao uso das TICs na educação e as novas demandas do mercado de trabalho.

O momento é bastante delicado. As tensões existentes entre o sistema público e privado, as questões de financiamento da educação superior, a autonomia universitária, a necessidade de constante avaliação para garantia da qualidade são questões recorrentes nas agendas dos setores político e educacional do país.

À comunidade acadêmica (gestores, dirigentes universitários, docentes e pesquisadores) cumpre o papel de seguir honrando os compromissos assumidos com a população, respeitando os direitos humanos, a justiça social, a multiculturalidade e a promoção das minorias e dos excluídos.

6. Questões para reflexão

De acordo com os dados do Censo (MEC/INEP/DEEP), 97 instituições ofereceram, em 2007, cursos de graduação a distância. São dezenove IES a mais em relação às registradas no ano de 2006. É possível observar na Figura 1 que o número de cursos de graduação a distância aumentou de maneira significativa nos últimos anos.

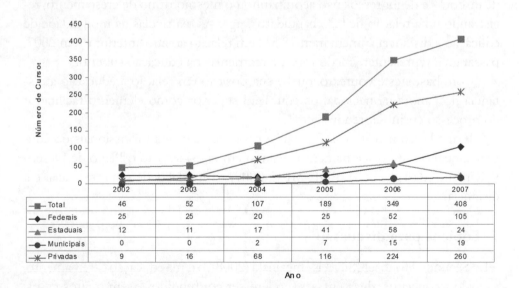

Figura 1 — Evolução do número de cursos — Graduação a Distância
por categoria administrativa Brasil — 2002-2007
INEP/MEC (2008)

Comparado ao ano de 2006, foram criados 59 novos cursos a distância, representando um aumento de 16,9% no período. O número de vagas oferecidas em 2007 chegou a quase o dobro das oferecidas em 2006, com um aumento de 89,4%, ou seja, uma oferta de 727.520 vagas a mais. O crescimento no número de vagas da educação a distância deu prosseguimento a um aumento que se observa desde 2003. Nesse período, registrou-se uma variação de 6.314% no número de vagas ofertadas. Contudo, até o momento do Censo 2007, o número de inscritos e de ingressos não acompanhou o mesmo ritmo de crescimento. Enquanto em 2006 foram registrados 0,53 candidato para cada vaga, no ano posterior essa relação foi de 0,35.

Com relação ao ano de 2006, o total de ingressantes apresentou um aumento de 42,4% em 2007. O total de matrículas teve um crescimento estável nos últimos anos e, em 2007, chegou ao número de 369.766 matrículas. Esse número de matrículas a distância representa 7% do total das matrículas de todos os cursos de graduação. No ano de 2006, esse percentual esteve em torno dos 4,2%. A quantidade de concluintes em educação a distância apresentou um aumento de 15,5% em relação ao ano de 2006, com 5.992 concluintes a mais.

Na graduação a distância, 97 instituições ofereceram 408 cursos em 2007. O número de vagas oferecidas aumentou 89,4% em relação a 2006, mas o número de inscritos e de ingressos não acompanhou o mesmo ritmo de crescimento, registrando uma relação de 0,35 candidato/vaga. As matrículas na modalidade de educação a distância aumentaram 78,5% em relação ao ano anterior e, em 2007, passaram a representar 7% do total de matrículas na educação superior.

Com base neste contexto, qual a sua posição em relação à educação a distância no panorama nacional da educação superior como elemento facilitador do processo ensino-aprendizagem?

E, ainda, com relação à formação e valorização dos profissionais da educação, qual o seu posicionamento levando em consideração o Plano de Desenvolvimento da Educação (PDE-MEC, 2009) na modalidade semipresencial e a distância?

7. Tópicos para discussão

1. Segundo Hounsell, Silva, Kemczinski (2008), o tema educação e treinamento, dois conceitos, duas ênfases, podem ser confundidos e, em muitos casos, utilizados para designar a mesma coisa. Conceitualmente, a educação é uma forma mais ampla de se aprender e, com a tecnologia de Realidade Virtual (RV), é possível extravasar a imaginação, pois o aprendiz não se prende

a aulas ou objetos físicos reais, podendo assim manipular o conteúdo a ser explorado, analisá-lo e estudá-lo. Com a RV presente na educação, podemos descobrir, explorar e construir conhecimento (aprender) sobre lugares que jamais pensaríamos poder visitar. Possibilita a construção do conhecimento através de sistemas exploratórios interativos e modelos digitais tridimensionais, construídos com precisão e sensibilidade, isto é, integrar os conteúdos de uma área de conhecimento (matemática, por exemplo) com técnicas avançadas de computação gráfica, promovendo assim a educação. Já o Treinamento é uma tarefa específica que, através da RV, possibilita que o aprendiz repita atividades (normalmente voltadas ao mercado de trabalho) diversas vezes, exercitando habilidades físicas e motoras. Sendo assim, do ponto de vista da escalabilidade, um sistema de treinamento virtual pode atingir um maior número de usuários treinados em um tempo menor. O treinamento por computador, principalmente com a RV, oferece acesso a diversas vantagens não contempladas no treinamento tradicional, pois facilita a padronização e pode propiciar o aprendizado à distância contemplando com fidelidade um ambiente real. Portanto, pode-se definir que a ênfase na educação deve possibilitar o aprender a aprender, onde o aprendiz possa analisar e refletir sobre o foco de estudo e tudo o que este engloba. Quanto à ênfase no treinamento, deve propiciar um aprender específico com tempo determinado, que busca a obtenção de habilidades inatas para a execução de tarefas bem delimitadas pelo ambiente. Você concorda com as duas ênfases apontadas (educação e treinamento)? Quais as vantagens e desvantagens do uso das TICs no processo ensino-aprendizagem, principalmente com o uso de Realidade Virtual?

2. Em se tratando de acessibilidade, FERLIN et al (2008) diz que acessibilidade na informática consiste em propiciar a qualquer indivíduo oportunidades de usar os recursos que o computador oferece, eliminando assim as barreiras tecnológicas existentes na interação humano-computador. Diante disso, a presença dos aspectos de acessibilidade em Ambientes *E-learning* (AEs) é imprescindível, pois torna o seu acesso irrestrito e incondicional a qualquer usuário. Neste contexto, um conjunto de itens deve ser questionado para averiguar a presença dos critérios de acessibilidade, focado na deficiência visual nos AEs. Com isso, facilita a utilização dos ambientes virtuais tanto pelos professores quanto por aprendizes com necessidades especiais visuais. Desta forma, colabora-se para o direcionamento de uma sociedade pautada nas premissas de inclusão social e digital, onde o acesso à informação se

faz necessário e constante. Neste aspecto, qual o seu entendimento sobre acessibilidade visual? Qual a sua compreensão sobre as premissas de inclusão social e digital e qual a relação com a educação?
3. Segundo Alves et al (2008), a avaliação de aprendizagem pode ser encarada como um agente de controle do processo ensino-aprendizagem, no qual existem tipos de avaliação que auxiliam nesse controle e que podem ser aplicados em épocas específicas. Esta distinção visa identificar e facilitar o emprego de técnicas avaliativas conforme o tipo de resultado que o mediador procura. Em se tratando de avaliação, qual a distinção entre avaliação diagnóstica, formativa e somativa? Como as TICs podem colaborar no processo de avaliação dos aprendizes?

Referências

ALVES, F. A.; KEMCZINSKI, A.; HOUNSELL, M. S.; GASPARINI, I. Diagnóstico da Avaliação de Aprendizagem em Ambientes E-learning. In: **XIX Simpósio Brasileiro de Informática na Educação**, 2008, Fortaleza – CE. SBIE 2008: Tecnologia e Educação para Todos, 2008. v. 1. p. 1-4.

BRUNO, L. Educação, qualificação e desenvolvimento econômico. In: Bruno, L. et al. **Educação e trabalho no capitalismo contemporâneo**. São Paulo, Atlas, p.91-123, 1996.

CIDRAL, A. APS-TUTOR: um ambiente web de aprendizagem como suporte às atividades presenciais no ensino de análise de sistemas. In: **XXVIII Congresso Brasileiro de Ensino de Engenharia**, 2000.

CIDRAL, A.; ABREU, A. F.; KEMCZINSKI, A. Uma metodologia de aprendizagem vivencial para o desenvolvimento de competências para o gerenciamento da implementação de sistemas de informação. **Revista Produção Online**, Florianópolis, v. 4, n. 1, 2003.

FERLIN, W.; KEMCZINSKI, A.; GASPARINI, I.; FREITAS, M. do C. D. Uma ferramenta para avaliação de ambientes *e-learning* quanto aos aspectos da acessibilidade visual. In: **XIX Simpósio Brasileiro de Informática na Educação (SBIE),** 2008, Fortaleza.

FRAUCHES, C.; FAGUNDES, G. **LDB anotada e comentada**. Brasília: Ilape, 2003.

HOUNSELL, M. S.; MENESTRINA, T. C.; KEMCZINSKI, A. A configuração de uma disciplina teórico-conceitual: Motivações e resultados. In: **World Congress on Engineering and Technology Education - WCETE 2004**, 2004, santos. World Congress on Engineering and Technology Education, 2004.

HOUNSELL, M. S.; SILVA, E. L. da; KEMCZINSKI, A. Medindo as ênfases em educação e treinamento de ambientes virtuais 3D. In: **International Conference on Engineering and Technology Education**, 2008, Santos - SP. INTERTECH'2008. Santos - SP: COPEC Council of Researches in Education and Sciences, 2008. v. 1. p. 646-650.

INEP/MEC. **Instituto Nacional de Pesquisa em Educação Anísio Teixeira** – Censos do Ensino Superior. Disponível em: <http://www.inep.gov.br>. Acesso em: dez. 2008.

KEMCZINSKI, A.; MAREK, J.; HOUNSELL, M. S.; GASPARINI, I. Colaboração e cooperação pertinência, concorrência ou complementaridade. **Revista Produção Online**, v. 7, p. 1-15, 2007.

KEMCZINSKI, A. **Método de Avaliação para Ambientes E-Learning**. 2005. 205 f. Tese (Doutorado em Engenharia de Produção) – PPEP – UFSC, Florianópolis, SC, 2005.

KEMCZINSKI, A.; CASSANIGA JÚNIOR, O.; CASTRO, J. E.; HOUNSELL, M. S. Ambiente Web para facilitar o processo de ensino-aprendizagem. **World Congress On Engineering And Technology Education** (WCETE), 2004.

KEMCZINSKI, A.; GASPARINI, I.; DONATANGELO, L. Discutindo a acessibilidade de ambientes para portadores de necessidades especiais visuais. In: **Congresso Internacional de Ergonomia e Usabilidade de Interfaces humano-computador**, 2005, Rio de Janeiro. 5O. USIHC – 5O. Congresso Internacional de Ergonomia e Usabilidade de Interfaces Humano-Computador, 2005. v. 1.

KEMCZINSKI, A.; GASPARINI, I.; MARQUES, E. F. C.; FERNANDES, E. M. L. Utilização de Ambiente *E-learning* em disciplinas da área Tecnológica. In: **X Workshop de Informática na Escola (WIE 2009) - XXIX Congresso da Sociedade Brasileira de Computação (CSBC 2009)**, 2009, Bento Gonçalves.

LAUS, S; MOROSINI, M. C. **Internacionalización de la educación superior en Brasil**, Colômbia: Banco Mundial em coedición com Mayol Ediciones, 2005.

LDB. **Lei que estabelece as diretrizes e bases da educação nacional** – Lei n. 9.394, de 20 de dezembro de 1996.

LITWIN, E. **Educação a Distância:** temas para o debate de uma nova agenda educativa. Porto Alegre: Artmed, 2001.

MORAES, M. C. **Novas tendências para o uso das tecnologias da informação na educação.** Brasília, Papirus, 1998.

MORAES, M. C. **O paradigma educacional emergente.** Brasília, Papirus, 1997.

NBR ISO/IEC 9126-1. Engenharia de Software – **Qualidade de produto Parte 1**: Modelo de Qualidade, 2003.

PANIZZI, W. M. **Pronunciamento II** – Reunião Plenária do Conselho Universitário Ibero-americano, Andifes, Brasília, 2004.

PDE-MEC. **Plano de Desenvolvimento da Educação: Razões, Princípios e Programas**. Ministério da Educação, 2009. Disponível em: <http://portal.mec.gov.br/pde/>. Acesso em: set. 2009.

STALLIVIERI, L. **El papel de las instituciones de educación superior en el proceso de integración de América Latina**. Universidades, v. 35, p. 39-48, 2007a.

STALLIVIERI, L. **El sistema de educación superior de Brasil. Características, tendencias y perspectivas**. Universidades, v. 34, p. 47-61, 2007b.

STEINER, J. E. **Diferenciação e Classificação das Instituições de Ensino Superior**, Instituto de Estudos Avançados da Universidade de São Paulo. Disponível em: <http://www.iea.usp.br/observatórios/educação>. Acesso em: dez. 2006.

Artigo 17

Uso das TICs no Ensino Superior – A Simulação de Edifícios no Ensino da Física Aplicada à Arquitetura

Aloísio Leoni Schmid

Sumário

Resumo	155
Palavras-chave	156
1. Introdução	156
2. A simulação de edifícios como prática profissional	157
3. Simulação e o ensino-aprendizagem na arquitetura	158
4. Linha de base: a linguagem física-matemática	160
5. A transformação: alunos simulando as próprias ideias	164
6. Aprimoramento: a simulação de um objeto didático	169
7. Conclusão	171
8. Questões para reflexão	172
9. Tópico para discussão	172
Referências	173

Resumo

A utilização de Tecnologias da Informação e Comunicação no ensino superior remete à diferença que existe entre ensinar e informar ou, mais especificamente, entre ensinar e treinar. A simulação de edifícios é uma aplicação das Tecnologias da Informação e Comunicação com uso crescente no projeto de arquitetura e tem também sua utilidade no ensino superior. Aqui surge a necessidade de excluir o treinamento dos futuros arquitetos no uso das ferramentas que estão no mercado. Trata-se, antes, da simulação como apoio à aula teórica, substituindo com algumas vantagens a aula experimental. A proposta aqui é mostrar as peculiaridades do uso didático da simulação, contrastando com o treinamento para seu uso, ou a própria dinâmica do seu uso profissional. Para tanto, é narrada uma experiência de dez anos no ensino do Conforto Ambiental (antiga Física Aplicada à Arquitetura). Numa primeira fase, foi usada a notação físico-matemática formulando problemas teóricos, com solução analítica sobre geometrias muito simples. Numa segunda fase, houve a tentativa da simulação em projetos livres – cada estudante simulando o que acabara de criar na disciplina de Projeto. Numa terceira e mais recente fase, foram limitados os graus de liberdade, com definição de geometrias mais simples. Isto permitiu que fossem exaustivamente parametrizadas pela turma. A primeira fase não atraiu o interesse dos alunos, e a segunda incorreu no excesso de parâmetros, prejudicando a clareza da aprendizagem. Entretanto, na terceira fase houve nítido aprofundamento da compreensão pela turma. Conclui-se que há razoável diferença entre o uso prático da simulação (que não pressupõe a discussão de fundamentos) e o seu uso no apoio ao ensino, não como fim, mas como meio, sem perder de vista os pressupostos pedagógicos. É mais um desafio em termos de informação do que de tecnologia propriamente.

Palavras-chave

Ensino superior, Educação em Arquitetura e Urbanismo, Métodos Numéricos em Engenharia, Conforto Ambiental.

1. Introdução

Apresento um relato sobre a aplicação de Tecnologias da Informação e Comunicação no ensino superior, em curso de Arquitetura e Urbanismo. Mais especificamente, trato a aplicação da simulação de edifícios na disciplina de Conforto Ambiental (que antigamente se chamava Física Aplicada à Arquitetura).

Acabo de completar dez anos de docência nesta disciplina. Paralelamente, venho desenvolvendo há quase tanto tempo quanto um sistema computacional para a simulação térmica, lumínica e acústica de edifícios. Fiz isto movido pela curiosidade e também pela frequente demanda de consultoria a respeito do desempenho das edificações. No entanto, em algum momento achei oportuno apresentar o *software* aos estudantes de Arquitetura e Urbanismo, assim como aos mestrandos em Construção Civil. Pedi deles tarefas de modelar e simular edificações nas fases de concepção a anteprojeto, de modo que compreendessem melhor os princípios físicos do desempenho térmico e também do desempenho acústico. Hoje, após cinco tentativas em turmas distintas, tenho uma visão a respeito da simulação como recurso didático e acredito que seja útil para outras aplicações de Engenharia, ou, em termos gerais, da simulação.

Simular, para o profissional, significa antever o futuro; testar cenários; adiantar-se aos fatos concretos; percorrer (senão varrer) múltiplas possibilidades; otimizar desempenho; minimizar custos. É economia de tempo e acontece no plano mais elevado da abstração. No entanto, é este tipo de simulação que cabe ser empregado no processo de ensino-aprendizagem?

Para responder a esta pergunta, busco fundamentar-me na minha experiência paralela de consultor em desempenho de edificações e professor da UFPR. Inicialmente, apresento a simulação qual utilizada no dia a dia profissional em consultoria à engenharia e arquitetura. Posteriormente, relato a situação do ensino-aprendizagem detalhando três diferentes abordagens no ensino de Conforto Ambiental (uma sem e duas com o uso da simulação). Enfim, proponho especulações sobre a possível generalização desta experiência.

2. A simulação de edifícios como prática profissional

Vejo na ferramenta de simulação uma extensão do cérebro treinado: usada com fluência, parece com uma linguagem de alto nível. Aliás, os sistemas de simulação são feitos para que os usuários sequer se lembrem de que existe um baixo nível, um chão de fábrica digital em que os *bits* são armazenados e movimentados em velocidade cada vez maior. Um time de engenheiros e arquitetos discutindo um problema de desempenho físico (por exemplo, lumínico) de um edifício gesticulam, discutem e proferem até palavrões; mas, em termos de análise de sistemas, falam uma linguagem da alto nível, e os computadores abertos mostram interfaces de alto nível. Enfim, a comunicação com os clientes – em relatórios, reuniões e palestras – é em linguagem de alto nível. No entanto, projetistas e consultores não descem ao nível das considerações básicas da física ou da computação. O que lhes interessa são os resultados.

Se o conhecimento fosse representado na forma de uma pirâmide, esta linguagem de alto nível movimentaria somente o estrato superior, de forma rápida, precisa, inequívoca. Isto requer uma formação sólida, que fica aqui bem representada no tetraedro. No entanto, emprestando uma figura de linguagem de meu professor de violino ao explicar o que deseja para a sonoridade, *sólido não é sinônimo de rígido*. Isto revela um aspecto falho na metáfora da pirâmide. Pois o tetraedro, seja maciço ou em treliça constituída de seis elementos de barras, é rígido por definição. Buscamos, como educadores, facilitar um processo de formação sólida (melhor seria chamá-la densa, consistente); mas nunca rígida.

A formação rígida resultaria, pois, na aplicação *ipsis literis* da marcha de cálculo estrutural de uma ponte; na observância cega de alguma norma de iluminação de ambientes; no uso indefectível das regras gramaticais. Senão, o que fazer quando o vão central da ponte derivar em uma pista de rodagem à direita? Como proceder quando há luz natural abundante? Ou, como escrever um texto de apelo retórico, polêmico, poético, sem relativizar a gramática? A mente enrijecida não daria conta de um mundo dinâmico.

A capacidade profissional que se espera é a da superação dos limites predefinidos no seu processo de formação. Se o mundo fosse sem dinâmica, talvez a sobrevivência profissional fosse garantida naquilo que alguém um dia resolveu incluir nos currículos acadêmicos. E isto exigiria que os docentes, ao longo dos semestres letivos, não deixassem escapar conteúdo e que os estudantes tivessem obrigação de assimilar tudo o que foi apresentado. E sabemos que isto não acontece.

Então, uma primeira conclusão pode ser retirada: a educação superior não coaduna com a aquisição de fluência no uso de um *software*. Tanto menos quanto os *softwares*, de fato, evoluem constantemente. Cabe à universidade trabalhar os fundamentos, criar rotinas de busca, antes de preencher as memórias do cérebro com informação perecível.

3. Simulação e o ensino-aprendizagem na arquitetura

Vimos que na atividade profissional a simulação de edifícios confere eficiência e otimização. Já na educação superior, aqueles valores têm pouca serventia. Foi esta a conclusão principal do experimento de aplicar simulação no ensino de Conforto Ambiental no curso de graduação em Arquitetura e Urbanismo. É por suspeitar que esta conclusão possa ser útil a muitas outras disciplinas que utilizem simulação, em especial em cursos de Engenharia, que eu apresento em detalhe minha trajetória com os alunos da UFPR.

O currículo de Conforto Ambiental de um curso superior em Arquitetura e Urbanismo é rico em problemas físicos, sempre associados à percepção humana (portanto, estendidos à reação fisiológica). Isto inclui o desempenho térmico dos edifícios e sua percepção pelas pessoas, visando edifícios termicamente confortáveis e energeticamente eficientes; as necessidades humanas em iluminação e o aproveitamento da iluminação natural buscando estética, funcionalidade, conforto e, novamente, eficiência energética; a propagação do som no espaço e através de suas partições em atendimento às necessidades humanas de comunicação (falada e musical) e também de silêncio; e a ventilação do ambiente construído com suas diferentes escalas e os respectivos efeitos práticos (eliminar poluentes; suprir de ar puro; eliminar odores e umidade; refrescar o corpo; retirar ou adicionar calor à massa edificada).

Há cerca de doze anos, eu me vi diante da tarefa de ensinar estes assuntos a uma turma de segundo ano de Arquitetura e Urbanismo. E tudo o que eu encontrei na minha sólida (e rígida) formação de engenheiro foram fórmulas, com suas deduções desde simples até complexas, e exercícios de aplicação. E que apelo teria tudo isto para os futuros arquitetos?

Pois bem, diante de mim eu encontrei 45 alunos e alunas de segundo ano, idade ao redor de seus dezoito anos. Era um ambiente muito mais visual do que algébrico. Não digo isto porque o sexo feminino constituísse maioria, com o agravante de se tratar do estrato mais bem-vestido e bem-alimentado de toda a universidade (conforme a pesquisa socioeconômica realizada pela instituição). Eu os achava "visuais" porque se tratava de um grupo já desde antes do vestibular imerso numa realidade de linhas, formas e cores, proporções e ritmo, desenhos de edifícios e também (por que não?) desenho artístico, pinturas e esculturas, design e moda. Ou seja, de uma sensibilidade marcadamente visual e, talvez por isto mesmo, refratário ao exercício da lógica, da precisão, da atenção aos dígitos antes e depois das vírgulas; menos sensível às construções teóricas da lógica matemática, por mais que aplicável à Física e, com esta, ao dia a dia. De modo algum se tratava de jovens incapazes, pois seu estrato também se mostrava dos intelectualmente mais selecionados da universidade, com índices de candidato/vaga comparáveis aos de medicina e jornalismo. Mas na minha disciplina se mostravam desmotivados. Pudera, eu os recebia depois das primeiras férias de verão; e antes delas tinha-se concluído o primeiro ano do curso, em que professores e alunos veteranos se engajaram incansavelmente na principal tarefa de abrir olhos, ouvidos, cabeças: cortar amarras, romper preconceitos, desmamar quem precisa, de agora em diante, se entregar em atitude criadora. Pois se espera destes profissionais que visualizem o futuro da humanidade – ao menos no que diz respeito aos seus edifícios e cidades. E eu queria ajudá-los a repensar (não somente replicar) os edifícios e as cidades. Não caberia passar receitas. Aqui não tem lugar para uma formação rígida.

Sou engenheiro, não arquiteto. Minha formação é, por definição, mais rígida. Mas se abracei a docência, tenho a obrigação de flexibilizar minha mente. Deixei de ser engenheiro para ser educador: um metaengenheiro (se a educação fosse um jogo, o metaengenheiro seria uma carta que bate o simples engenheiro, assim como o simples arquiteto). Não raro, me esbarro com um colega procurando mostrar ressalvas à minha situação, um engenheiro ensinando arquitetos; se eu tomar do lápis para rabiscar em linguagem de arquiteto, é exercício ilegal da profissão. Por jocoso que seja o tom, revela a atitude de quem não se vê um metaprofissional, não se sabe portador de alguma missão superior. Lamentavelmente, isto atinge a dimensão institucional: os não arquitetos não raro são privados de atribuir notas aos trabalhos finais de graduação do Curso. Como se a formação de arquitetos consistisse em algum processo de reprodução hermafrodita, cissiparidade ou clonagem.

Insisto nesta figura da mente flexível, pois é onde se diferenciam a experiência do estágio (onde tudo é, subitamente, prático) e a da Academia. Assim também, o curso de CAD na empresa especializada, com os últimos lançamentos em equipamento e *software*, tende a ser mais valorizado que a disciplina de desenho à mão livre. A pressa do mercado e das famílias faz a Academia ser tão comumente incompreendida pelos estudantes, pelos seus pais, ansiosos pela noite de formatura e, por vezes, até mesmo pelos próprios egressos, tão logo se firmem numa carreira mais ou menos próspera. O passo da educação é diferente do passo do mercado.

Aprende-se primeiro a fazer contas e depois a usar a calculadora. Muito semelhante é o ensino-aprendizagem do desempenho de edifícios. A tecnologia não pode reduzir a educação a treinamento: se assim fizesse, estaria enrijecendo as mentes dos alunos. Para o treinamento, existirão sempre cursos bem específicos. Para a experiência prática, todos os dias que seguem à formatura. Mas para formar a mente densa e flexível existe a formação superior.

Nas três unidades seguintes, apresento as três etapas de minha experiência ensinando em Conforto Ambiental. Posteriormente, eu proponho algumas reflexões sobre o uso das Tecnologias da Informação e Comunicação no ensino superior.

4. Linha de base: a linguagem física-matemática

Minha primeira abordagem foi a do professor-enciclopédia: aquele que fala pouco e preenche rapidamente a lousa com equações complicadas. Eu procurava chegar pontualmente, à mão apenas giz e apagador. Escrevia as fórmulas de memória. Esmerava-me por uma caligrafia impecável e não poupava os gráficos coloridos. Além disto, usava muitas citações. Aliás, isto faz lembrar um professor que tive, em curso de carreira, que fazia tamanha quantidade de citações que eu me sentia diante de uma página na qual todos os substantivos fossem também um *hiperlink*. Eu procurava impressionar meus alunos.

Esta atitude tem um paralelo no professor que utiliza de força: terno e gravata, tom de voz, dificuldade nas provas e rigor nas correções. A atitude contrastante, que me estarrecia, era de um colega, capaz de abraçar alunos e alunas nos corredores e, logo depois, dizer-lhes que seus trabalhos estavam horríveis. Ensinar era, para ele, sem afetação. Era um processo cotidiano, assim como se alimentar. Aliás, aquele professor mantinha vários estagiários no seu escritório de arquitetura, e as jornadas de projeto não raro atravessavam as noites. Ensinava-lhes não somente a projetar, como também a cozinhar. Estas foram as minhas primeiras lições de aprender a ensinar ensinando.

Tenho aqui de abrir parêntesis e relatar quais eram minhas convicções, bem no início da carreira, sobre como ensinar, ou melhor, como não ensinar. Mencionei, antes, ter encontrado não mais que fórmulas na minha educação. Tenho, aqui, de retificar esta afirmação. Ela se refere à minha educação formal, mas nas suas entrelinhas havia, sim, importantes lições.

Considero que tive uma educação rica, pois cursei graduação no Brasil, mestrado no Japão e doutorado na Alemanha. Farei breves comentários sobre minha experiência no exterior para depois reavivar memórias da graduação, pois é do Brasil que quero falar.

Não foi pensando em me tornar professor, mas buscando mais sentido na formação que ingressei no mestrado e depois no doutorado. As aulas que tive no Japão, quase sem exceção, consistiam na leitura acompanhada de artigos e livros-texto selecionados, e a filosofia da ciência, ao que pude entender, era acessório *ad hoc* das monografias e dissertações. Percebi nos japoneses um povo que pouco discute, não sei se por senso prático ou por respeito humano. Não poderia ser exatamente naquelas aulas que se formavam cientistas. Eu tive a notícia de serem as grandes empresas os verdadeiros responsáveis pelo progresso científico. Eu não conheci, senão superficialmente, este mundo tão comentado na literatura gerencialista dos anos 80 e 90.

Já na Alemanha, onde não se usam créditos de doutorado, minha experiência foi muito mais do convívio com os colegas no laboratório. Em quase três anos, não ouvi alguém falar em "metodologia científica". Isto parece surpreendente; contrasta com nossos programas de mestrado (aqui, mesmo o aluno mais desligado conhece autores como Umberto Eco, Robert Yin, Michel Thiolent). Engana-se quem fica nesta primeira impressão: o que aqui dá o nome a uma disciplina tão pomposa lá se mostra presente nas conversas mais triviais, no laboratório e na sala de aula, como também em cantinas e dormitórios. O sistema universitário alemão se propôs, um dia, a formar um povo inteiro de cientistas. É um paradigma, está no ar que se respira, no clima que se vive nas universidades – além da liberdade acadêmica, da falta de pressa, da vontade de viajar, da busca incessante pela autonomia intelectual, mesmo que custe, por vezes, a simpatia. Não ouvi de ninguém a máxima perversa do *publish or perish* (publique ou pereça: a máxima que pauta a vida de muitos pesquisadores caso queiram ser reconhecidos e poder competir por bolsas, auxílios para viagem ou mesmo a ascensão na carreira). Não senti qualquer pressão por publicar resultados. Via meu orientador – como muitos bons professores – de posse de várias patentes e sob o constante assédio de executivos de empresas e de governos. Não acredito que outro povo possa ser tão familiar com o pensamento racional – sem a afetação de quem se diz cientista e tampouco mediante atrofia ou repressão da subjetividade. Só posso atribuir isto à solidez da formação pré-universitária na Alemanha.

Reuni a vivência de dois sistemas universitários bem diferentes do brasileiro, e disto pude observar que se constroem sobre bases culturais bem específicas. Mas quando eu menciono as entrelinhas do processo de educação, eu penso nos cinco anos de graduação em Engenharia Mecânica, e isto no Brasil. Pois é aqui, dentro de nossa realidade e sem idealizar algum sistema de ensino de país desenvolvido, que posso explorar a variedade de exemplos e antiexemplos.

Acredito ter tido alguns verdadeiros mestres. Sei mais ou menos quem eram, pois, passados vários anos, posso avaliar o que de fato aprendi. Assim como o bom cozinheiro não revela o tempero, nem disfarçavam as técnicas de sua didática. Portanto, não saberei falar deles com fluência.

No entanto, lembro de forma mais presente dos maus docentes. Foi forte a sensação de ter perdido muitas horas por dia na sala de aula, procurando enfrentar o frio, o sono e a dureza da cadeira e, o pior, procurando amarrar uma mente a mil por hora, no calor dos hormônios. Docentes que não sabiam ir além dos livros-texto, ou pior, de seus scripts amarelados ou transparências desbotadas. Nunca nos tiravam da sala de aula para nos mostrar o que fosse fora dali; não citavam o noticiário, procurando chamar a atenção para a dimensão prática dos seus conteúdos; não nos chamavam pelo nome, seja porque não sabiam, ou porque não se importavam. Eu tampouco me lembro de quais eram suas falhas, exatamente; o que lembro era da minha resolução de, um dia, caso me tornasse professor, fazer algo bem diferente. Enfim, fecho parênteses. Voltando às minhas primeiras duas ou três turmas: o que me ocorreu foi delegar responsabilidades, cobrar monografias ou projetos conceituais, apoiando-me na predisposição criadora da turma. Mas não abri mão de fórmulas, a linguagem de alto nível, que reputava tão importante quanto a roupa nova, limpa e passada para passar um bom tom de superioridade.

Meu método consistia mesmo no ensino de assuntos como transmissão de calor ou propagação da luz natural a partir de fórmulas com muitos símbolos matemáticos, que tinham de ser apresentados em sequência e depois seguidos consequentemente. Operações permitidas eram as quatro da calculadora, alguma exponenciação e potenciação, derivadas raramente e integrais jamais (apesar de fazerem parte do arsenal destilado para impressionar crianças e jovens). Ora, a representação físico-matemática só permitia resolver analiticamente os problemas mais simples, as geometrias mais elementares. Cheguei a implementar planilhas eletrônicas de cálculo com o problema do desempenho térmico de um barraco de meia água. Apliquei-as tanto na graduação como no mestrado. Era até elegante a solução numérica; mas eu não conseguia sequer desenhar em elevação o objeto de análise. O resultado didático foi pífio.

Figura 1 – Igreja da Sagrada Família em Barcelona (projeto de Gaudí).
Fonte: Wiki Commons (domínio público)

Eu exigia afinco no estudo de objetos sem nada do apelo de um projeto real. Não que tivesse de modelar catedral de Gaudí, mas me aproximar um pouco mais do imaginário dos futuros arquitetos. Alguns alunos mais sinceros me sugeriam trazer exemplos de arquitetura, mostrar como funcionam edifícios eficientes e sensacionais dos nomes em evidência como Renzo Piano, Norman Foster e Ken Yeang. Eu me recusava a fazer aquilo, um pouco acreditando que o hábito é que faz o monge.

5. A transformação: alunos simulando as próprias ideias

Passados três anos, as primeiras turmas que eu tivera como meus alunos chegavam ao seu último ano e apresentavam seus trabalhos finais de graduação. Muitos vinham procurar minha assessoria, que eu prestava com bastante interesse – pois alunos, diferentes de clientes, primam pela perfeição, sem as restrições econômicas do mercado. No entanto, alarmavam-me as lacunas de conhecimentos com que estes alunos deixavam a universidade, e logo na área sob minha responsabilidade. Constatei que os estudantes não aplicavam automaticamente seu conhecimento teórico sobre desempenho ambiental de edifícios nas suas tarefas de Projeto. Mais grave: a maior parte não vinha me procurar e mostrava resultados ainda piores. Esta situação despertou uma reflexão sobre como atingir uma melhor integração entre teoria e prática.

Via por um lado os estudantes de arquitetura sem familiaridade com a linguagem abstrata da Matemática. É claro que experimentos ajudam a memorizar alguns conceitos. Mas eles podem distorcer fenômenos, que são mostrados de modo demasiadamente simplificado. Os exercícios de aplicação de fórmulas parecem ter efeito semelhante. A teoria, enfim, se mostra muito distante dos objetos concretos que devem ser analisados: os edifícios. Augenbroe (2002) se refere a este fato quando menciona o desenvolvimento de ferramentas de simulação simplificadas para uso por projetistas de Arquitetura, as quais receberam muita atenção da comunidade científica no passado.

Por outro lado, eu percebia os estudantes mostrando um alto grau de consciência de suas soluções de projeto. Pareciam gravar em suas mentes cada detalhe, em verdadeiros modelos virtuais, e se importam com as implicações de suas escolhas de projeto. Augenbroe (2002) também menciona a importância de capturar tal conhecimento para gerar soluções alternativas, enquanto se aprende a respeito da sensibilidade do desempenho das edificações com respeito a tais escolhas. No entanto, ferramentas avançadas de simulação seriam necessárias para levar em conta mais e mais informações de projeto, num gradualismo que acompanhasse o detalhamento.

Tão logo ingressara na universidade como docente, eu já estava desenvolvendo um sistema de simulação do comportamento térmico de edifícios. Consegui logo bons resultados, com modelos que pouco deviam ao que havia de melhor no mercado. Chamei-o *sistema Mestre*. Tecnicamente, o sistema Mestre, para o fim de análise térmica, trata-se de um sistema concentrado, de múltiplas zonas, dependente do tempo e baseado em modelos geometricamente precisos (SCHMID, 2001; SCHMID, 2004). Quando eu finalizei uma versão que julgava de alguma usabilidade, planejei uma tarefa de modelagem e simulação para meus alunos de terceiro ano. Eles tinham de gerar um modelo virtual de uma edificação escolar que era, no momento, a tarefa da disciplina de Projeto de Arquitetura. Agrupei a turma em duplas e me propus acompanhar de forma solícita a construção dos modelos.

```
Arquivo: auditório das alunas Ana,Lívia e Carla
DADOS GERAIS
d      15      7      0 24 3600 -25 50 0 40 -3000 3000 17 26  0  0.25  0.5 0.5 1 1  0.4
NÚMERO MÁXIMO DE REFLEXÕES CONSIDERADO:
g 5
NÚMERO DE DIREÇÕES PARA A BUSCA PRELIMINAR DE TRAJETÓRIAS
r  180 360
RESOLUÇÃO MUSICAL EM BPS OU BITS POR SEGUNDO
b 44100
LOCALIZAÇÃO DA FONTE SONORA SEPARADA EM DOIS CANAIS - USAR COORDENADAS IGUAIS SE FOR ÚNICO MÚSICO)
sd          11.0  3.500  2.5
se          13.0  3.500  2.5

VOLUME DO AUDITÓRIO EM METROS CÚBICOS
V 4360
NÚMERO DE OUVINTES
Malha comprimento x largura
0  1 1
COORDENADAS DO OUVINTE
Resumo:os   0  0     X     Y    Z
os 0 0            8.0  18.0  1.8

LOCALIZAÇÃO DO OUVINTE
DADOS GEOMÉTRICOS
Formato:fp X,Y,Z (Coordenadas), azi (azimute do vetor perpendicular à parede), alt (altura do vetor
perpendicular à parede),L (largura), e (espessura), h(altura), zd (zona interna), zf (zona externa),
Ti (temperatura inicial), n (nome)
resumo:    X      Y     Z     azi alt    L          h     mat  zd  zf  ti    n
fp       2.65   17.9  1.1     0 -270    3.5        0.4    3    2   1  25    parte 2
fp        0.0   16.0  0.5     0 -270   24.0        1.0    1    2   1  25    patamar 5
fp        0.0   17.0  0.6     0 -270   24.0        1.0    1    2   1  25    patamar 6
fp        0.0   18.0  0.7     0 -270   24.0        1.0    1    2   1  25    patamar 7
fp        0.0   12.0  0.1     0 -270   24.0        1.0    4    2   1  25    patamar 1
fp       24.0   11.0  0.0   180    0   24.0        0.1    4    2   0  25    espelho 1
fp        0.0   13.0  0.2     0 -270   24.0        1.0    4    2   1  25    patamar 2
fp       24.0   12.0  0.1   180    0   24.0        0.1    4    2   0  25    espelho 2
fp        0.0   14.0  0.3     0 -270   24.0        1.0    4    2   1  25    patamar 3
fp       24.0   13.0  0.2   180    0   24.0        0.1    4    2   0  25    espelho 3
fp        0.0   15.0  0.4     0 -270   24.0        1.0    4    2   1  25    patamar 4
fp       24.0   14.0  0.3   180    0   24.0        0.1    4    2   0  25    espelho 4
fp       24.0   15.0  0.4   180    0   24.0        0.1    4    2   0  25    espelho 5
fp       24.0   16.0  0.5   180    0   24.0        0.1    4    2   0  25    espelho 6
fp       24.0   17.0  0.6   180    0   24.0        0.1    4    2   0  25    espelho 7
fp        0.0   19.0  0.8     0 -270   24.0        1.0    4    2   1  25    patamar 8
fp       24.0   18.0  0.7   180    0   24.0        0.1    4    2   0  25    espelho 8
fp        0.0   20.0  0.9     0 -270   24.0        1.0    4    2   1  25    patamar 9
fp       24.0   19.0  0.8   180    0   24.0        0.1    4    2   0  25    espelho 9
fp        0.0   21.0  1.0     0 -270   24.0        1.0    4    2   1  25    patamar 10
fp       24.0   20.0  0.9   180    0   24.0        0.1    4    2   0  25    espelho 10
MATERIAIS
Formato: f K (condutividade térmica), c (calor específico), rô (massa específica), rR (refletividade
ao vermelho), rG(ao verde), rB (ao azul), tR (transmissividade ao vermelho), tG(ao verde), tB(ao
azul), ainda a absortividade a diversas frequências (em Hz) a63, a125, a250, a500, a1000, a2000,
a4000, ainda fR (fluxo de luz vermelha), fG (verde), fB (azul), ep (espessura padrão) e ct (código
de textura).
resumo:K     c      ro    rR  rB  rG  tR  tB  tG    a63   a125   a250    a500   a1000 a2000 a4000 fR fG fB
ep   ct  nome
m      1    700    1000 0.1 0.3 0.7 0.0 0.0 0.0     0.15        0.15          0.11     0.10     0.07
    0.06   0.07      0   0   0   0.0 22  assoalho
m      1    700    1000 0.7 0.5 0.1 0.0 0.0 0.0     0.40        0.40          0.30     0.20     0.17
    0.15   0.10      0   0   0   0.0  2  piso colado madeira clara
m      1    700    1000 0.1 0.7 0.3 0.0 0.0 0.0     0.10        0.15          0.25     0.40     0.55
    0.45   0.40      0   0   0   0.0  1  poltronas
```

Figura 2 – Excerto de um arquivo de dados do sistema Mestre

Minha limitação mais séria era a usabilidade, a interface. Meus dados eram (e são até hoje) na forma de arquivo-texto, um elemento em cada linha, e esta organizando parâmetros separados por tabulações. Constatei que demorava umas duas horas por dupla. Com cerca de vinte duplas, gastei ao longo de duas semanas todo o tempo que seria de preparação ou pesquisa. Por um lado, restava pouco tempo para que cada dupla efetivamente estudasse seu edifício, considerando possíveis variações. Por outro lado, o efeito de cansaço era perceptível: os alunos se irritavam. Eu, apesar de procurar a postura impassível e ilimitada disponibilidade, mais de uma vez perdi a paciência e as maneiras.

Um ano depois concluí o módulo de acústica de auditórios do sistema Mestre. Para o fim da análise acústica, é um modelo de paredes sólidas para uma abordagem que combina os algoritmos de *raytracing* e de radiosidade. Ainda, o programa realiza a operação chamada auralização, que gera um arquivo audível: ouve-se dos fones de ouvido a sensação de um ouvinte dentro do auditório. É o correspondente auditivo da renderização, com que se visualizam maquetes eletrônicas. Seria como se, ao finalizar uma simulação de desempenho térmico, os estudantes pudessem vestir uma roupa-interface e antecipar as sensações dos ocupantes do edifício (aparentemente, a realidade virtual ainda está longe de tal façanha). Assim, o exercício de simulação em acústica se mostraria bem mais atraente que a simulação em desempenho térmico.

Na intenção de sistematizar a opinião dos alunos com respeito à simulação, eu desenvolvi uma ferramenta de questionário eletrônico, em que os alunos, preservado o anonimato, manifestariam suas opiniões. Apliquei a duas turmas simultaneamente: uma que desenvolvia projeto de residência e outra que desenvolvia auditório para fala e música. Pedi da primeira turma simulação do desempenho térmico e, da segunda, das condições acústicas do auditório. A complexidade da tarefa de modelagem em ambos os casos era semelhante. Os alunos conseguiram finalizar seus projetos e simulá-los. Eu depois os instruía para que fizessem pequenas modificações, de modo a aprimorar o desempenho. Isto envolvia voltar aos complicados arquivos de dados, por vezes com a vista já embaralhada, e eu mesmo já aceitava quaisquer indícios de melhoria. Não pude explorar as situações mais curiosas, pois estava limitado às formas que os alunos produziam.

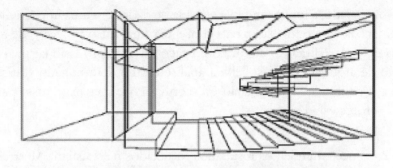

Figura 3 – Auditório projetado por estudantes (imagem gerada pelo sistema Mestre)

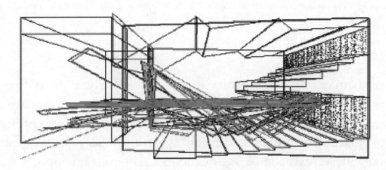

Figura 4 – Trajetórias do som entre fonte e ouvinte (imagem gerada pelo sistema Mestre)

Para minha satisfação, percebi que a simulação era vista como útil e motivadora; os alunos chegaram a se apropriar da tarefa. A Tabela 1, extraída da pesquisa de opinião, demonstra esta atitude. Os dados referem-se às duas turmas: aquela que recebeu a tarefa de simular os edifícios quanto ao seu desempenho térmico e aquela incumbida da acústica arquitetônica. A amostra foi de cerca de quarenta alunos (pouco menos da metade do universo).

Tabela 1 – Qual é a influência da simulação no projeto de edifício resultante?

Problema abordado	Muito positivo	positivo	neutro	negativo
Desempenho térmico	50%	45%	0%	5%
Acústica arquitetônica	44%	50%	6%	0%
total	48%	48%	3%	3%

Por outro lado, a longa tarefa da entrada de dados era uma importante fonte de reclamações. Por outro lado, não conseguia finalizar o processo de aprimoramento de cada edifício – assim como faço na vida profissional quando um escritório de arquitetura me solicita a análise de um determinado edifício e eu exploro as possibilidades à exaustão. Desconfiava que meu êxito fosse parcial. A Tabela 2 reforça esta percepção.

Tabela 2 – Você entendeu os resultados fornecidos pelo sistema Mestre?

	tudo	bastante	pouco	nada
total	10%	58%	33%	0%
Desempenho térmico	6%	67%	28%	0%
Acústica arquitetônica	14%	50%	36%	0%

Eu também entrevistei os professores da disciplina de Projeto. Para eles, no quesito desempenho térmico, os resultados foram positivos. Já no caso da acústica, o resultado foi negativo: a pressão para que, paralelamente ao projeto arquitetônico, construíssem um modelo e realizassem a simulação levou ao abandono de quaisquer ideias mais complexas, de modo a economizar tempo. Neste caso, a simulação provocou a preguiça de projetar. Senti-me, como nunca, em processo de afirmação da minha disciplina diante das outras (em especial, diante daquela de mais glamour, a de Projeto Arquitetônico). No entanto, desconfiei estar destruindo o ânimo de aprender. Sequer os resultados obtidos poderiam se mostrar positivos.

Os resultados deste questionário foram publicados num periódico dedicado à simulação de edifícios (SCHMID, 2007). A complexidade parece ser um aliado mais poderoso dos educadores. A principal razão aparente é que os modelos de edifícios se tornam mais concretos que fórmulas matemáticas ou planilhas.

Desafiados ao uso de uma ferramenta profissional de simulação de edifícios, os estudantes adquirem uma percepção concreta de como suas decisões de projeto afetam o ambiente construído. O efeito final é que a relação de causa e efeito de suas decisões de projeto é revelada e ajuda a reduzir o relativismo das discussões nas classes de projeto. Critérios de conforto ambiental, adequação e eficiência energética do ambiente construído se tornaram mais claros do que quando tratados teoricamente apenas – distantes do projeto de edificações.

O que concluí foi que a complexidade gera interesse, o que em si é bom; mas o excesso de parâmetros não era amigo do ensino-aprendizagem.

6. Aprimoramento: a simulação de um objeto didático

Eu já tinha me ocupado em simular objetos simples como residências unifamiliares de baixa renda, procurando dar à atividade de simulação algum interesse social e também abrindo portas para novas fontes de financiamento. Cada casa térrea de duas águas, planta não muito distante da planta retangular, já se mostra propícia a um sem-número de variações, dada a facilidade com que se mudam alguns parâmetros como:

* orientação;
* posicionamento de beirais;
* materiais de vedação;
* cores das superfícies;
* regimes de aquecimento e refrigeração por ventilação;
* enclausuramento temporário com portas de vidro formando estufas.

Além disso, em bancas de qualificação e defesa em mestrado e de doutorado, tomara contato com a pesquisa de alguns orientandos do Prof. Sérgio Scheer a respeito de objetos virtuais para o ensino.

Surgiu daí uma nova abordagem: eu apresento aos alunos uma edificação já pronta. Suprimo alguns ímpetos criativos. O problema deles não é mais a forma da casa, mas a casa da forma retangular ou em "L", ou ainda em "H" que eu lhes apresento. Pra todos os efeitos, não é uma forma muito complicada, já que isto geraria um excesso de parâmetros. Tampouco é uma equação (não parece à toa que "fórmula" é diminutivo de "forma"). Pois bem: sou professor de Conforto Ambiental e não de Projeto de Arquitetura.

Já apliquei semelhante conceito numa tarefa experimental: a de medir o nível de iluminação de uma mesa quando a construção (térrea, de dimensões convencionadas previamente) tem variando a forma, área e localização das janelas, ou a cor das superfícies, senão ainda os dispositivos de proteção solar como marquises e "brises-soleil". Forneci aos alunos um conjunto de mesa e cadeiras, e mais a base, tudo em escala 1:10. A mesa, com largura e altura suficientes, pôde comportar, embutido, o sensor de um luxímetro. Então, pedi a cada equipe que trouxesse uma casa (sem chão) em que fosse possível medir a influência dos parâmetros pedidos. Cada modelo foi examinado dentro de um dispositivo chamado "céu artificial": trata-se de uma caixa cúbica cujas laterais são espelhos voltados para dentro, com seu plano inferior aberto e a cerca de 1,20 m do chão e contendo no teto um plano translúcido, branco, e sobre ele um conjunto de lâmpadas fluorescentes, promovendo iluminação uniforme. Este dispositivo reproduz condições de céu encoberto – uma condição desfavorável e frequente, portanto, a ser sempre considerada no projeto arquitetônico. O resultado foi muito positivo. Os alunos compreenderam a importância do estudo muito particular realizado por sua equipe; a soma das diferentes análises paramétricas, apresentadas em sequência ao longo de duas horas de aula, produziu uma visão panorâmica muito proveitosa do problema.

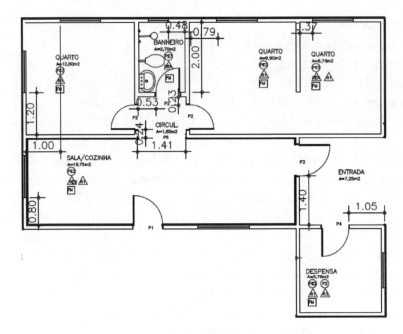

Figura 5 – Planta da residência utilizada para simulação

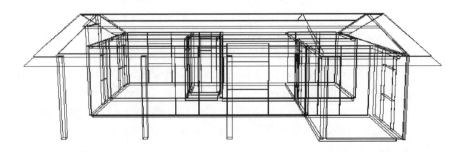

Figura 6 – Residência escolhida para simulação

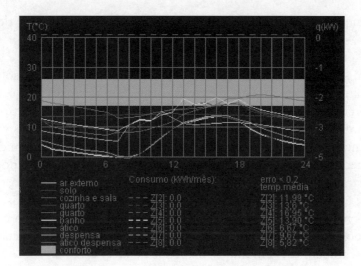

Figura 7 – Temperatura do ar interno ao longo do tempo

Estou neste momento aplicando a tarefa de simulação do desempenho térmico de uma habitação popular. Trata-se de uma das casas encontradas pelos próprios estudantes numa atividade de extensão, em que propõe melhorias de projeto aos moradores de um assentamento rural situado na Lapa (PR). Este envolvimento prático e concreto já deve ser suficiente para atrair interesse da parte dos estudantes. Embora bem simples as possíveis soluções, a serem acrescentadas ao arquivo de dados e simuladas, seu conjunto – a exemplo da iluminação da mesa de reuniões – pode ser muito enriquecedor. Um problema concreto é levado aos limites do desempenho físico – representado e manipulado com auxílio da tecnologia da informação.

7. Conclusão

Chama a atenção o fato de, eliminada a primeira abordagem (que não utiliza tecnologia da informação), entre a segunda abordagem e a terceira abordagem não ter havido mudança de tecnologia, uma vez que o sistema Mestre permaneceu o mesmo, exceto por algumas pequenas alterações no código, voltadas à superação de alguns erros de programação[7]. O que mudou essencialmente foi a quantidade de informações adotada para o processo de ensino-aprendizagem. Complexidade não significa infinitude de parâmetros: uns, parâmetros fixos, outros, alguns parâmetros livres, e tem-se um material didático farto de necessidades.

---

[7]Chamados *bugs*. São erros de lógica, ou por o programa ser baseado em conceitos falhos, ou por uma imperfeição da programação em si. Difíceis de detectar na fase de testes, são causa de preocupação dos programadores.

Concluí que a informação deve ser fornecida com um controle de graus de liberdade.

Ora, eu teria grande interesse em ensinar aos futuros arquitetos e urbanistas que em um sistema com n equações a m incógnitas, há uma única solução para m=n, infinitas soluções para n<m e tantos mais graus de liberdade quanto maior for m em relação a n. Para tanto, teria que lhes ensinar álgebra linear – este fabuloso exercício da mente que, se árduo ou árido, foi das coisas mais válidas que figuraram no meu curso de Engenharia Mecânica. Mas eles não têm disposição e muito menos tempo para isto. Mas eu posso dar-lhes uma boa noção disto. Posso mostrar-lhes que existem as equações do desempenho térmico, embutidas no *software*; e graus de liberdade, existem muitos: alguns encontrados na forma, outros nos materiais, outros nas instalações prediais. Enfim, posso convencer-lhes de que existem muitas maneiras de fazer certo, mas não é qualquer coisa que serve. Também existem muitas maneiras de fazer errado.

O uso da tecnologia da informação no ensino superior, a partir de minha experiência na Arquitetura, se mostra muito mais desafiador enquanto informação do que enquanto tecnologia. A tecnologia é a mesma; a informação é que deve ser dosada. A linguagem do especialista, a abstração, esta deve ser usada como um valor simbólico, mas é necessário voltar aos fundamentos, ensinar aprendendo, extrair novamente, da observação dos fenômenos em casos simples e notáveis, as mesmas verdades e apurar o seu significado.

8. Questões para reflexão

Vale a pena manter, na universidade, um grupo de pesquisa dedicado ao desenvolvimento de sistemas (como no exemplo da simulação) para uso didático, quando a indústria já está bem mais à frente?

É importante que o professor domine uma linguagem de baixo nível (tanto na formulação computacional dos problemas físicos como na programação de computadores) e mencione isto em suas aulas e durante a orientação?

A universidade tem a obrigação moral, enquanto instituição que busca a excelência, de possuir os melhores equipamentos e as últimas versões de *software*?

Quanto é que as TICs simplificam as tarefas do professor e o quanto acrescentam em novas tarefas?

9. Tópico para discussão

A questão da modelagem integrada de edifícios, como evolução natural do CAD, tem sido crescentemente estudada. Busca-se um protocolo de representação de edifícios que permita, com facilidade, a exportação de dados para sistemas como o Mestre (análise térmicas, lumínicas, acústicas) e também para o cálculo estrutural, o planejamento, o orçamento e o controle das obras. Recomenda-se a dissertação de Cervantes Ayres Filho (2009).

A respeito da aula experimental (categoria em que se inserem as aulas em que os alunos utilizam simulação) e de sua eficácia, consulte a dissertação de Antonio Kovaleski (2009).

O ensino de Engenharia, no Brasil, é tratado pela ABENGE (Associação Brasileira de Ensino de Engenharia), com destaque para seu evento bianual (COBENGE). O ensino de Conforto Ambiental, com destaque para os cursos de Arquitetura e Urbanismo, costuma ser o tema de um fórum bianual realizado dentro dos Encontros Nacionais de Conforto no Ambiente Construído (EN-CAC), organizados no âmbito da ANTAC (Associação Nacional de Tecnologia do Ambiente Construído).

O uso da simulação no ensino e o ensino da simulação aparecem com alguma frequência no *Journal of the Building Performance Simulation Association* (JBPSA), estabelecido em 2008.

Referências

AUGENBROE, G. Trends in building simulation. **Building and environment,** v. 37, p. 891-902, 2002.

AYRES FILHO, C. **Acesso ao modelo do edifício**. Curitiba, 2009. Dissertação (Mestrado em Engenharia Civil) – Programa de Pós-Graduação em Engenharia Civil, Universidade Federal do Paraná. Curitiba, 2009.

KOVALESKI, A. **Ensino em conforto ambiental:** avaliação de três públicos-alvo e dois métodos didáticos. Curitiba, 2009. Dissertação (Mestrado em Engenharia Civil) – Programa de Pós-Graduação em Engenharia Civil, Universidade Federal do Paraná. Curitiba, 2009.

SCHMID, A. L. Simulação de desempenho térmico em múltiplas zonas: MESTRE, um sistema brasileiro na linguagem Java. Proceedings of the VI **Encontro Nacional sobre Conforto no Ambiente Construído**. São Pedro: ENCAC, 2001.

SCHMID, A. L. Simulação da luz natural: combinação dos algoritmos de *raytracing* e radiosidade e aplicações na Arquitetura. **Ambiente Construído**, v. 4, n. 1, p. 51-59, 2004.

SCHMID, A. L. How building simulation was introduced into an architectural faculty. **Journal of the Building Simulation Performance Association**, 2008.

Capítulo 6:
Didática

Artigo 18

Ensino/Aprendizagem

Maria do Carmo Duarte Freitas, Ana Carolina Greef

Sumário

Resumo 176
Palavras-chave 177
1. Introdução 177
2. Ensino/aprendizagem 178
3. Estratégias para ensino/aprendizagem dos indivíduos ... 178
    3.1. Ensino baseado em tecnologia 180
    3.2. Ferramentas tecnológicas para aprendizagem 181
    3.3. Laboratórios virtuais 183
4. Estudo de caso 184
5. Conclusão 185
6. Questões para reflexão 186
7. Tópico para discussão 187
Referências 187

Resumo

A formação de professores para lidar com as tecnologias educacionais requer mudanças, reflexões e práticas novas, principalmente, no que diz respeito à comunicação humana, sua história e tecnologia. É necessária a organização de exercício interativo entre as tecnologias do passado e as atuais, possibilitando uma comunicação de melhor qualidade. Ao longo da história foram inúmeras as tecnologias incorporadas na sala de aula. Porém, o advento do computador e da Internet no ensino provoca uma mudança no processo educacional, desde o relacionamento professor/aluno, até o objetivo e método da aprendizagem. Os Ambientes Virtuais de Aprendizagem transformam o professor, que passa a estimular o aluno para a autoaprendizagem, e, neste caso, o ambiente escolhido é a ferramenta de ensino e o meio estimulador para facilitar tal processo.

Palavras-chave

Ensino. Aprendizagem. Estratégias pedagógicas. Tecnologias.

1. Introdução

O grande desafio da educação no século XXI, dentro da economia globalizada, passa necessariamente pela preparação de professores. O conhecimento do professor é o recurso mais crítico para o desenvolvimento social e econômico, exigindo do indivíduo uma constante atualização, ou seja, terá que "aprender a aprender".

O papel do professor é auxiliar o desenvolvimento livre e espontâneo do estudante. No relacionamento professor-aluno, a motivação depende da força de estimulação do problema, das disposições internas e dos interesses do aluno. Assim, o ensinar para a aprendizagem torna-se uma atividade de descoberta.

Os mais recentes estudos em psicologia cognitiva e teorias de aprendizagem impulsionaram a quebra de paradigmas pedagógicos, favorecendo as experiências educacionais com modelos de ensino baseados em tecnologia. Silva (1998) afirmava que, no âmbito educacional, impõe-se um desafio aos educadores e profissionais envolvidos: fazer evoluir os conceitos e práticas que melhor permitirão ajustar as tecnologias ao processo ensino-aprendizagem, incorporando-as à prática educacional, como foi o lápis, o caderno e o livro.

Pesquisadores que investigam o uso de computadores na educação alegam que a informática possui uma ação positiva para o desenvolvimento da capacidade cognitiva e provoca um rompimento da relação vertical entre professor/aluno da sala de aula tradicional, fazendo do aprendizado uma experiência mais cooperativa.

A formação de professores para lidar com estas tecnologias educacionais requer mudanças, reflexões e práticas novas, principalmente no que diz respeito à comunicação humana, sua história e tecnologia. É necessária a organização de exercício interativo entre as tecnologias do passado e as atuais, possibilitando uma comunicação de melhor qualidade.

A incorporação do computador e da Internet no ensino provoca uma mudança no processo educacional, desde o relacionamento professor/aluno, o objetivo e método de ensino até a tecnologia que será incorporada. Por exemplo, ao adotar uma tecnologia como o AVA (Ambiente Virtual de Aprendizagem), o professor passa a estimular o aluno para a autoaprendizagem e, neste caso, o ambiente escolhido é a ferramenta de ensino e o meio estimulador para facilitar tal processo.

2. Ensino/aprendizagem

Antes de começar a discussão sobre a temática ensino-aprendizagem, vamos esclarecer o entendimento errôneo dos termos, que geram confusão e dificultam o entendimento no momento de sua aplicação, por isso faz-se necessária uma distinção entre educação, ensino e aprendizagem.

Landim (1993, p. 10) conceitua "Educação" e "Ensino" como:

> Educação – prática educativa, processo ensino-aprendizagem, que leva o indivíduo a aprender a aprender, a saber pensar, criar, inovar, construir conhecimentos, participar ativamente de seu próprio crescimento.

> Ensino – instrução, transmissão de conhecimentos e informações, adestramento, treinamento. É um processo de humanização que alcança o pessoal e o estrutural, partindo da situação concreta em que se dá a ação educativa numa relação dialógica.

Rodrigues (2002, p.8) compreende aprendizagem como um "processo psicológico e individual de aquisição de conhecimento". A discussão sobre a temática requer trazer a opinião de Piaget (apud RODRIGUES, 2002, p.15):

> A aprendizagem se realiza num processo dinâmico de organização da ação humana, que consiste em um movimento contínuo de reajustamento ou de equilibração. Assim, o sujeito faz parte do meio, sendo passível de desequilíbrio cognitivo em função da inadequação de suas estruturas mentais a esse meio. Isso o obriga a um esforço de adaptação e readaptação, a fim de que o equilíbrio seja restabelecido.

Para compreender o processo de aprendizagem há teorias que procuram explicar as formas de aprendizagem, suas formas de avaliação, o papel do aluno e do professor.

3. Estratégias para ensino/aprendizagem dos indivíduos

Ensinar é diferente de aprender. Ensina-se transmitindo informações, utilizando o pensamento; mas só se aprende por meio de vivências, utilizando também os sentimentos (BIANCHINI et al, 2009). O processo de aprendizagem é iniciado quando o indivíduo recebe uma nova impressão que, combinada com outras, proporciona a aquisição de ideias e/ou habilidades manuais.

Os princípios básicos da aprendizagem de conhecimentos novos são: aprende-se melhor quando se está preparado para aprender; quanto mais vezes o indivíduo usa o que tiver aprendido, melhor poderá executar ou entender o que lhe foi ensinado; quando aquilo que o indivíduo aprende representa conhecimentos úteis que causam satisfação, ele retém melhor o que foi ensinado e tem o desejo de aprender mais; aprender algo novo é mais fácil quando essa aprendizagem é baseada em conhecimentos ou experiências que o indivíduo já possui; professor e aluno devem saber o que o aluno realmente aprendeu; quanto mais cedo o aprendiz sentir a satisfação de que aprendeu alguma coisa, mais disposto estará a aprender mais (LEIGHBODY; KIDD, 1977).

A metodologia tradicional somente valoriza os sentidos e as habilidades intelectuais, uma vez que suas técnicas de ensino são principalmente expositivas (BIANCHINI et al, 2009). Essas técnicas (seminários, livros e artigos) mostram-se ineficazes em algumas situações. O indivíduo esquece 95% do que ouviu em apenas seis semanas (DUTRA, 2000, apud BIANCHINI et al, 2009). Nesse sentido, especialmente quando nos referimos à aprendizagem de adultos, a busca por novas metodologias de ensino é fundamental: "A realidade mostra que as mudanças comportamentais baseiam-se nas aprendizagens feitas através das vivências e experiências. Ou seja, a aprendizagem humana é resultado dinâmico de complexas relações entre as informações e relacionamentos interpessoais" (BIANCHINI et al, 2009).

Entre as últimas novidades na aprendizagem citamos o uso de técnicas de sensibilização e dinâmicas de grupo. Kolb (1994) e Honey e Mumford (1986) desenvolveram modelos de aprendizado como um ciclo de quatro fases. Por meio desses modelos, qualquer evento eficaz de treinamento passa por todas essas fases (KIRBY, 1995): (a) ação – desenvolvimento de atividade para aprender; (b) reflexão – processo de pensar sobre a experiência; (c) teorização – trabalho com os detalhes de princípios existentes e relevantes; (d) planejamento – aplicação do que foi aprendido.

Ao revisar a literatura, encontramos um leque de teorias e práticas de aprendizagem com enfoque multidisciplinar. Porém, na educação formal, constatamos que normalmente os professores utilizam o modelo tutorial, instrutivista, com estratégias didáticas centradas em aulas expositivas.

Sugerimos um repensar no ensino com foco na aprendizagem reconstrutiva. Porque todo processo formativo precisa de informação, e neste contexto as novas tecnologias surgem com papel voltado à disponibilização dessa informação. A aprendizagem moderna está fortemente vinculada ao esforço reconstrutivo de métodos, estratégias e uso das mídias de massa e individuais, com maior ênfase nas teorias de aprendizagem construtivistas e sociointeracionistas. Este esforço relaciona o ensino-aprendizagem baseado nas tecnologias mais apropriadas ao grupo que deve ser treinado e nos efeitos desejados da aplicação dos conhecimentos adquiridos ou na aplicação social da aprendizagem.

Somos defensores do computador e da Internet como uma nova e poderosa ferramenta de ensino para professores provenientes do mundo do giz e do quadro negro. Entretanto, todo este sucesso advindo dessas ferramentas exige do professor um maior envolvimento perante estas novas tecnologias, buscando conhecê-las e utilizá-las de forma a contribuir para com o seu trabalho em sala de aula e gerar no aluno a aprendizagem prescrita no planejamento de ensino.

3.1. Ensino baseado em tecnologia

Os programas baseados em tecnologia começam com o planejamento, onde são estabelecidos os requisitos do curso e as necessidades dos estudantes. Compreendidos e detalhados estes elementos, seleciona-se o meio tecnológico de entrega do produto. Mídias podem ser combinadas para atender à transmissão do conteúdo e às restrições dos instrutores (SANTOS e RODRIGUES, 1999).

O projeto e a edição de um curso que usa tecnologia, conforme Holmeberg (1982) apud Laaser (1997), passam por dez processos importantes, que são: fundamento lógico de ensino, metas e objetivos do estudo, seleção de grupos-alvo, escolha de conteúdo e estrutura, desenvolvimento de mecanismos para organização e administração, escolha de métodos e meios a serem utilizados na apresentação da matéria, seleção de métodos e meios de comunicação bidirecional no estudo a distância, desenvolvimento do curso, forma de avaliação e revisão. Este sistema está baseado em atividades pré-planejadas e em cursos pré-produzidos, que podem ser continuamente avaliados e melhorados.

Como objetivo pedagógico, o principal é adequar as necessidades individuais ao meio social, utilizando experiências que satisfaçam, ao mesmo tempo, os interesses dos alunos, dos professores e as exigências sociais. Os conteúdos de ensino são estabelecidos em função da vivência do sujeito frente a desafios cognitivos e situações problemáticas. Os passos básicos para a implantação deste método são:

- colocar o aluno em situação problema que o motive a participar;
- o problema deve desafiá-lo, estimulando a reflexão;
- dispor material de informação e instruções que lhe permitam pesquisar a descoberta de soluções;
- soluções provisórias devem ser incentivadas e ordenadas, com ajuda discreta do professor;
- deve-se garantir problemas capazes de serem colocados à prova, a fim de determinar sua utilidade profissional.

É importante, ainda na edição de cursos baseados em tecnologia, considerar a Interação Didática Usuário-Computador. O suporte à navegação, o uso de metáforas e a combinação de ícones e cores devem oferecer uma interface agradável, livrando o usuário de preocupações com o funcionamento do sistema. Os recursos de apresentação precisam permitir que o leitor reconheça o ambiente, localizando-se com facilidade no contexto dos documentos.

O processo de engenharia de *software* educativo deve abranger, nas suas fases de concepção, projeto, validação e ajustes, a exploração de diversas estratégias didáticas e tratamento do conteúdo, possíveis de serem aplicadas com um mesmo material. O que conta nessa comprovação não é verificar se o programa educativo é autossuficiente (pois quase nenhum é), e sim analisar se o conjunto de meios dispostos para favorecer a aprendizagem realmente o faz.

Galvis (1997) afirma que é preciso dar poder ao aprendiz, sem deixar que o professor perca o controle sobre ele. Essa é uma das maneiras mais produtivas de enriquecer os ambientes de aprendizagem. Recomenda-se reservar ao professor uma série de decisões, em vista da evidência de que o programa educativo vai acumulando informações e facilitando a avaliação do aprendiz. Estas funções devem ficar claras desde o início, evitando que projetos bons sejam parcialmente implementados por falta de instrumentação e requerimentos não especificados oportunamente.

3.2. Ferramentas tecnológicas para aprendizagem

O homem teve que se adaptar às invenções de seus contemporâneos. A história narra muitos fatos: da idade da pedra até a revolução industrial; das máquinas a vapor ao telefone; das transmissões via rádio até as via satélite; e da criação dos chips ao mundo da realidade virtual.

Os indivíduos não mais se assustam com a rapidez no desenvolvimento da tecnologia da informação. No ensino, as ferramentas são adaptadas e incorporadas ao dia a dia da formação humana. É possível encontrar métodos do ensino tradicional com apostilas, fitas cassetes ou vídeo enviado pelo correio, em conjunto com CD-ROM, Internet, Intranet e videoconferência.

As experiências com Tecnologia da Informação no ensino obtêm sucesso quando, além da consulta e apresentação de textos *online*, cada tarefa oferece modelos, estratégias didáticas e uso de tecnologias apropriadas ao objetivo que se pretende, com grande ênfase na comunicação e em recursos para trabalho cooperativo: correio eletrônico, grupos de discussão, conversa *online* (*chats*) e dever eletrônico.

Os seres humanos são comunicadores de multimídia: experimentam o mundo por meio de sentidos, expressando-se através de sinais verbais e visuais. A associação entre hipertexto e multimídia define a hipermídia: textos, imagens e sons tornam-se disponíveis à medida que o usuário percorre os links existentes entre eles.

Existe, ainda, a integração de soluções tecnológicas de grande porte e que exigem a formação de grandes equipes multidisciplinares. O Quadro 1, a seguir, lista tecnologias, produtos e processos encontrados e já utilizados como solução de aprendizagem:

Quadro 1 – Soluções tecnológicas para educação

Tecnologias	• baseadas na web e suas aplicações, como listas de discussão, correio eletrônico, protocolos de transferência de arquivo, bate-papo, quadro branco, controle remoto, *internet phone* entre outros (facilitando disponibilidade onipresente); • de entrega móveis (telegrafia sem fios, satélite, cabos e dispositivos portáteis – videocassete e *Digital Versatile Disc* – DVD) e tecnologias de *networking* avançadas (videoconferência, teleconferência interativa); • cartões e agentes inteligentes; • material em áudio, Inteligência Artificial e processadores de idiomas;
Produtos	• portais para acesso a conteúdo, repositórios, bancos de dados de conhecimento; • interfaces intuitivas;
Processos	• ferramentas e métodos que classificam e facilitam a transmissão do conhecimento tácito; • trabalho em equipe por colaboração utilizando sistemas e ambientes virtuais; • modelo de aprendizagem, avaliação e ferramentas de orientação a aprendizagem; • ferramentas para administração e identificação de provedores (parceiros); • transação e mecanismos de comércio eletrônico; • dados dinâmicos, sistemas de coordenação a distância e agentes de suporte e mobilidade de acordo com as tendências da indústria.

Esta diversidade de opções possibilita ao usuário um tratamento personalizado para tirar dúvidas. A figura do professor, mediador da informação e facilitador do conhecimento, continua imprescindível nesse processo de ensino, à distância ou presencial.

3.3. Laboratórios virtuais

Pesquisadores no mundo inteiro têm investido e se dedicado ao desenvolvimento de ambientes de comunicação, salas e laboratórios virtuais. Em salas ou laboratórios, os indivíduos realizam experiências com simuladores, vida artificial, realidade virtual, realidade acumulada e telepresença. Já citamos algumas dessas ferramentas que permitem a comunicação entre os pares na forma síncrona ou assíncrona via *chat*, lista de discussão e correio eletrônico.

As salas abertas nos denominados Ambientes Virtuais de Aprendizagem permitem uma experiência inicial, onde o indivíduo interage com materiais, equipamentos e situações dentro do computador, como se fosse um objeto real.

Porter (1997) destaca que uma sala virtual deve: prover ferramentas de aprendizado disponíveis à medida que os alunos necessitam delas; causar uma expectativa para o aprendizado, colocando o educador e o aluno em interação; proporcionar aos alunos liberdade de experimentar, testar seu conhecimento, completar tarefas e aplicar o conhecimento discutido; e oferecer mecanismo de avaliação do desempenho.

A Realidade Virtual viabiliza ambientes para a construção do aprendizado porque permite ao aprendiz vivenciar as experiências, participando ativamente, tornando-o um agente ativo de seu próprio aprendizado. Para Jacobson (1991), ela é uma técnica avançada de interface, onde o usuário pode realizar imersão, navegação e interação em um ambiente sintético tridimensional gerado por computador, utilizando canais multissensoriais.

Constatamos que os recursos didáticos pedagógicos inseridos em ambientes virtuais com experimentos laboratoriais levam à interação, cooperação e experimentação prática; podem ser usados tanto como complemento da educação presencial ou nos programas a distância. No entanto, os custos de montagem e realização de experimentos laboratoriais são praticamente inacessíveis às universidades.

No caso de cursos que fazem uso de tecnologias a distância, o fornecimento e acesso envolvem aspectos da tecnologia e didática pedagógica. O número de plataformas de ensino é crescente, nos últimos anos; segundo Lamontagne (2002), foram catalogadas cerca de 220 plataformas destinadas à formação e aprendizagem na *World Wide Web*. Independentemente disso, para o pesquisador, o fornecimento de curso continua a fazer uso de livros, leituras, discussão, jogos, simulador, rádio, vídeo, televisão e outros tipos de mídia associada ou não.

Na educação, os ambientes virtuais e a realidade virtual estão apenas começando. Apesar da resistência conservadora da grande maioria dos educadores das instituições de ensino no Brasil, é visível o número de trabalhos e professores quem fazem uso da realidade virtual em suas salas de aula. (TRINDADE & FILHOAIS, 1998) (JOHNSTON, 1998) (NAU, 1998) (COSTELLA, 1998) (POMPEU, 1999).

O desenvolvimento de ambientes de aprendizagem e de suporte considera os aspectos de engenharia de *software* e da ergonomia de interface humano-computador (SILVA, 2002). A TI, como suporte eficiente e pedagógico, permite a reprodução de material didático em multimídia/hipermídia.

Tornar-se-á rotina o fornecimento de cursos com montagens de laboratórios ou cenários virtuais, melhorando o processo ensino e aprendizagem. Este fato conduz à investigação sobre os *browsers* típicos de ambientes virtuais, que conduzem ao desempenho, à compreensão e à percepção visual do espaço e das tarefas para a aprendizagem.

É crescente no mundo a construção de Campus Virtual (e-campus) como um espaço reservado para acesso e atualização de um Banco de Cursos a Distância. Estes atuam nas diversas áreas do conhecimento, criando uma padronização e orientação tanto no gerenciamento, na manutenção e na avaliação de resultados quanto de projeto gráfico destes ambientes de ensino e aprendizagem.

4. Estudo de caso

Realizamos uma dinâmica em sala de aula simulando uma situação de ensino-aprendizagem em que mestre e aprendiz têm características cognitivas distintas e comunicam-se via tecnologia.

Um aluno adquire um *software* recomendado por seu professor, contudo suas características individuais e vivências determinam que ele tenha dificuldade em lidar com tecnologias de forma autônoma. O aluno entra em contato com o fornecedor do produto, via telefone, requisitando assistência para o seu manuseio.

O fornecedor atende o aluno, que questiona sobre como utilizar o produto e, imediatamente, começa a responder questões técnicas sobre a instalação do *software* – limite mínimo de memória de processamento livre no computador, painel de controle do *desktop*, *plugin*, código de acesso, siglas, cifras e jargões.

O aluno, obviamente, não compreende os termos utilizados pelo outro indivíduo, contudo inicia procedimentos em seu computador: abrir o editor de texto e digitar memória, controle, *desktop*, código de acesso ao computador, entre outros.

Assim sucessivamente, até o entendimento, de ambas as partes, de que a comunicação não era bem-sucedida. Após o contato, o aluno tornou-se receoso frente à tecnologia, confuso frente à sua utilidade e desamparado frente à necessidade de assistência. Ao mesmo tempo, o fornecedor mostrou-se alheio ao contexto de seu cliente, suas necessidades, e despreparado para atender situações similares.

A partir da dinâmica, pudemos observar a importância do diálogo e da troca no processo de ensino-aprendizagem, onde existem dois ou mais atores, cada qual com percepções e experiências distintas, cada qual com projeções específicas sobre a realidade. A simulação possibilitou imaginarmos situações em sala de aula, ou mediadas por tecnologias, até mesmo de elaboração de materiais didáticos e desenvolvimento de atividades. Constatamos que, para o alcance dos objetivos do ensino-aprendizagem, é ideal que ambos os atores, de certa forma, coloquem-se no lugar um do outro, busquem compreender fatores de conjuntura do outro para obter melhores resultados em seu próprio papel. Um aluno, por exemplo, busca continuamente sanar dúvidas e complementar posicionamentos do professor com exemplos e questões de interesse. O professor, por sua vez, busca identificar estilos de aprendizagem e trazer o conhecimento para o mundo em que o aluno está inserido, exemplificando, contextualizando, incentivando a discussão e a resolução de problemas.

5. Conclusão

No ensino-aprendizagem, professor e aluno têm as responsabilidades de, respectivamente, ensinar a aprender e aprender a aprender, com relação a conhecimentos que estejam sendo trabalhados e conforme certa organização de esforços, planejamento, estruturação.

Informações, fundamentos bibliográficos, conhecimentos e estratégias didáticas compõem o processo de ensinar, ao passo que aplicação, raciocínio, curiosidade e pesquisa integram as atividades inerentes à aprendizagem.

Entre os métodos didático-pedagógicos, técnicas de incentivo e motivação, aplicações do computador, da rede e de tecnologias específicas para a educação, laboratórios de pesquisa, simulações e os tantos outros fatores envolvidos neste contexto, uma conclusão sobre o conceito de ensino-aprendizagem seria demasiadamente ousada.

Contudo, a função de cada um dos atores do processo deve ser clara e bem concebida por parte de quem a está exercendo. O ensino-aprendizagem acontece somente à medida que estes indivíduos estão comprometidos com seus papéis e integrados em relação aos objetivos comuns do processo. A educação não é autossuficiente, conforme apresentamos antes, mas compõe-se de um conjunto de meios e esforços.

Gostaríamos ainda de colocar aqui, como ponto de finalização deste artigo, que tecnologias não bastam para o ensinar, tampouco para o aprender. Os indivíduos devem ser foco do processo, atuando em torno dos conteúdos de que trata o curso e com vistas a seu próprio desenvolvimento.

Este crescimento intelectual deve ser a principal visão do processo, em que o aprender é missão do ensinar, e o aprimoramento do ensinar é parte dos objetivos do aprender.

6. Questões para reflexão

Percebemos, refletida no conteúdo deste capítulo, a constante presença do diálogo no ensino-aprendizagem. Desde que iniciamos nossa aprendizagem, este diálogo faz-se presente nas maneiras com que conhecemos o mundo, contínuas e fundamentadas no próprio aprender (ANDRADE; SILVA, 2005, p. 38).

O aprender, contudo, não surge isoladamente. Vem da interação com o exterior, do diálogo com a exterioridade. Neste processo, dados são transformados em informações, estas em conhecimentos, estes em sabedoria (SETZER, 1999), ciclo que se insere inconscientemente na Ação Comunicativa, aprendizado construtivo de conceitos sociocognitivos e evolução dos estágios de interação (HABERMAS, 1989).

O diálogo aparece como recurso do aprender, já que "acontece o tempo todo" (ANDRADE; SILVA, 2005) e que tem, na escola, um local que de praxe possibilita exercê-lo e desenvolver a competência comunicativa (GONÇALVES, 1999).

Com isso gostaríamos de ressaltar o papel do ensino-aprendizagem, seja por meio de tecnologias, estratégias de laboratório, ações presenciais, como formador da nossa capacidade de nos comunicar e dialogar com o mundo, aprender e, por meio deste aprendizado, construir novos conhecimentos e saberes.

Obviamente esse processo não acontece por si, portanto devemos manter certa motivação a interagir com dados e informações trazidos pelo professor e pelo meio, buscando agregar valor à aprendizagem e tê-la como constante objetivo. Nossas vivências também compõem essa motivação e complementam o aprendizado, enquanto partes de nossa personalidade e história.

7. Tópico para discussão

No início do artigo, colocamos que o papel do professor é de constante descoberta e atualização no que tange a formatos de ensino, de aprendizagem, técnicas e tecnologias.

A quebra de paradigmas que trouxemos no tópico de introdução se reflete em cada um dos tópicos seguintes, sendo perceptível não apenas quando trata-se de tecnologias, mas em cada momento de sala de aula, da Educação a Distância, de qualquer modelo de ensino-aprendizagem.

Isso porque consideramos que as práticas de tal processo são sempre paradigmáticas – enquanto condutores da aprendizagem, defrontamo-nos sempre com questões como quais as maneiras ideais de fomentar a aprendizagem, motivar o aluno diversificar os métodos para que o processo não se torne repetitivo e maçante.

Nossa própria motivação, consideramos, é um fator essencial para tanto. Fazer evoluir o ensino-aprendizagem e buscar as questões do parágrafo anterior depende de conceber nosso contexto de ensino, caracterizar nosso aluno, identificar as etapas do processo e buscar ferramentas que nos auxiliem a partir dessas características.

Os demais artigos deste livro nos instrumentalizam a resolver tais questões, apresentando teorias, técnicas e ferramentas para uso com vistas a um ensino-aprendizagem proveitoso tanto para o professor quanto para o aluno. Cabe a nós buscar as opções adequadas ao nosso contexto, diante das próprias experiências individuais, a partir do que julgamos compatível com nossas capacidades de aplicação.

Ensinar não é processo de uma via, depende da ação e postura do professor, mas, também, do retorno que o aluno oferece enquanto integrante do contexto dialético sobre o qual falamos anteriormente. Cabe a nós fomentar esse diálogo e, principalmente, prestar atenção ao que dele nos retorna, visando aprimorar/reavaliar a prática de ensino, mantendo-nos com foco constante na aprendizagem e evolução do aluno no universo do conhecimento.

Referências

ANDRADE, L. A. B.; SILVA, E. P. da. O conhecer e o conhecimento: comentários sobre o viver e o tempo. **Ciências & Cognição**, v. 4, mar. 2005. Disponível em <http://www.cienciasecognicao.org>. Acesso em: 10 mar. 2007.

BIANCHINI, M. P.; LORIATO, D. B.; CESTARI JUNIOR, H. **Trabalho em equipe**: um processo de aprendizado em jogos de empresa. Disponível em: <www.jogosempresariais.com.br/arquivos/Artigo_Mirela.pdf>. Acesso em: 7 jun. 2009.

COSTELLA, J. P. **Virtual reality at the University of Melbourne**. Austrália. Disponível em: <http://eastnet.educ.ecu.edu/vr/vrits/1-3coste.htm>. Acessado em: 31 ago. 1998.

GALVIS, A. H. Software educativo multimídia: aspectos críticos no seu ciclo de vida. **Revista Brasileira de Informática na Educação,** Florianópolis, v. 1, n. 1, 1997. Disponível em <http://www.inf.ufsc.br/sbc-ie/revista/nr1/galvis-p.html>. Acesso em: 15 jan. 1999.

GONÇALVES, M. A. S. Teoria da ação comunicativa de Habermas: possibilidades de uma ação educativa de cunho interdisciplinar na escola. **Educação & Sociedade**, ano XX, n. 66, p. 125-138, abr. 1999. Disponível em <http://www.scielo.br/pdf/es/v20n66/v20n66a6.pdf>. Acesso em: 24 abr. 2007.

HABERMAS, J. **Consciência moral e agir comunicativo**. Rio de Janeiro: Tempo Brasileiro, 1989. 236 p.

JACOBSON, L. Virtual reality: a status report. **AI expert**, v. 6, n. 6, p. 26-34, ago. 1991. ISSN: 0888-3785.

JOHNSTON, W. **Whole frog project**. [S.I. s.n.]. Disponível em: <http://george.lbl.gov/ITG.tm.pg.docs/dissect/info.html>. Acesso em: 13 jul. 1998.

KIRBY, A. **150 jogos de treinamento**. São Paulo: T&D, 1995.

LAASER, W. et al. **Manual de criação e elaboração de materiais para educação a distância**. Tradução de: Handbook for designing and writing distance education materials. Brasília: CEAD; Editora Universidade de Brasília, 1997. p.189.

LAMONTAGNE, D. **217 plates-formes e-formation, plates-formes e-learning**. [S.I.]. Thot/Cursus. Disponível em: <http://thot.cursus.edu/rubrique.asp?no=12074>. Acesso em: 8 out. 2002.

LANDIM, C. M. Um salto para o futuro. **Informe CPEAD**, Rio de Janeiro, ano 1, n. 1, p. 10, mar. 1993.

LEIGHBODY, G. B.; KIDD, D. M. **Métodos para o ensino profissionalizante**. São Paulo, EPU, 1977.

NAU - NORTHERN ARIZONA UNIVERSITY. Disponível em: <http://www.nau.edu/~anthro/solsys/>. Acesso em: 31 ago. 1998.

POMPEU, R. C. **Um estudo sobre ambientes virtuais para auxílio ao ensino de resistência dos materiais**. Curitiba, 1999. Dissertação (Mestrado em Métodos Numéricos em Engenharia) – Programa de Pós-Graduação em Métodos Numéricos em Engenharia, Universidade Federal do Paraná, 1999.

PORTER, R. L. **Creating the virtual classroom**: distance learning with the internet. USA John Wiley & Sons, Inc. 1997.

RODRIGUES, M. G. **Aprendizagem de conceitos matemáticos em ambientes virtuais**. Florianópolis, 2002. Dissertação (Mestrado em Engenharia de Produção) – Programa de Pós-Graduação em Engenharia de Produção, Universidade Federal de Santa Catarina, Florianópolis, 2002.

SETZER, V. Dado, informação, conhecimento e competência. **DataGramaZero**: Revista de Ciência da Informação, n. zero, dez. 1999. Disponível em: <http://www.dgz.org.br/dez99/F_I_art.htm>. Acesso em: 10 mar. 2007.

SILVA, C. R. O. **MAEP**: Um método ergopedagógico interativo de avaliação para produtos educacionais informatizados. Florianópolis, 2002. 224p. Tese (Doutorado em Engenharia de Produção) - Programa de Pós-Graduação em Engenharia de Produção, Universidade Federal de Santa Catarina, Florianópolis, 2002.

SILVA, C. R. O. **Bases pedagógicas e ergonômicas para concepção e avaliação de produtos educacionais informatizados**. Florianópolis, 1998. Dissertação (Mestrado em Engenharia de Produção) - Programa de Pós-Graduação em Engenharia de Produção, Universidade Federal de Santa Catarina, 1998.

TRINDADE, J. A.; FILHOAIS, C. **A realidade virtual no ensino e aprendizagem da física e da química**. [S.I.,s.n.]. Disponível em: <http://www.fis.uc.pt/Read_c/RV/Ensino/artigo.htm>. Acesso em: 18. ago. 1998.

Artigo 19

Avaliação da Aprendizagem: O que e Como em Ambientes Virtuais

Kleber do Nascimento Silva, Cassandra Ribeiro Joye

Sumário

Resumo 190
1. Introdução 191
2. Multifuncionalidade da prática da avaliação em sistemas educacionais 192
    2.1. Diagnóstica 192
    2.2. Formativa 193
    2.3. Somativa 195
3. Avaliação de aprendizagem e objetivos educacionais 197
4. Taxonomia de Bloom 200
5. Conhecimento 202
    5.1. Compreensão 203
    5.2. Aplicação 203
    5.3. Análise 203
    5.4. Síntese 204
    5.5. Avaliação 204
6. Avaliação da aprendizagem em ambientes virtuais 205
7. Encaminhamento metodológico 209
8. Case 209
9. Conclusão 211
10. Questões para reflexão 212
11. Tópico para discussão 213
Referências 213

Resumo

A avaliação da aprendizagem é um processo que conduz ao julgamento de valor tanto quantitativo quanto qualitativo e que permite a tomada de decisões visando atingir determinados objetivos. O processo de avaliar envolve, pois, o estabelecimento desses objetivos (para que avaliar), critérios de avaliação (o que avaliar), bem como instrumentos e métodos (com que e como se avalia). O docente, ao planejar as avaliações de seus alunos, seja para ambiente presencial ou virtual, precisa minimamente conhecer as modalidades e funções da avaliação e saber estabelecer objetivos precisos que permitam uma avaliação fiel dos resultados da aprendizagem. Neste artigo trataremos dessas questões e teceremos algumas considerações acerca da avaliação em ambientes virtuais de aprendizagem ressaltando suas modalidades básicas praticadas, o papel da avaliação e sua relação com os objetivos educacionais, com destaque para a Taxonomia de Bloom.

1. Introdução

Quando tratamos do tema avaliação, entramos num terreno fértil para investigação pedagógica. Complexo, pela multiplicidade de variáveis a considerar: o que é avaliar? Para que e por que se avalia? Como avaliar? Quando se deve avaliar? Qual o perfil e quais as características do público-alvo que está sendo avaliado? O que se deseja avaliar? Que critérios pedagógicos devemos utilizar? Que ferramentas e/ou instrumentos estão disponíveis para essa atividade? O que significa de fato aprender?

O momento é propício a diversas reflexões. Algumas das respostas a essas perguntas, certamente, irão nortear o trabalho de avaliação, qualquer que seja o ambiente, presencial ou virtual, em que esteja sendo praticada. Essas indagações nos convidam a conhecer de perto as funções, modalidades e propósitos da avaliação que fundamentam a prática educativa em sistemas educacionais.

O objetivo da avaliação é, sobretudo, prover informações quantitativas e qualitativas para a tomada de decisões. O ato de avaliar consiste, pois, em verificar se os objetivos estão sendo realmente alcançados e em que medida, para ajudar o aluno a avançar na aprendizagem e na construção do seu saber, bem como obter *feedback* do trabalho docente e discente.

A condição para um processo de avaliação eficaz é estabelecer estreita relação com os objetivos educacionais. Para isso é preciso conhecer e planejar as diferentes modalidades de avaliação para saber aplicá-las em momentos pedagógicos distintos, como também aprender a expressar os objetivos de aprendizagem em termos precisos e definidos.

Quaisquer que sejam as práticas atuais da avaliação de aprendizagem em ambiente virtual ou presencial, entende-se que, para que esse processo seja realmente eficiente, é preciso possibilitar ao aluno uma "tomada de consciência", tanto sobre o conhecimento que foi possível aprender (em função de suas possibilidades de aprendizagem dadas) quanto sobre o que é necessário que aprenda (em função de necessidades/objetivos colocados no projeto educativo, no interior do qual o ensino está ocorrendo). Enfim, como coloca Pesce e Brakling (2006), é preciso considerar a seguinte questão: o que o aluno sabe ao final do processo e o que o aluno é capaz de fazer com o que ele sabe?!

Trataremos neste artigo das modalidades básicas de avaliação praticadas em ambientes presenciais e virtuais, do papel da avaliação e sua relação com os objetivos educacionais, destacando a Taxonomia de Bloom, bastante praticada pelos docentes, e, por fim, teceremos algumas considerações sobre a avaliação em ambiente virtual.

2. Multifuncionalidade da prática da avaliação em sistemas educacionais

Avaliação pressupõe ação. Para Hoffmann (2006), uma prática avaliativa direcionada para o futuro não se resume em coletar informações para justificar ou explicar uma etapa de aprendizagem. Objetiva-se, sobretudo, acompanhar, com atenção e seriedade, a trajetória do aluno para que se possa pensar intervenções estratégicas aplicáveis no decorrer de todo o processo de ensino e aprendizagem.

Entender os motivos pelos quais somos levados a realizar avaliações pode nos ser útil na identificação do momento exato em que devemos aplicá-las, na escolha dos melhores instrumentos e na construção de melhores práticas.

A avaliação é um processo de múltiplas e diferentes funções, quais sejam: *testar* o nível de conhecimentos ou de habilidades do aluno, *identificar* suas capacidades ou suas dificuldades, *controlar* seus progressos, *dar nota* a seus trabalhos e aos de seus colegas e *classificá-los*, *conceder* um diploma, *prever* a sequência da formação, entre outras. Muitas das definições sobre o termo "avaliação" encontradas na literatura acadêmica e/ou científica derivam dessas visões (BARLOW, 2006).

Nos subitens a seguir, serão abordadas com mais detalhes as três modalidades básicas e mais difundidas da avaliação – diagnóstica, formativa e somativa –, que, normalmente, estão associadas às três respectivas funções – diagnosticar, controlar e classificar.

2.1. Diagnóstica

Planeja-se a avaliação diagnóstica para a realização no início de um curso, período letivo ou unidade de ensino, objetivando verificar o domínio de conhecimentos e habilidades indispensáveis às novas aprendizagens. Como diz Haydt

(2004), essa modalidade pode ser vista como um meio de caracterizar eventuais problemas de aprendizagem e identificar suas possíveis causas, antevendo correções necessárias.

Avalia-se diagnosticamente para conhecer os alunos, acompanhar os seus passos no dia a dia, tentando descrever suas trajetórias, seus problemas e suas potencialidades, o que pode vir a favorecer um trabalho de ensino-aprendizagem mais coerente com os objetivos e desejos de professores e alunos (HAYDT, 2004; TEIXEIRA, 2004).

A avaliação diagnóstica nos informa sobre o material humano que possuímos, quais as expectativas criadas e o que podemos fazer para despertá-las quando estivermos diante de um momento de apatia, por exemplo. Ter uma visão prévia sobre a bagagem acumulada pelo aluno nos períodos anteriores e o que lhes falta para a construção de novos conhecimentos pode ser útil na elaboração de projetos com essa finalidade (TEIXEIRA, 2004).

Segundo Zaina (2006), embora a aplicação de avaliações diagnósticas não seja uma prática corrente no ensino, ainda assim não perde seu papel fundamental e deve ser incentivada, ou seja, de tornar claro para o professor o ambiente em que vai atuar e permitindo que suas aulas não se tornem nem algo elementar, nem algo inacessível.

A avaliação diagnóstica normalmente antecede uma ação de formação.

2.2. Formativa

Michael Scriven foi o primeiro autor a estabelecer a diferença entre avaliação formativa e somativa em seu ensaio *Methodology of Evaluation,* de 1967 (VIANNA, 2000). No trabalho que remonta à época da avaliação de programas, Scriven mostrou que a avaliação formativa deve ocorrer ao longo do desenvolvimento de programas, projetos e produtos educacionais, objetivando a produção de informações úteis para que os responsáveis possam promover o aprimoramento do que está sendo objeto de implementação.

A avaliação formativa pressupõe que o aluno deva aprender algo ao ser avaliado. Vai muito além de ser uma simples constatação e deve se constituir como um elemento da formação. Para Barlow (2006), ao participar de testes de conhecimentos o aluno firma suas convicções ao mesmo tempo em que adquire outras. Nesta modalidade, revela-se o papel motivador da avaliação, quando estimula-se e encoraja-se o aluno a avançar. Apresenta-se, igualmente, em seu aspecto dinâmico, revelando ao aluno não apenas suas potencialidades e deficiências, mas propondo os meios para que ele supere sua eventual dificuldade.

Esta modalidade é considerada um meio de indicar ao aprendiz o que precisa ser feito, revisto, estudado, reelaborado para superar dificuldades e estabelecer relações para o desenvolvimento de estruturas cognitivas. Para estarem de acordo com uma avaliação formativa, as estratégias selecionadas pelos professores precisam incentivar o aluno a analisar e a avaliar o seu próprio desempenho. Trata-se, portanto, de observar o aluno, registrar, analisar e interpretar dados, criando estratégias de intervenção que auxiliem na aprendizagem, e não apenas na classificação (SOARES e RIBEIRO, 2005).

Essa tarefa de observação detalhada dos alunos durante o processo de aprendizagem, atrelada ao conjunto de *feedback* e ao *design* de experiências simples de avaliação, permitem que os professores aprendam consideravelmente sobre o modo como os alunos aprendem e como reagem a métodos de ensino específicos (PORTO, 2005).

Nesse sentido, a função nuclear da avaliação é ajudar o aluno a aprender e ao professor a ensinar, como já afirmava Perrenoud (1999). Quando aplicada em suas modalidades tanto diagnóstica como formativa, essa prática tem se mostrado útil tanto na verificação direta do nível de aprendizagem dos alunos quanto, indiretamente, na qualidade do processo de ensino, ou seja, no êxito do trabalho do professor (HAYDT, 2004).

Essa capacidade de geração de *feedback* entre professores e alunos é um aspecto da avaliação formativa que merece destaque, visto que lhe confere um *status* de orientação e controle tanto para o professor como para o aluno. O professor pode identificar falhas na sua prática didática (HAYDT, 2004) e o aluno obtém informações sobre a qualidade do seu trabalho e sugestões construtivas de como melhorar o seu desempenho (PORTO, 2002).

Seguindo a linha de pensamento de Scriven, a avaliação formativa deve ser planejada para execução durante todo o decorrer do período letivo, com o intuito de verificar se os objetivos esperados estão sendo atingidos ou quais foram os resultados obtidos até o momento de acordo com as atividades desempenhadas. Ao identificar seus erros e acertos, o aluno adquire estímulo e orientação para um estudo sistemático (HAYDT, 2004).

Um conjunto de técnicas de valor significativo para o campo da avaliação diagnóstica e formativa (ÂNGELO; CROSS, 1993) estará descrito no artigo Medidas de Avaliação de Aprendizagem no volume 4 desta obra.

2.3. Somativa

A avaliação somativa, originalmente descrita por Scriven, buscava avaliar inicialmente programas, currículos e materiais, procurando determinar as suas eficácias a partir de uma amostra de escolas, professores e alunos.

Estendida ao processo ensino-aprendizagem, a avaliação, quando aplicada sob uma modalidade somativa, adquire um tom de medida de escolaridade mais ligada à seleção e à classificação de alunos, segundo certos níveis de aproveitamento previamente estabelecidos.

Esta medida tem por finalidade verificar se os alunos apresentam os comportamentos desejados como pré-requisitos para uma aprendizagem mais avançada, ou seja, comportamentos que representam objetivos trabalhados em séries anteriores (BORDENAVE e PEREIRA, 2004).

A avaliação somativa revela-se como a mais pontual de todas. Ao contrário da avaliação formativa, não temos nesta modalidade ferramentas apropriadas para a geração de *feedback*, rico de informação endereçada ao aluno propriamente dito. Este tipo de avaliação mascara a realidade do nível de aprendizagem dos alunos, visto que considera o momento emocional destes. Para Porto (2005), a deficiência desta modalidade reside no instante em que os professores descobrem que suas expectativas não foram atingidas, que os alunos não aprenderam da forma como deveriam e que pouca coisa pode ser feita para contornar esta situação.

Apesar disso tudo, este tipo de processo de avaliação não precisa ser visto de forma negativa. Os resultados mensuráveis, quando utilizados efetivamente pelos professores, alunos e administradores de instituições de ensino, podem se transformar em um processo rico e com grande potencial de aprendizado (PORTO, 2005).

Pelo seu caráter classificatório, esta modalidade é utilizada ao final de um curso, período letivo ou unidade de ensino, momento em que se atribui uma nota ou conceito final com o propósito de promoção de uma série para outra. Em geral, tem sido a modalidade mais amplamente praticada pelas instituições de ensino, visto que pressupõe um aspecto comparativo próprio da educação tradicional (HAYDT, 2004).

As modalidades e funções, apresentadas de maneira resumida na Tabela 1, nos mostram como esses conceitos teóricos aparecem na prática cotidiana do professor e como ele pode fazer uso dos resultados.

Apesar de a modalidade somativa possuir raízes na escola tradicional e as demais, diagnóstica e formativa, possuírem ligação mais forte com a escola moderna, por meio do uso conjugado das três formas de avaliação o professor estaria garantindo a eficácia do ensino e a eficiência da aprendizagem.

Tabela 1 – Modalidades e funções da avaliação

MODALIDADE (tipo)	FUNÇÃO	PROPÓSITO (para que usar)	ÉPOCA (quando aplicar)
Diagnóstica	Diagnosticar	Verificar a presença ou ausência de pré-requisitos para novas aprendizagens. Detectar dificuldades específicas de aprendizagem, tentando identificar suas causas.	Início do ano ou semestre letivo, ou no início de uma unidade de ensino.
Formativa	Controlar	Constatar se os objetivos estabelecidos foram alcançados pelos alunos. Fornecer dados para aperfeiçoar o processo ensino-aprendizagem.	Durante o ano letivo, isto é, ao longo do processo ensino-aprendizagem.
Somativa	Classificar	Classificar os resultados de aprendizagem alcançados pelos alunos, de acordo com níveis de aproveitamento estabelecidos.	Ao final de um ano ou semestre, ou ao final de uma unidade de ensino.

Fonte: (HAYDT, 2004)

De posse de uma visão das modalidades e funções da avaliação, é importante saber como a entendemos e de que maneira ela se incorpora à nossa prática. Essa visão diz respeito às nossas ações como educadores, incluindo-se nessas reflexões a maneira como escolhemos os mecanismos utilizados em uma avaliação, as técnicas e ferramentas utilizadas para a atribuição de notas, quando necessário, como também a maneira de fornecer um *feedback* adequado para os alunos. Entender a avaliação em seus aspectos mais simples e sua profunda conexão com o processo de ensino-aprendizagem pode nos auxiliar a mudar nossas práticas, os objetivos perseguidos e a identificar um meio de introduzir melhorias nessa fase tão importante do processo, como acentua Porto (2002).

Como vimos, a avaliação não possui a finalidade pura e simples de atribuir notas. Entre tantos outros motivos que fundamentam essa prática, encontra-se a realização de uma série de objetivos que se traduzem em termos de mudanças de comportamento dos alunos. Cabe à avaliação verificar em que medida esses objetivos estão sendo ou foram alcançados. Acrescente-se, ainda, que: porque ensino e aprendizagem caminham juntos e porque, ao avaliar o aluno, o professor está também avaliando o seu trabalho, cabe a ele a responsabilidade de aperfeiçoar suas técnicas de avaliação (HAYDT, 2004).

3. Avaliação de aprendizagem e objetivos educacionais

A estreita relação entre avaliação e objetivos educacionais colocou em evidência a dificuldade encontrada por profissionais da educação em expressá-la em termos precisos e definidos. Essa relação encerra tamanha importância que uma definição vaga e imprecisa nesse campo poderia acarretar sérias implicações quanto à prática da avaliação, bem como desvirtuá-la de suas funções.

De acordo com essa visão, Haydt (2004) diz que não basta apenas ter uma vaga ideia de onde se pretende chegar ou de quais resultados se espera obter. É preciso, antes de tudo, saber explicitar os objetivos e especificá-los com clareza e precisão, para que orientem, direcionem e contribuam com eficácia para o processo ensino-aprendizagem.

Haydt (2004) diz ainda que os objetivos educacionais, quando expressos em termos de comportamentos observáveis, fornecem uma orientação concreta e segura para a seleção das atividades de ensino-aprendizagem e para a avaliação. Partindo-se da formulação de objetivos é que se pode definir o que e como avaliar; caso contrário incorre-se numa coletânea de dados desconexos sem utilidade para determinação do que o aluno aprendeu.

A autora acrescenta que, ao estabelecer os objetivos educacionais, o professor estaria determinando conteúdos a serem dominados, conhecimentos e informações a serem adquiridos e habilidades a serem desenvolvidas pelo aluno para aplicação no seu dia a dia. Essa prática facilitaria a tarefa do professor na escolha de procedimentos de ensino mais eficazes, bem como na identificação do conteúdo da avaliação e dos instrumentos mais adequados para avaliar o que se pretende.

Gil (2005) acentua que a elaboração de um plano de ensino inicia-se pela formulação dos objetivos educacionais, que, normalmente, podem ser considerados em dois níveis: um mais geral, com caráter finalístico, diz respeito àquilo que o aluno será capaz de fazer após a conclusão da disciplina ou do curso; e os específicos, instrucionais ou ainda comportamentais, com caráter intermediário, que identificam comportamentos esperados dos alunos ao final das unidades da disciplina ou das aulas ministradas.

A apresentação dos objetivos educacionais sob um ângulo comportamental responde por inúmeras vantagens porque dá ênfase ao significado dos termos empregados, conferindo-lhes uma definição compreensível. Neste caso, Vianna (1976) esclarece que a definição de um objetivo deveria obedecer a determinados requisitos técnicos, como por exemplo: centralizar-se num *verbo* que permitisse dar à sentença um caráter descritivo do comportamento desejado.

Segundo Gil (2005), esse requisito, considerado uma das características básicas para a formulação de objetivos comportamentais úteis, está ligado diretamente à necessidade de clareza e precisão. Como exemplo, cita as palavras *compreender* e *saber*, que dão margem a mais interpretações do que as palavras *desenhar* e *escrever*.

Diversos autores, como Haydt (2004), Gil (2005) e Vianna (1976), estão de acordo quando da formulação de objetivos comportamentais, pela utilização de verbos no início das frases que não suscitem muitas interpretações e descrevam comportamentos observáveis do aluno. O cerne da elaboração dos objetivos educacionais estaria resumido em tentar identificar "ao final de cada unidade, o que o aluno deverá ser capaz de fazer".

Verbos como *adquirir, aprender, compreender, desenvolver, entender, familiarizar*, entre outros, deveriam ser evitados, por não caracterizar a verdadeira natureza do objetivo. Por outro lado, verbos como *analisar, aplicar, avaliar, calcular, classificar, concluir, descrever, distinguir, enumerar, exemplificar, explicar, formular, generalizar, identificar, interpretar, prever, reconhecer, selecionar, sintetizar, traduzir*, entre outros, aproximam-se muito mais de comportamentos terminais observáveis.

Utilizar esses verbos torna os objetivos mais operacionais e coloca o professor diante da necessidade de elaborar listas mais extensas para cada unidade. Permite, por outro lado, identificar em que medida tais objetivos educacionais foram alcançados pelos alunos (GIL, 2005).

A seguir, tomamos de Haydt (2004) algumas sugestões bastante úteis quando da realização das atividades de formulação de objetivos pedagógicos de modo operacional ou comportamental:

- desdobrar os objetivos gerais em vários objetivos específicos, a serem alcançados a curto prazo: objetivos gerais são amplos e, geralmente, expressos em termos não observáveis;
- focalizar o comportamento do aluno e não do professor: o aluno que aprende vai demonstrar através do seu comportamento os resultados do ensino que lhe foi ministrado;
- especificar as condições de realização e definir os critérios ou níveis de desempenho aceitáveis: o estabelecimento de critérios serve como ponto de referência e ajuda para o professor julgar o que vai aceitar como evidência de que o objetivo proposto foi realizado; ajuda, também, a reconhecer a evidência no comportamento do aluno;
- formular cada objetivo de forma que descreva apenas um comportamento terminal observável por vez: além de se tornar um critério de avaliação, auxilia na escolha de procedimentos de ensino e na seleção de atividades de aprendizagem;
- formular objetivos instrucionais relevantes e úteis, isto é, que envolvam não apenas conhecimento (memorização de informação), mas também, e principalmente, habilidades cognitivas e operações mentais superiores.

Objetivos comportamentais sempre estiveram ligados à ideia das taxonomias, herança das ciências biológicas, por representar um método favorável à organização de diversas categorias, à compreensão das estruturas e inter-relações existentes e à comunicação e entendimento de informações comuns entre os educadores. Diante das necessidades impostas pelo contexto educacional, as taxonomias surgiram como uma estratégia bastante utilizada na elaboração de esquemas classificatórios de objetivos educacionais.

De acordo com Bloom (1976), além da importância destacada anteriormente, a aplicação da taxonomia é capaz de conduzir o conjunto de planos educacionais a uma perspectiva mais ampla, onde é dada ao professor a capacidade de equilibrar os objetivos previstos dentro de seus diversos níveis. Aos professores e especialistas em currículo, a taxonomia serve como um modelo relativamente preciso para a análise de resultados educacionais na área cognitiva, que abrange memória, pensamento e solução de problemas.

Qualquer tipo de taxonomia fundamenta-se na seleção de símbolos apropriados e na atribuição de definições precisas e práticas, tendo em vista o consenso do grupo que fará uso dela. Ao se trabalhar com taxonomia de objetivos educacionais, analogamente, necessita-se de uma seleção adequada de uma série de símbolos que representem todos os tipos principais de resultados educacionais e uma definição suficientemente precisa sobre eles que facilite a comunicação entre professores, administradores, especialistas em currículo e em avaliação, pesquisadores educacionais, entre outros. Por fim, requer-se também a aprovação final do produto, a partir dos experimentos (BLOOM, 1976).

Diversas taxonomias tiveram lugar na história da avaliação educacional e da avaliação no processo ensino-aprendizagem tanto na área cognitiva (Gerlach e Sullivan, de 1967; Gagné-Merril, de 1971; De Block, de 1975, entre outros) como na área não cognitiva (Simpson, de 1966; Harrow, de 1972, entre outros). No entanto, o esquema desenvolvido em 1956 por Benjamin S. Bloom e seus colegas das Universidades de Chicago e Michigan foi o que ganhou mais notoriedade no meio educacional.

Ressalte-se que a Taxonomia de Bloom, em 2001, ainda sofreu revisões por parte de dois pesquisadores de sua equipe, Gordon Anderson e David Krathwohl, no sentido de mantê-la em acordo com as teorias atuais. Estes pesquisadores fizeram uma releitura da taxonomia original de Bloom através da combinação do Processo Cognitivo e as Dimensões do Conhecimento, permitindo ao designer instrucional alinhar de maneira eficiente os objetivos às técnicas de avaliação e escrever de forma clara os objetivos considerados. Vejamos como ela está constituída e como pode ser apropriada ao estabelecimento dos objetivos educacionais.

4. Taxonomia de Bloom

O esquema classificatório de objetivos educacionais elaborado por Benjamin Bloom e seus colaboradores nasceu de uma reunião informal de educadores universitários, durante a Convenção da Associação Americana de Psicologia, em Boston, realizada em 1948.

O interesse primordial da implementação dessa taxonomia residia na criação de um quadro teórico de referência que facilitasse a comunicação entre os educadores, com base em uma classificação lógica, neutra com relação a filosofias e princípios educacionais e que permitisse a inclusão de objetivos das mais diversas orientações pedagógicas. Partindo destes princípios organizacionais, qualquer tipo de objetivo educacional se adequaria ao esquema, desde que formulado como descrições de comportamento.

Eis alguns aspectos da Taxonomia de Bloom que merecem destaque (VIANNA, 1976):

- os objetivos são apresentados em termos do comportamento do estudante;
- os objetivos são específicos e precisos, o que possibilita a sua operacionalização;
- a descrição específica e precisa dos objetivos permite a escolha de experiências educacionais mais adequadas à sua concretização e posterior avaliação;
- os objetivos estão hierarquizados em ordem crescente de complexidade e abstração; a classificação parte dos comportamentos mais simples para os mais complexos e dos mais concretos para os mais abstratos;
- as subcategorias de cada área também se apresentam em ordem crescente de complexidade e de abstração.

A taxonomia, do ponto de vista da avaliação educacional, permite comparar diversos cursos, currículos e testes. No caso destes últimos, serve ao estudo da relevância dos instrumentos de medida, pela análise dos itens em função da ênfase atribuída às diferentes categorias de objetivos (VIANNA, 1976).

A Taxonomia de Objetivos Educacionais, de Bloom e seus colaboradores, foi publicada em dois compêndios: o primeiro, de 1956, trata do Domínio Cognitivo, constituído de comportamentos simples de evocação ou conhecimento memorizado (formando um subgrupo) e comportamentos mais complexos, capacidades e habilidades (formando um outro subgrupo); e o segundo, de 1964, aborda o Domínio Afetivo, abrangendo objetivos que enfatizam sentimentos e emoções, como interesses, atitudes, valores, apreciações e formas de ajustamento.

O Domínio Psicomotor, que inclui os objetivos ligados às habilidades musculares e motoras, como esportes, manipulação de aparelhos, entre outros, não foi explorado por Bloom e sua equipe. No entanto, esses três domínios estão intrinsecamente ligados e não devem ser considerados de forma isolada, pois apresentam justaposição de comportamentos (HAYDT, 2004).

Para os nossos propósitos, apenas o Domínio Cognitivo é o que requer maior detalhamento. As seis categorias do domínio – Conhecimento – Compreensão – Aplicação – Análise – Síntese – Avaliação – podem ser divididas em subníveis que não serão tratados aqui.

Hierarquicamente, as categorias situadas sob o Domínio Cognitivo podem ser observadas conforme dispostas na Tabela 2, com suas respectivas descrições em termos gerais.

Tabela 2 – Hierarquia da Taxionomia dos Objetivos Educacionais

Nível mais complexo	**Avaliação**	julgar o valor das informações
	Síntese	construir um padrão a partir de diversos elementos
	Análise	separar as informações em partes para uma melhor compreensão
	Aplicação	aplicação do conhecimento a uma nova situação
	Compreensão	entender a informação e fazer uso
Nível mais simples	**Conhecimento**	recuperar dados

Fonte: (BLOOM, 1976)

As definições mais amplas sobre as principais categorias podem ser entendidas da seguinte maneira (BLOOM, 1976):

5. Conhecimento

Esta categoria envolve verificação de comportamentos e situações, para os quais é requisitada a lembrança, por recognição ou memória, de ideias, matérias, fatos específicos, teorias ou fenômenos. Neste nível espera-se do aluno que ele seja capaz de evocar as informações que ele adquiriu e armazenou ao longo de sua aprendizagem. O conjunto de classificações de objetivos em termos de conhecimento pode ser estratificado a partir de comportamentos mais específicos até os mais abstratos.

Alguns objetivos de aprendizagem encontrados neste nível são: conhecer termos comuns, terminologias, fatos específicos, convenções, conceitos básicos e princípios, categorias, critérios, entre outros.

Exemplos de verbos que representam a atividade intelectual neste nível são: definir, listar, nomear, ordenar, lembrar, reconhecer, relacionar, repetir, entre outros.

5.1. Compreensão

No contexto desta taxonomia, o termo "compreensão" não é considerado como sinônimo de entendimento completo ou como apreensão total da mensagem. Compreensão, neste caso, relaciona-se com objetivos, comportamentos ou respostas que representam um entendimento da mensagem literal contida em uma comunicação. Para acessar este nível, o aluno pode modificar mentalmente a comunicação, expressando-a da maneira que lhe pareça mais significativa, como também utilizar artifícios que vão além do que lhe é oferecido.

Alguns objetivos de aprendizagem neste nível são: entender fatos e princípios, interpretar um assunto verbalmente, interpretar tabelas e gráficos, transpor um material verbal para uma fórmula matemática, estimar as consequências traduzidas em dados, justificar métodos e procedimentos.

Alguns verbos utilizados para a construção de objetivos neste nível são: classificar, descrever, explicar, expressar, identificar, indicar, reconhecer, traduzir, entre outros.

5.2. Aplicação

Para atingir este nível, o aluno necessita não só compreender métodos, regras, conceitos, leis, teorias, princípios ou abstrações pertinentes, mas adquirir capacidade para aplicá-los corretamente. No nível da categoria anterior, na "compreensão", é requerido que o aluno conheça suficientemente uma abstração para demonstrar seu uso quando necessário. Na aplicação, quando uma situação nova ou concreta lhe é apresentada, ele deve ser capaz de aplicar as abstrações adequadas sem que lhe sejam sugeridas estas abstrações ou sem que lhe seja ensinado como utilizá-las naquela situação.

Exemplos de objetivos de aprendizagem neste nível são: aplicar conceitos e princípios a situações novas, aplicar leis e teorias para situações práticas, resolver problemas matemáticos, construir gráficos e tabelas, demonstrar o uso correto de métodos ou procedimentos.

Alguns dos verbos utilizados neste nível: aplicar, demonstrar, ilustrar, empregar, interpretar, utilizar, resolver, escrever, entre outros.

5.3. Análise

Diz respeito à habilidade de decompor um assunto dentro de suas partes componentes, explicitar as relações entre os elementos para determinar suas conexões e interações e o reconhecimento dos princípios organizacionais, a configuração e a estrutura que unificam a comunicação total. As fronteiras entre a análise e a compreensão são bastante tênues. A compreensão refere-se ao conteúdo do material, ao passo que a análise trata tanto o conteúdo quanto a forma.

Exemplos de objetivos de aprendizagem neste nível são: reconhecer suposições não estabelecidas, reconhecer enganos lógicos na fundamentação, distinguir entre fatos e inferências, avaliar a relevância entre fatos e inferências, avaliar a relevância dos dados, analisar a estrutura organizacional de um trabalho.

Alguns dos verbos mais utilizados neste nível são: analisar, calcular, categorizar, comparar, contrastar, criticar, diferenciar, discriminar, distinguir, examinar, entre outros.

5.4. Síntese

Refere-se à habilidade para unir elementos e partes para formar um todo. O aluno, ao trabalhar com elementos isolados, deve ser capaz de combiná-los para que constituam uma configuração ou estrutura não claramente percebida antes. Nesta categoria de domínio cognitivo são requeridos comportamentos criativos no sentido de uma formulação de novos padrões ou estrutura.

Exemplos de objetivos de aprendizagem: escrever de forma organizada sobre um tema, fazer um discurso bem organizado, escrever uma estória curta e criativa (ou um poema, ou uma música), propor um plano para uma experiência, integrar a aprendizagem de diferentes áreas dentro de um plano para resolver um problema, formular um novo esquema para a classificação de objetos.

Tipos de verbos que tratam de objetivos nesta categoria: compor, construir, criar, projetar, planejar, desenvolver, formular, organizar, gerenciar, preparar, propor, configurar, entre outros.

5.5. Avaliação

Trata-se do processo de julgamento, qualitativo ou quantitativo, do valor de assuntos, ideias, trabalhos, métodos, soluções, materiais, entre outros, com um determinado propósito. Pressupõe a utilização de critérios e de padrões que podem ser dados ao aluno ou estipulados por ele. Como estágio final do domínio cognitivo, as metas de aprendizagem são as mais elevadas e apresentam elementos de todas as outras categorias.

Exemplos de objetivos de aprendizagem: julgar a consistência lógica de um material escrito, julgar a adequação com que as conclusões são apoiadas pelos dados, julgar o valor de um trabalho pelo uso de padrões externos de excelência.

Exemplos de verbos utilizados para formular objetivos nesta categoria são: estimar, apreciar, avaliar, julgar, prever, defender, valorizar, entre outros.

Seja na avaliação presencial e/ou em ambientes virtuais, o estabelecimento dos objetivos de aprendizagem é de fundamental importância para o sucesso do processo. Por outro lado, o conhecimento das particularidades inerentes a esses ambientes, assim como das metodologias e ferramentas disponíveis para uso em cada caso, pode ser de extrema valia no momento de colocar toda essa teoria em prática.

6. Avaliação da aprendizagem em ambientes virtuais

A tecnologia que tanto tem provocado mudanças nas formas de comunicação humana levou para dentro do ambiente digital a possibilidade não só da prática do ensino e da aprendizagem, como também a da avaliação como meio de autenticar o conhecimento adquirido.

Tradicionalmente, participar de estudos mediados por ambientes virtuais significa, como diz Almeida (2006), estar mergulhado em um mundo onde a comunicação se dá, essencialmente, pela leitura e pela interpretação de materiais didáticos textuais e hipermídias, pela leitura da escrita do pensamento do outro ou pela expressão do próprio pensamento através da escrita. Incluem-se, também, nesse contexto, as interações coletivas aluno-tutor-professor-aluno, via ferramentas de colaboração como fóruns, *wikis, blogs* e *chats* (salas de bate-papo), onde todos interagem com um objetivo comum.

A prática de ensino-aprendizagem mediado por ambientes virtuais, assim como na educação a distância, coloca práticas e desafios para o processo de avaliação que vão além daquelas utilizadas em ambientes presenciais. Porto (2002) identifica aqui duas grandes tendências:

A primeira é a de mensurar, quantitativamente, o conhecimento dos alunos utilizando modelos, métodos e instrumentos tradicionais à diferença de estarem no formato digital.

A segunda é a que ressalta métodos qualitativos, em detrimento aos quantitativos. Nesta, prefere-se avaliar o indivíduo em situação contextual de aprendizagem e descrevê-lo a partir de dados colhidos na observação direta, nas interações com o conteúdo e com os outros, assim como na qualidade das contribuições postadas nos espaços de avaliação.

De acordo com cada finalidade desejada, muitas devem ser as formas qualitativas e quantitativas de avaliação e os recursos utilizados. A avaliação de aprendizagem, quando realizada através de vários recursos, confere uma visão do processo de aprendizado bem mais completa.

Ante os inúmeros desafios específicos e inerentes ao ensino e aprendizagem em ambientes virtuais, Staa (2006) coloca o seguinte questionamento:

é possível, de fato, realizar uma avaliação mais eficiente no meio virtual do que com o papel?

Acredita-se que, dadas as características dos recursos digitais – com diversas ferramentas interativas e colaborativas, tais como *chats*, *blogs*, fóruns e portfólios, que dão suporte à autonomia, ao diálogo e à interatividade que podem ser usados para realizar avaliações –, a única diferença entre os instrumentos digitais e o que pode ser feito no papel é que sistemas digitais registram e armazenam questões, gabaritos, respostas dadas pelos alunos, suas produções e até suas notas.

Esse registro possibilita aos diferentes atores do processo tomar conhecimento sobre o desempenho do aluno, mesmo que à distância, e o que se esperava dele. Com base na observação dos registros em tempo real, alunos, pais, professores, coordenadores, educadores e demais envolvidos dispõem, assim, de subsídios para saber o que fazer em busca do aprimoramento contínuo (STAA, 2006).

Segundo a autora, algumas vantagens apresentadas pela avaliação em mídia digital ou *on-line* sobre a avaliação em mídia impressa podem ser assim entendidas:

Vantagem	Razão
Menor necessidade de carregar papel	De ordem simplesmente ergométrica, contribui para a qualidade de vida do professor.
Avaliações mais frequentes e com mais conforto	Possibilidade de criar e trabalhar com uma quantidade imensa de instrumentos de avaliação, com os mais diferentes objetivos, sobre determinados assuntos e poder compartilhar com todos; a avaliação *on-line* pode ser feita em qualquer lugar, a qualquer momento, individualmente ou em grupos, como avaliação formal, atividade extra ou como estudo de recuperação.
Tomada de decisão mais rápida	Para avaliações com retorno imediato, no caso de avaliações com correção automática, professor e aluno têm parâmetros imediatos para a regulação da aprendizagem e para decidir o que fazer a respeito dos resultados observados; o acesso às informações, quando compartilhadas com os coordenadores dos cursos, auxilia na tomada de decisões das turmas avaliadas.

Vantagem	Razão
Instrumentos de avaliação inovadores	Os sistemas de avaliação *on-line* não se restringem às provas de correção automática; existem outras possibilidades, tais como jogos, portfólios *on-line* individuais ou da turma, o próprio *site* do aluno, fóruns e salas de bate-papo, através dos quais é possível avaliar diversos aspectos da formação do aluno (como utiliza a linguagem, como realiza sua argumentação, como constrói relações através da linguagem, como age na sociedade, entre outros).

Ramal (2003) acentua que, mantendo o foco nos processos de avaliação, alguns aspectos não podem ser deixados de lado, como o de não apenas verificar a que respostas o aluno chegou, mas tentar identificar os caminhos que ele utilizou para atingir os seus resultados. Entender esses percursos traria informações bem mais significativas sobre o desenvolvimento de habilidades e competências do que puramente as respostas encontradas.

Partindo dessa premissa, Porto (2002) ressalta que deve ser dado um valor significativo às estratégias de avaliação, assegurando que essa prática garante aos alunos verdadeiros *insights* sobre seu próprio processo educacional. Para a autora, de fato, a avaliação, quando praticada através de métodos alternativos, deve permitir que:

- Os alunos tenham oportunidade de demonstrar habilidades de pensamento crítico e do conhecimento de maior profundidade ou fazer conexão entre este conhecimento e suas atividades do dia a dia.
- O professor seja capaz de identificar, através do método selecionado, características dos alunos, incluindo seus estilos de aprendizado.
- Haja um diálogo mais profundo sobre o material didático do curso/disciplina/tópico de conteúdo e seja possível o desenvolvimento de atividades de aprendizado individual ou em grupo.

Apesar de diferentes recursos disponíveis na *web* (fórum, *chat*, correio eletrônico, vídeo conferência, testes, etc.) possam ser utilizados em ambientes virtuais para a avaliação e o acompanhamento de alunos, constata-se uma carência de metodologias necessárias à utilização de tais ferramentas, inclusive em atividades interativas, o que pode nos conduzir para o uso desordenado da tecnologia, com possíveis resultados "catastróficos" (ZAINA, 2006).

Isso nos leva a um ponto de convergência entre o ambiente de sala de aula presencial e o virtual, ou seja, a estreita relação entre avaliação e objetivos de aprendizagem, algo que deve existir em qualquer que seja a modalidade. Dado que a formulação de objetivos afeta diretamente a avaliação, quanto mais claros eles estiverem definidos, mais facilmente se poderá efetuar o seu planejamento (AZEVÊDO, 2001).

Outro ponto que merece destaque, quando se trabalha com avaliação de aprendizagem em ambiente virtual, é o foco no conteúdo, ainda predominante na maior parte dos cursos ou disciplinas realizadas na modalidade à distância. Como diz Moran (2006), isso faz com que a avaliação se concentre na verificação de sua apreensão, deixando de lado todas as outras dimensões: as de processo, de construção coletiva do conhecimento, as emocionais e éticas do projeto de ensino e aprendizagem, além da flexibilidade na adaptação ao ritmo do aluno.

Em entrevista concedida à revista Veja (Edição 2072, de 6 de agosto de 2008), Andreas Schleicher (2005), o físico alemão que comanda os *rankings* de educação da OCDE (organização que reúne as trinta nações mais desenvolvidas do mundo) faz algumas declarações sobre a educação no Brasil, que aparece entre os últimos colocados na classificação do ensino em nível mundial. Schleicher (2005) afirma que os alunos brasileiros "demonstram certa habilidade para decorar a matéria (foco no conteúdo), mas se paralisam quando precisam estabelecer qualquer relação entre o que aprenderam na sala de aula e o mundo real". Para ele esse "é um diagnóstico grave, visto que num momento em que se valoriza a capacidade de análise e síntese, os brasileiros são ensinados na escola a reproduzir conteúdos quilométricos sem muita utilidade prática".

Manter o foco no conteúdo, segundo Ramal (2003), foge à função precípua da avaliação, que deveria ser a de servir para detecção de acertos e deficiências nos processos de ensino e pesquisa; suas informações deveriam ser utilizadas como dados de contexto para adequar cada vez mais os processos aos alunos, ajudando-os a aprender de outra forma, em vez de ser utilizada para verificar unicamente a assimilação.

7. Encaminhamento metodológico

- Tomando por base provas aplicadas em ambiente presencial ou virtual por diferentes cursos de sua instituição ou de uma outra, analise aspectos da construção dos enunciados das avaliações à luz dos conceitos básicos propostos pela Taxonomia de Bloom, tentando identificar os níveis de aquisição de conhecimento explorados.
- Proponha e aplique, em conjunto com a turma, diversos temas de estudo passíveis de exposição em seminário. No planejamento dos seminários devem ser descritos os respectivos objetivos educacionais e apontados os melhores métodos e instrumentos para atingi-los. Avalie se os objetivos foram alcançados.
- Discuta as vantagens e desvantagens em utilizar diferentes tecnologias em ambiente presencial ou virtual no processo de avaliação de aprendizagem.
- Pesquise as abordagens pedagógicas vigentes em cada momento histórico da educação brasileira e suas formas de conceber as práticas avaliativas.
- Exercite com os alunos os aspectos de registro, análise e interpretação dos dados coletados após a aplicação de provas utilizando casos reais para isso.
- Explore com os alunos e tente implementar situações didáticas em que fique visivelmente definido o uso da avaliação dentro de suas principais funcionalidades: diagnóstica, formativa e somativa.

8. Case

Por ocasião da abertura dos cursos de graduação da UAB (Universidade Aberta do Brasil) coordenados pelo IFCE (Instituto Federal de Educação, Ciência e Tecnologia do Ceará), houve a necessidade primordial da realização de um curso para Formação de Tutores a Distância e Presencial com o objetivo geral de capacitar grupos de profissionais para atuar junto aos alunos no decorrer das disciplinas específicas.

O curso de capacitação de tutores, com base numa formação construtivista e sociointeracionista, tinha como objetivos específicos, entre outros, os seguintes:

- apresentar a estrutura de funcionamento da instituição e dos cursos;
- especificar as competências inerentes aos tutores;
- descrever toda a metodologia aplicada nos cursos de graduação semipresenciais;
- apresentar as formas e os recursos utilizados para o acompanhamento dos alunos na plataforma Moodle, bem como proceder a avaliação conforme os critérios preestabelecidos.

O modelo do curso de capacitação seguia o mesmo padrão adotado para os cursos nos quais os alunos iriam atuar como tutores, ou seja, semipresencial, com encontros presenciais e atividades a distância usando o ambiente virtual Moodle. Os alunos (em torno de quarenta tutorandos) participaram de uma aula presencial inicial para, em seguida, acompanhar o restante do curso pela internet. Os estudos eram mediados por uma professora formadora em Educação a Distância, que interagia com os alunos exercendo um papel que serviria de espelho no desempenho das futuras atividades dos tutorandos.

A metodologia do curso consistia no estudo do material didático; na interação e na produção individual de tarefas; na disponibilização de fóruns e portfólios, bem como nas discussões em *chat* no ambiente virtual. Como medidas de avaliação foram definidos pesos diferenciados segundo a natureza de cada atividade praticada (em percentual) e pontos com relação aos níveis de interação e participação (de acordo com os critérios de avaliação adotados, numa escala de 0 a 10).

As notas atribuídas às diversas atividades e produções (fóruns, *chats*, portfólios, trabalhos escritos) eram, posteriormente, lançadas em uma planilha eletrônica de acompanhamento que, baseada em fórmulas previamente cadastradas, definia o cálculo da média parcial de cada aluno em cada etapa, bem como a média final.

De acordo com o planejamento do curso, não foram detectadas grandes dificuldades em atingir os objetivos especificados no plano de formação. No entanto, a estratégia de atribuição de notas adotada mostrou-se bastante limitada, em face do enorme e minucioso trabalho de controlar a quantidade de dados por aluno. Ao utilizar a ferramenta de bate-papo, a avaliação tornava-se ainda mais delicada, pois, necessariamente, todos os diálogos deveriam ser salvos para posterior análise e pontuação.

A relação praticamente diária aluno/tutor por meio do convívio virtual e por meio das trocas significativas de mensagens, trabalhos e ações permitiu ainda uma avaliação subjetiva dos comportamentos individuais. Essa percepção era transformada em retorno para os alunos, de modo que eles pudessem melhorar no desenvolvimento de suas habilidades.

Após a conclusão do curso, avaliações posteriores dos tutorandos, já atuando em suas disciplinas específicas nos diversos polos de apoio presencial nos municípios do interior do Estado, refletiram o nível de aquisição de conhecimentos esperado, tendo, ainda, por meio de uma coordenação de tutoria, acompanhamento contínuo para aperfeiçoamento de suas práticas.

Um desdobramento importante emergiu dessa experiência. Para tratar a questão da limitação da estratégia de atribuição de notas foi testado e implantado um sistema de avaliação denominado *Learning Vectors* (LV), ou Vetores-Aprendizagem (Sales, Barroso e Soares, 2008a; 2008b). Trata-se de um instrumento de avaliação semiautomatizado voltado para uma prática avaliativa contínua, formativa e mediadora do processo ensino-aprendizagem virtual envolvendo tanto os aspectos qualitativos como quantitativos.

Fundamentado na mediação iconográfica e em intervenções geradas pelo professor/tutor como forma de comunicação com seus alunos/aprendizes, o instrumento LV ajuda a transformar o Ambiente Virtual de Aprendizagem (AVA) em um espaço dialógico e motivador ao permitir maior proximidade no acompanhamento dos aprendizes por parte dos professores/tutores.

De fato, o que se tira dessa experiência e do resultado das versões evolutivas do curso de capacitação continuada de tutores no IFCE para o contexto dos cursos da UAB é que não há um modelo padrão de avaliação que seja o mais adequado. Tudo vai depender do modelo/proposta pedagógica do curso/disciplina, dos objetivos e finalidades didático-pedagógicas, bem como dos meios e materiais disponíveis e adequados para esse fim de avaliação. Opta-se, pois, após análise preliminar e planejamento, por criar e/ou adaptar os melhores modelos e estratégias de avaliação conforme o plano pedagógico proposto.

9. Conclusão

Avaliar é um processo complexo que requer planejamento, propósito explícito. Avalia-se com base em critérios e/ou objetivos. A avaliação deve sempre servir a uma tomada de decisão. Uma vez compreendidos as especificidades próprias do processo de avaliação de aprendizagem, seus conceitos, suas melhores práticas, assim como as intrínsecas relações entre ensino, aprendizagem e avaliação – que fazem parte de um mesmo processo educacional –, torna-se mais clara a atividade de levantar elementos que evidenciem se a aprendizagem está ocorrendo, em que medida ou não. Como elemento fundamental desse tripé, a avaliação da aprendizagem requer reflexão e planejamento por parte dos atores do processo responsáveis pela condução de seus examinados a patamares mais elevados.

Com o advento da EaD, retoma-se e reacende-se a questão da avaliação, de seus conceitos e de suas práticas. Como diz Moraes (2002), em espaços abertos, como os ambientes virtuais, lugares dos conhecimentos emergentes e não lineares requerem novas abordagens e novas práticas pedagógicas que reconheçam a multidimensionalidade do aluno, sem esquecer, no entanto, o balanceamento adequado das dimensões construtivas e informativas das ferramentas tecnológicas. Somente assim a aprendizagem individual e coletiva pode ser favorecida.

Como em qualquer outro ramo de atividade, o profissional da educação deve: ter plenos conhecimentos sobre a área em que atua; saber quais recursos dispõe para exercer suas atividades e em que momento deve lançar mão de uma ou de outra estratégia, instrumento ou ferramenta; ter consciência dos benefícios que pode esperar da utilização desses meios; saber como pode promover a melhoria e a qualidade da aprendizagem por intermédio dos recursos que dispõe; enfim, ter consciência a cada instante do relevante papel que exerce na vida de seus aprendizes ao trabalhar com todas essas variáveis.

10. Questões para reflexão

1. É provável que em algum momento, durante a leitura deste artigo, professores e alunos tenham se indagado sobre a utilização de uma taxonomia de objetivos educacionais tão "antiga" como a de Bloom, ou seja, concebida há mais de sessenta anos. Afinal, em tempos de internet, por que ela é considerada ainda tão atual?

   Apesar de todo o avanço nas esferas social, econômica, tecnológica e educacional, o que explicaria a utilização ainda desses conceitos no desenvolvimento dos processos de avaliação de aprendizagem? Existiria alguma outra taxonomia ou metodologia mais atual que pudesse dar suporte aos professores no momento da concepção de suas provas, testes e avaliações? Por que outras metodologias não decolaram? O que nos faz acreditar que as estratégias utilizadas há anos para a definição dos objetivos educacionais encontrarão adequação diante das tecnologias de informação e comunicação atuais?

2. O PISA (sigla em inglês para Programa Internacional de Avaliação de Alunos) é um programa internacional de avaliação comparada que tem por objetivo gerar indicadores que atestem a efetividade dos sistemas educacionais, pesquisando o desempenho de alunos na faixa dos quinze anos. Pressupõe-se que a partir dessa idade os alunos, de um modo geral, tenham concluído a escolaridade básica obrigatória na maioria dos países. Esse programa é desenvolvido e coordenado pela Organização para Cooperação e Desenvolvimento Econômico (OCDE), havendo em cada país integrante uma coordenação nacional. No Brasil, o PISA é organizado pelo Instituto Nacional de Estudos e Pesquisas Educacionais Anísio Teixeira. As avaliações do PISA incluem cadernos de prova e questionários e acontecem a cada três anos, com foco em três áreas: Leitura, Matemática e Ciências.

   Levando em consideração os resultados diagnósticos do PISA, que colocam o Brasil entre os últimos colocados em comparação a 57 países em todas as disciplinas, que lições adicionais poderemos tirar para trabalhar na melhoria da qualidade de ensino? Que estratégias adotadas por outros países campeões do *ranking* podem ser transpostas ou adaptadas para o contexto brasileiro?

11. Tópico para discussão

Partindo-se do pressuposto de que para uma justa tomada de decisão e para o estabelecimento de metas adequadas sobre o processo de ensino-aprendizagem é preciso passar, inevitavelmente, pelo campo da avaliação...

Considerando, como foi dito na seção 2 deste artigo, que os primeiros estudos sobre avaliação iniciaram no desenvolvimento de programas, projetos e produtos educacionais, ou seja, partiu-se das tentativas de melhoria da avaliação educacional para a da avaliação de aprendizagem...

Considerando, ainda, as palavras do especialista em avaliação de aprendizagem, o físico Andreas Schleicher...

Ao final deste artigo, o professor poderá estender a discussão para além dos limites da sala de aula utilizando como material as próprias entrevistas concedidas por esse profissional, bem como o livro de sua autoria, conforme segue abaixo (as referências encontram-se ao final deste artigo):

- Medir para avançar rápido – Revista Veja
- Entrevista com Andreas Schleicher por Monica Weinberg (2008)
- Qualidade em Educação exige metas ambiciosas
- Entrevista Revista Nova Escola
- Livro – A Melhoria da Qualidade e da Equidade na Educação: Desafios e Respostas Políticas, Andreas Schleicher

Referências

ALMEIDA, M. E. B. de. **Tecnologia e educação a distância:** abordagens e contribuições dos ambientes digitais e interativos de aprendizagem, 2006.

ÂNGELO, T. A.; CROSS, P. K. **Classroom assessment techniques**. 2. ed. San Francisco: Jossey-Bass, 1993. Disponível em: <http://www.serprofessoruniversitario.pro.br/textos.php?modulo=4>. Acesso em: dez. 2004.

AZEVÊDO, W. *E-learning* como elemento de integração no processo educacional. 2001. In: **MUITO ALÉM DO JARDIM DE INFÂNCIA**. Rio de Janeiro: Armazém Digital, 2005.

BARLOW, M. **Avaliação escolar** – mitos e realidades. Porto Alegre: Artmed, 2006.

BLOOM, B. S. et al. **Taxonomia de objetivos educacionais.** Porto Alegre: Globo, 1976. 180 p.

BORDENAVE, J. D.; PEREIRA, A. M. **Estratégias de ensino-aprendizagem**. Petrópolis: Vozes, 2004.

GIL, A. C. **Metodologia do ensino superior.** 4 ed. São Paulo: Atlas, 2005.

HAYDT, R. C. **Avaliação do processo ensino-aprendizagem.** São Paulo: Ática, 2004.

HOFFMANN, J. **Avaliação:** mito e desafio - uma perspectiva construtivista. 36. ed. Porto Alegre: Mediação, 2006.

MORAES, M. C. Tecendo a rede, mas com que paradigma? In: MORAES, Mm. C. (Org.). **Educação a distância:** fundamentos e práticas. Campinas: UNICAMP/NIED, 2002.

MORAN, J. M. O que aprendi sobre avaliação em cursos semipresenciais. In: SILVA, M.; SANTOS, E. (Org.). **Avaliação da aprendizagem em educação online.** São Paulo: Loyola, 2006. Disponível em: <http://www.eca.usp.br/prof/moran/aprendi.htm>. Acesso em: abr. 2006.

PERRENOUD, P. **Avaliação** – da excelência à regulação das aprendizagens – entre duas lógicas. Porto Alegre: Artes Médicas Sul, 1999.

PESCE, L., BRAKLING, K. A avaliação do aprendizado em ambientes digitais de formação de educadores – um olhar inicial. In: SILVA, M.; SANTOS, E. (Org.). **Avaliação de aprendizagem em educação online** – fundamentos, interfaces e dispositivos, relatos de experiências. São Paulo: Edições Loyola, 2006.

PORTO, S. C. S. **A avaliação da aprendizagem em educação a distância**. 2002. Disponível em: <www.abed.org.br/congresso2002/ppsp.ppt>. Acesso em: nov. 2006.

PORTO, S. C. S. A avaliação da aprendizagem em ambiente online. In: SILVA, R. V. da.; SILVA, A. V. da. (Org.). **Educação, aprendizagem e tecnologia** – um paradigma para professores do Século XXI. Lisboa: Edições Silabo, 2005.

RAMAL, A. C. **Avaliar na cibercultura.** Disponível em: <http://www.revistaconecta.com/>. Acesso em: mar. 2003.

SALES, G. L.; BARROSO, G. C.; SOARES, J. M. *Learning vectors* (LVs) um instrumento automatizado de avaliação para suporte a aprendizagem em EaD. **Revista Novas Tecnologias na Educação,** RENOTE/UFRGS, jul. 2008. (a).

SALES, G. L.; BARROSO, G. C.; SOARES, J. M. O indicador de aprendizagem *learning vectors* como instrumento automatizado de avaliação para suporte a aprendizagem em EaD. WORKSHOP DE INFORMÁTICA NA EDUCAÇÃO – São Luís/MA, jul. 2008. (b).

SCHLEICHER, A. **A melhoria da qualidade e da equidade na educação**: desafios e respostas políticas. São Paulo: Moderna, 2005.

SOARES, E. M. S.; RIBEIRO, L. B. M. **Avaliação formativa**: um desafio para o professor. Disponível em: <http://www.pp.ufu.br/Cobenge2001/trabalhos/APP016.pdf>. Acesso em: mar. 2005.

STAA, B. V. **Avaliação on-line:** qual é a vantagem, afinal?. Disponível em: <http://www.educacional.com.br/articulistas/betina_bd.asp?codtexto=655>. Acesso em: jan. 2006.

TEIXEIRA, G. **A avaliação no processo ensino-aprendizagem.** Disponível em: <http://www.serprofessoruniversitario.pro.br/textos.php?modulo=4>. Acesso em: dez. 2004.

VIANNA, H. M. **Testes em educação.** São Paulo: IBRASA, 1976.

VIANNA, H. M. **Avaliação educacional:** teoria – planejamento – modelos. São Paulo: IBRASA, 2000.

WEINBERG, M. Medir para avançar rápido. **Revista Veja.** Entrevista com Andreas Schleicher. São Paulo, ed. 2072, 06 ago. 2008. Disponível em: <http://veja.abril.com.br/060808/entrevista.shtml>. Acesso em: jul. 2009.

ZAINA, L. A. M. Acompanhamento do aprendizado do aluno em cursos a distância através da web: metodologias e ferramenta. **Boletim Técnico LARC** – Série Dissertações e Teses. São Paulo: Departamento de Engenharia de Computação e Sistemas Digitais – Escola Politécnica da Universidade de São Paulo, v. 3, 2006.

Índice Remissivo

A

ambiente globalizado e competitivo, 100
Ambiente Virtual de Aprendizagem. Consulte AVA
Análise, 201-203
Aplicação, 201-203
aprendizagem do aluno, 76, 82
Artes Cênicas, 3
artísticopedagógica, 2
as longas jornadas de trabalho, 93
Atenção com o Estudante, 121
ativo intangível, 99
AVA, 177
Avaliação, 192, 197, 201, 202, 204, 205, 212, 214, 215
avaliação de aprendizagem, 191, 205, 208, 209, 211, 212, 213

B

biopsicosocioculturais, 64, 65, 69, 78, 81, 85
biopsicossocial, 127
Brainstorm. Consulte Tempestade de Ideias
burguesia, 93

C

CAPES, 144
Capitais do Conhecimento, 100
capital ambiental, 95, 100, 103
Capital de Relacionamento, 100, 102
capital intelectual, 99, 100, 101, 103
celulares na sala de aula, 64, 86
Centro de Estudos de Informática, 104
Céticos, 108
Ciclo de Vida do Processo, 112
Comenius, 45
compartilhe o conhecimento, 98
Compreensão, 201, 202, 203
comunidade virtual de aprendizagem, 91

conclusão do ensino, 91
Conforto Ambiental, 155, 156, 157, 158, 160, 169, 173
Conservadores, 108
Constituição Brasileira, 22
Constituição Federal do Brasil, 23
CRAY, 116
CVP. Consulte 15. Ciclo de Vida do Processo

D

deficiências, 2, 7, 8
Definição dos Processos do Negócio, 98
Departamento Nacional de Educação de Adultos, 23
desengenharia, 116
Desenvolvimento do Conhecimento, 92
desenvolvimento proximal, 69
desequilíbrio cognitivo, 178
Diagnóstica, 192, 196
diagnóstica, formativa e somativa, 192, 209
Dificuldades de aprendizagem, 64, 70
DIRETRAN, 40
Diretrizes Curriculares Nacionais, 24, 42
docentes e discentes, 99
Domínio Cognitivo, 201

E

EAD, 139
economia, 67, 71
Educação, 178
Educação a Distância, 139, 154
Educação em Arquitetura e Urbanismo, 156
Educação Especial, 3, 7, 11, 13
Educação Infantil, 44, 45, 47, 48, 49, 51, 57, 58, 61
Educação Superior, 139, 140, 141, 142, 145
EJA, 21-30, 32-35, 37-41
Ensino, 178

Ensino baseado em tecnologia, 180
Ensino superior, 156
ensino, pesquisa e extensão, 140
ensino-aprendizagem, 91, 92, 94, 129
equipe pedagógica, 107
Era da Informação, 50
Escola de Comunicação e Artes da USP, 25
escravos, 93
espaços culturais, 91
Estética, 2, 5
Estratégia Competitiva, 104, 106
Estratégias pedagógicas, 177
estratégica, 96, 97, 100, 104, 105, 115, 124, 125, 129
estrutura cognitiva, 68
evasão escolar, 65, 76, 84
experiência de aprendizagem, 2

F

feedbacks, 97
ficção, 75, 80, 82, 86
financiamento à produção, 95
foco no conteúdo, 208
formação de docentes, 22, 28
formação de professores, 176, 177
Formativa, 193, 196
Fracasso Escolar, 64, 70
Froebel, 45
Fundação Coordenação de Aperfeiçoamento de Pessoal de Nível Superior. Consulte CAPES
Fundação Educar, 23
Fundação Nacional para Educação de Jovens e Adultos. Consulte Fundação Educar
fusão de projetos, 91

G

Governo Collor, 23
governo militar, 140
Governo Vargas, 23
grades curriculares, 91

Graus de Liberdade Estratégica, 124
Grécia, 93

I

idade média, 91, 93
Imaginação, 110
Impacto das mídias no aprendizado dos adolescentes, 64, 78
Inclusão, 3
inclusão social, 31, 22, 31
insights, 207
inteligência competitiva, 96, 97, 123
Internet, 22, 26-31, 34, 35, 37, 40
ipsis literis, 127

J

Juscelino Kubitschek, 23

L

Laboratórios de Informática Paraná Digital, 34
lato sensu, 142
LDB, 3, 18, 139, 142, 144, 152, 154
learning center, 100
learning organization, 98, 108, 133
Lei de Diretrizes e Bases da Educação Nacional, 23
leis trabalhistas, 93
letramento digital, 21, 22, 25, 28, 29, 30, 31, 34, 35, 37, 40
linguagem artística, 7
Linguagem LOGO, 44, 52
Linguagem teatral, 3
linguagem verbal, 4
linguística, 71
Ludicidade, 2, 3, 6

M

Marketing de Relacionamento, 117
meios de expressão, 2
Métodos Numéricos em Engenharia, 156
MOBRAL, 23

Índice Remissivo

Moran, 81
motivação, 91, 107
Motricidade, 44, 45, 55, 56, 58, 61
Movimento Brasileiro de Alfabetização. Consulte MOBRAL
mulheres no mercado de trabalho, 93
multissensoriais, 183
mundo fantástico, 24

N

nativos brasileiros, 22
NATIVOS DIGITAIS, 44
novas realidades tecnológicas, 91

O

OCDE, 208, 212
organizações que aprendem. Consulte organizações que aprendem
orientada por processo, 98
orientador educacional, 73

P

padres jesuítas, 22
Papert, 52
Para quê o aprendizado?, 92
Para quê se deseja o conhecimento?, 92
Para quê se estuda?, 92
Para quê trabalhar?, 92
Paulo Freire, 23, 31, 33, 34
PDE, 138, 144, 150, 154
Pedagogo, 64-68, 70-75, 79, 83, 85, 86, 87, 89
Pensamento Lógico, 109
Percepção, 44, 45, 55
Piaget, 68, 70, 77
PIBID, 144
PISA, 212
Plano de Desenvolvimento da Educação. Consulte PDE
Posicionamento e Diferenciação, 115
PPP. Consulte Projeto Político Pedagógico

Pragmáticos, 108
processo de ensino, 91, 92, 93, 95, 98, 109, 110, 111, 112, 113, 114, 115, 116, 118, 119, 121, 123, 125
Produção Cultural, 3
professor/aluno, 176, 177
Profissionais da Escola, 121
Programa Internacional de Avaliação. Consulte PISA
Projeto Gênese de Informática Educativa, 23
Projeto Político Pedagógico, 82
psicologia da educação, 67, 71

R

recursos didáticos, 76, 77
refletirem as suas práticas, 85
reflexões teóricas e práticas, 94
renascimento, 93
revolução industrial, 93, 140
Roma, 93

S

saber escolar, 76
saber social, 76
saúde pública, 92
Síntese, 201, 202, 204
Sociedade da Informação, 45, 47
Sociedade do Conhecimento, 102, 112
sociedade global, 72
sociedade medieval, 93
sociocultural, 66
sociologia da educação, 67, 71
sólido não é sinônimo de rígido, 157
Somativa, 195, 196
stricto sensu, 142
Superação da Reprovação, 64, 72
superdotação, 2, 7
superengenharia, 116
Superioridade Relativa, 123

T

Taxonomia de Bloom, 191, 192, 200, 201, 209
teatro, 2-5, 7, 17-20
Tecnologias da Informação e Comunicação, 45, 139
televisão, 49
Tempestade de Ideias, 110
tomada de consciência, 191
trabalho foi considerado uma maldição, 93
trabalho manual, 93
trade-off, 129
Transição 4ª e 5ª série, 65
transtornos globais, 2, 7
treinamento via realidade virtual, 91
troca de informações, 92
tumores cerebrais, 94

U

UAB, 144
um milhão de dólares, 125
UNESCO, 79, 80
universidades públicas, 140, 144
universidades religiosas, 140
uso das tecnologias como ferramenta, 81
Uso do mouse, 59, 63

V

videoconferências, 91
violência juvenil, 79
Visionários, 108
Visualização, 111
Vygotsky, 69

W

Wallon, 75

Acompanhe a BRASPORT nas redes sociais e receba regularmente nossas informações sobre atualizações, promoções e lançamentos.

@Brasport

/brasporteditora

/editorabrasport

editorabrasport.blogspot.com

/editoraBrasport

Sua sugestão será bem-vinda!

Envie sua mensagem para marketing@brasport.com.br e informe se deseja receber nossas newsletters através do e-mail.

Este livro foi impresso nas oficinas gráficas da Editora Vozes Ltda.,
Rua Frei Luís, 100 – Petrópolis, RJ.